MAIS RÁPIDO, BARATO E MELHOR

MICHAEL HAMMER
autor de *Reengenharia – Revolucionando a empresa*
E **LISA W. HERSHMAN**

MAIS RÁPIDO, BARATO E MELHOR

DETERMINE O SUCESSO DOS NEGÓCIOS ALINHANDO PROCESSOS ORGANIZACIONAIS À ESTRATÉGIA

TRADUÇÃO
THEREZA FERREIRA FONSECA

ALTA BOOKS
EDITORA
Rio de Janeiro, 2017

Mais rápido, barato e melhor: determine o sucesso dos negócios alinhando processos organizacionais à estratégia

Impresso no Brasil.

Obra disponível para venda corporativa e/ou personalizada. Para mais informações, fale com projetos@altabooks.com.br

---

Copidesque
Shrley Lima da Silva Braz

Editoração Eletrônica
Estúdio Castellani

Revisão
Mariflor Brenlla Rial Rocha | Edna Rocha

Produção Editorial
Elsevier Editora - CNPJ: 42.546.531./0001-24

CIP-Brasil. Catalogação na fonte
Sindicato Nacional dos Editores de Livros, RJ

H19m

Hammer, Michael, 1948-2008
Mais rápido, barato e melhor : determine o sucesso dos negócios alinhando processos organizacionais à estratégia / Michael Hammer, Lisa Hershman ; [tradução Thereza Ferreira Fonseca]. – Rio de Janeiro: Alta Books, 2017.

Tradução de: Faster, cheaper, better

ISBN: 978-85-508-0179-7

1. Reengenharia (Administração). 2. Fluxo de trabalho. 3. Eficiência organizacional. 4. Desempenho. 5. Administração. I. Hershman, Lisa W. II. Título.

11-2658.

CDD: 658.51
CDU: 658.5

ALTA BOOKS
EDITORA

Rua Viúva Cláudio, 291 — Bairro Industrial do Jacaré
CEP: 20970-031 — Rio de Janeiro - RJ
Tels.: (21) 3278-8069 / 3278-8419
www.altabooks.com.br — altabooks@altabooks.com.br
www.facebook.com/altabooks

In Memoriam

Michael Hammer
Abril de 1948-Setembro de 2008

Até o trabalho mais trivial pode ter significado e valor para aqueles que o realizam se entenderem como ele beneficia, mesmo da maneira mais simples, a vida das pessoas. O trabalho centrado em processos pode ajudar a satisfazer o desejo de ligação de todo e qualquer indivíduo com algo além de si mesmo e de suas próprias necessidades. Ele amplia nossos horizontes e nos conecta com os demais – com nossos companheiros de equipe, com nossa empresa, com nossos clientes. No mundo centrado em processos, o trabalho recupera a dignidade perdida pelos trabalhadores que só realizavam tarefas repetitivas.

Um texto judaico do período clássico tardio contém um canto de homenagem ao valor espiritual do trabalho: "Precioso é o trabalho, pois, dentre todas as criaturas de Deus, Ele o concedeu apenas ao gênero humano." O que o autor deste texto diz é que a expressão mais completa da alma ou espírito ou inteligência encontra-se em nosso trabalho. É o trabalho que nos reconhece como seres humanos, a maneira pela qual expressamos nossa essência fundamental e nossa reflexão sobre o divino. Essas proféticas palavras captam a essência do trabalho centrado em processos. Ao torná-las realidade, as empresas do século XXI estarão do lado correto.

Michael Hammer, manuscrito não publicado

Alguns se lembrarão dele por sua genialidade, outros por seu senso de humor, mas nós nos lembraremos dele principalmente por seu infinito amor e por nos ensinar a sempre perguntar: "Por quê?"

Phyllis, Jessica, Alison, Dana e David Hammer

In Memoriam

A meu marido, Brandt, que crê em mim, às vezes mais do que eu mesma, e que foi de enorme ajuda para a conclusão bem-sucedida deste projeto.

À minha mãe, Dolores, cujo entusiasmo pela vida é um estímulo constante para tentar coisas novas e explorar possibilidades importantes. À minha irmã, Nadine, ao meu irmão, Greg, ao meu irmão, Carl, à sua esposa, Michele, e às minhas sobrinhas, Melissa e Katherine – obrigada por me incentivarem.

Ao meu pai, Carl (CJ), em quem penso todos os dias – espero que continue se orgulhando de mim. Sinto saudades de você.

E, finalmente, agradeço a Deus diariamente pelas muitas bênçãos que Ele me concede – através de oportunidades, experiências e pessoas que conheço.

Lisa W. Hershman

Prefácio

Michael Hammer é admirado no mundo inteiro. O que é mais interessante sobre sua história é o que você fica sabendo sobre ele ao conversar com pessoas que o conheceram ou mesmo que o encontraram uma única vez em uma aula. Elas admiravam sua dedicação à família, seu intelecto extraordinário e suas realizações. Elas também citam sua paixão por processos e pela melhoria do desempenho organizacional. No desenrolar da conversa, você descobre outras facetas que descrevem Michael com mais detalhes e explicam por que tanta gente o considerava fascinante.

Ele foi um dos apresentadores mais notáveis que já vi. Seu estilo socrático, senso de humor aguçado e memória excepcional o tornavam uma pessoa divertida e interessante. Recordo-me da primeira aula que tive com ele: quatro dias sobre reengenharia de processos. Embora eu estivesse ansioso para atualizar meus conhecimentos, a ideia de ficar sentado por quatro dias para examinar técnicas de reengenharia parecia tão emocionante quanto observar tinta secar. Uau! Como eu estava enganado. Ele falava tão rápido, envolvia a classe de maneira tão completa e fazia revelações tão formidáveis que nada tinham de entediantes. Usava muitas citações, tanto consagradas quanto desconhecidas, para defender suas ideias. Demonstrava seu pouco interesse pelo politicamente correto com algumas de suas citações favoritas de Dorothy Parker ("Você pode levar cultura a uma puta, mas não pode fazê-la pensar") e suas definições de treinamento *versus* educação (treinamento sexual *versus* educação sexual: a que você recorreria e qual escolheria para seu garoto?). Em seguida, havia os slides que equiparavam jornada do processo a histórias bíblicas – uma comparação que era fascinante, ousada, memorável e perfeita.

Quando tomou conhecimento de minhas experiências para implementar suas teorias nos setores de fabricação, serviços e distribuição, perguntou-me se poderia examinar meu trabalho. Fiquei muito contente com o fato de ele querer colaborar comigo. Apresentei-lhe problemas e soluções. Eu encontrara processos de implementação em muitas empresas; ele me forneceu dados de referência, novas abordagens e soluções comprovadas de outros casos que havia examinado. E depois houve os debates: contestando suas teorias e contestando meus métodos. Aprendemos muito um com o outro.

No início dos anos 1990, Michael apresentou ao mundo a transformação dos negócios com seu trabalho sobre reengenharia, principalmente com a obra *Reengenharia*. Pessoas de uma ampla variedade de setores disseram-lhe que usaram o livro como uma bíblia em suas iniciativas de transformação. Isso o deixou surpreso e perplexo, uma vez que o livro não fora escrito para ser um compêndio. Ele apresentava o conceito de transformação e não tinha pretensão de oferecer soluções completas. Nos anos subsequentes à sua publicação, Michael continuou seu trabalho de repensar os elementos básicos dos negócios. Quando executivos empresariais buscavam seu conselho, ele não dava opiniões sobre o que deveriam fazer (ou seja, em que deveriam trabalhar); sua função era dizer-lhes como fazê-lo da melhor forma. E isso significava fazê-lo de modo diferente ao transformar a forma de execução do trabalho. Sua busca por uma explicação abrangente sobre por que algumas empresas têm êxito, enquanto outras fracassam, resultou neste livro. Ele examinou tanto os sucessos quanto os fracassos – o que fizeram e o que deixaram de fazer –, para descobrir onde toparam com obstáculos ou o que fizera suas iniciativas serem bem-sucedidas. Houve empresas que ele investigou por períodos prolongados, bem mais de uma década, em muitos casos. Algumas foram citadas pela primeira vez em *Reengenharia* e são discutidas em profundidade neste livro. Valendo-se de sua vasta pesquisa, Michael formulou hipóteses que foram testadas e refinadas. Ele compartilhou os resultados provisórios com empresas do Phoenix Consortium, um grupo de clientes da Hammer & Co. comprometido com desempenho revolucionário. Finalmente, em 2005, Michael desenvolveu um sistema que transformou descrição em prescrição. Ele foi testado em várias empresas, e muitas o consideraram tão valioso que o oficializaram como guia de suas iniciativas de transformação. Este livro baseia-se nessas ideias e as amplia, convertendo-as em um método organizado de transformação empresarial. Esse sistema tornou-se o Process and Enterprise Maturity Model (PEMM), publicado pela primeira vez no artigo "The Process Audit", da *Harvard Business Review*, em abril de 2007.

Michael acreditava, como eu, que a questão de como o trabalho é desenvolvido é fundamental em um mundo que passa por transformações. Estamos nos defrontando com uma confluência inédita de fatores macroeconômicos e empresariais que estão criando um novo e desconhecido ambiente de negócios. As soluções dessas questões são claras e fáceis de expor, mas difíceis de implementar: reduza custos de modo que o diferencial de mão de obra direta em relação à concorrência não seja problema; faça mais pelos clientes que a concorrência, para que o valor agregado compense qualquer custo adicional; torne-se mais flexível e seja o primeiro a lançar produtos novos, destaque-se na qualidade e supere a execução da concorrência em todos os aspectos.

Se não houver alternativa – e não há –, então qual é o problema? Por que é tão difícil realizar o óbvio?

É que a maneira como as empresas estão organizadas e são conduzidas hoje impossibilita que consigam a melhoria radical de desempenho de que necessitam, mesmo que tivessem um quadro de super-homens e supermulheres. A única opção é uma mudança profunda e essencial na forma como executam o trabalho. Fornecer o roteiro para que isso aconteça é a missão deste livro.

Um exemplo relatado em detalhes no livro é o da Tetra Pak, empresa de embalagens para alimentos, que fora o rolo compressor de seu setor. No início do ano 2000, ela apresentava sinais do tipo de declínio que, com frequência, condena líderes setoriais de longa data (lembre-se da Sears e da General Motors). A participação no mercado estava começando a cair; clientes queixavam-se de como era difícil fazer negócios com a empresa; novos concorrentes estavam estabelecendo um padrão preocupante de serem os primeiros em inovação de produtos. Parecia que a Tetra Pak seria mais uma história de um gigante empresarial que virou dinossauro.

Em vez disso, a Tetra Pak usou a ideia de transformação baseada em processos para criar novas formas de trabalho. Uma de suas primeiras metas foi melhorar a precisão das datas fornecidas aos clientes para o lançamento de novos produtos. Ao repensar a maneira como desenvolvia e anunciava os produtos, ela começou a cumprir as datas prometidas em quase 90% das vezes – um grande progresso.

A melhoria não foi um sucesso efêmero. Primeiro, ela perdurou, em vez de ser um desvio de curto prazo que logo retornou ao padrão lastimável. Mais importante, ela foi apenas a primeira de uma série de avanços. Na sequência, a Tetra Pak voltou sua atenção para a maneira como instalava equipamentos nas fábricas dos clientes e quase dobrou sua satisfação com a experiência. Examinou a escalação dos engenheiros que mantinham e aprimoravam os equipamentos nas instalações dos clientes – e, com isso, economizava dinheiro e ainda aumentava sua satisfação. Ao repensar o gerenciamento de sua cadeia de suprimentos – encomenda de matérias-primas, programação de produção, controle de distribuição –, a empresa conseguiu reduzir o estoque à metade, em alguns países, e aumentar o número de "pedidos perfeitos" (atendidos sem erros) em 50%. A queda de participação no mercado foi revertida e a lista de sucessos continua aumentando.

A pesquisa de Michael sobre como uma organização pode transformar seus processos empresariais focou relativamente poucas (normalmente 5 a 10) sequências de atividades completas, que geram todo o valor que as empresas proporcionam aos clientes, tais como atendimento de pedidos, desenvolvimento de produtos, solução de problemas de clientes, criação de demanda e gerenciamento da cadeia de abastecimento. Embora sempre existentes, esses processos eram, em grande medida, invisíveis no passado. Eles representam uma nova maneira de olhar as operações de uma empresa – não em termos de fragmentos de trabalho executado em grande número de departamentos funcionais isolados, mas em termos de unidades de trabalho holísticas em grande escala.

Sua pesquisa identificou nove mecanismos de ação necessários para conseguir resultados transformacionais. Eles são divididos em duas partes. A primeira é chamada viabilizadores de processos, que a empresa precisa desenvolver para conseguir melhorias radicais no desempenho de um processo de ponta a ponta: desenho do processo; indicadores apropriados; executores do trabalho; proprietário do processo; e uma infraestrutura eficaz. A implantação desses cinco elementos cruciais fornece às empresas um roteiro para transformar processos e gerar alto desempenho. Entretanto, apenas ter o roteiro, embora necessário, é insuficiente. Ele descobriu que, apesar de suas melhores intenções, algumas empresas não conseguiam avançar com esses elementos. Pareciam saber o que fazer, mas não conseguiam executar. Isso o levou a perceber que as empresas capazes de seguir o roteiro possuíam quatro capacidades organizacionais – características principais que as qualificavam a empreender transformações radicais: liderança, cultura, governança e conhecimento. Ele constatou que, sem essas capacidades, uma empresa não terá os recursos para executar as mudanças relativas a processos, necessárias para alcançar suas metas; com elas, a empresa está preparada para iniciar a jornada e ser bem-sucedida.

Michael Hammer não era apenas um acadêmico, pesquisador e professor importante; era também uma pessoa divertida. Sua predileção por cinema, musicais, Motown e Monty Python sempre fazia sucesso em conversas e apresentações. Ele descobria elementos reveladores em tudo isso e aplicava frases, referências e personagens às situações de negócios da vida real. Ele era um animador perfeito, mestre em imitar vozes e gestos.

Era também muito bondoso. Lembro-me de quando enfrentei um problema no trabalho que tinha a ver com determinado executivo. Tivemos a oportunidade de jantar juntos e eu disse: "Michael, preciso de ajuda." Antes mesmo que eu conseguisse terminar, ele respondeu: "É só dizer." Essa foi a última vez que o vi. Ele morreu em menos de um mês.

Ele era um bom cidadão, um gigante intelectual e um grande amigo. Ele nos inspirava e nos fazia rir. Ele nos fazia pensar. E nos incentivava a ser criativos e a tentar coisas novas. Ao continuar seu trabalho e ampliar a fundação que ele criou, espero que o deixemos orgulhoso.

Lisa Wilkes Hershman
CEO, Hammer and Company

Sumário

PARTE II

PARTE III

Introdução

Ascensão e queda de heróis empresariais

Todo mundo adora o Bob. Ele é um herói empresarial. Na semana passada, ele estava assistindo à televisão depois do jantar, mas, na verdade, não estava prestando atenção. Em vez disso, estava pensando no trabalho, como faz na maioria das noites. De repente, se lembrou: ele não verificara se a engenharia incluíra o novo diagrama de fiação na remessa do cliente, que deveria ser despachada logo cedo. Sem o diagrama, o equipamento seria inútil.

"Não sei a que horas volto", ele gritou para a mulher enquanto trancava a porta, entrava no carro e partia às pressas para a fábrica.

Jerry estava de guarda no portão e cumprimentou Bob calorosamente. Já estava acostumado que Bob aparecesse a qualquer hora do dia ou da noite. Bob foi direto para a expedição. Como era de se esperar, a caixa estava lá, pronta para ser despachada, e não continha o diagrama de fiação. Bob levou uma hora para localizar uma cópia do diagrama, colocá-lo na caixa e vedá-la novamente para remessa. Chegou em casa à meia-noite.

Isso é algo que Bob faz o tempo todo. Os chefes reconhecem sua dedicação e sempre o elogiam. Ele recebe aumentos, foi promovido e foi nomeado Funcionário do Mês cinco vezes nos últimos dois anos. Muitos de seus colegas de trabalho passaram a imitá-lo e também colaboram mais.

Sem dúvida alguma, o Bob é um ótimo sujeito. O problema é que a maneira como o trabalho é executado em sua empresa é uma catástrofe total. Bob é obrigado a ser herói porque é um funcionário leal e ambicioso, que luta para superar os processos caóticos de execução do trabalho em sua organização. Ele recebe muito reconhecimento por corrigir as situações e proteger os clientes, mas vive criando soluções provisórias radicais, porque os processos existentes geram problemas que não deveriam existir. Pior ainda: o comportamento de Bob e os elogios que recebe apenas reforçam a ideia de que todos devem contornar os problemas do sistema. Ninguém parece entender que, se o sistema fosse corrigido, não haveria necessidade de heróis como ele.

Há muitas empresas como a de Bob, fragmentadas e ineficientes. E, apesar disso, sobrevivem apenas porque pessoas como ele vivem resolvendo as dificuldades. Pode levar 30 dias para atender a um pedido de cliente, mas somente três desses dias envolvem trabalho de verdade. O resto do tempo, as pessoas passam discutindo quem é responsável por alguma parte do pedido, ou ele fica mofando na caixa de entrada de alguém. E não é porque os funcionários sejam lerdos ou preguiçosos. Muito pelo contrário. A maioria das pessoas quer fazer um bom trabalho. Elas recebem metas e se esforçam para cumpri-las. Concentram-se atentamente em realizar um trabalho bom e correto e são recompensadas por seus esforços. Mas poucas têm a percepção de como suas limitadas funções se encaixam no quadro global do que a empresa está tentando realizar. Como resultado, as tarefas que executam podem conflitar com as de outro funcionário.

Nosso exemplo favorito de como as pessoas trabalham com intenções opostas é o do representante de vendas de uma grande empresa de bens de consumo que conseguiu um pequeno pedido de um novo cliente. O cliente foi bem claro: o pedido era experimental, mas, se a empresa conseguisse atendê-lo corretamente, haveria muitos outros negócios na sequência. O representante de vendas sabia da importância de um bom desempenho e encheu o formulário de pedido com adesivos de "urgente" e "agilizar" e o enviou para processamento. O pedido passou de departamento em departamento até chegar à expedição. A expedição deu uma olhada no pedido e verificou que ele não ocuparia todo o espaço de um caminhão. Despachar menos que um caminhão carregado é muito dispendioso, e o chefe da expedição sabia que seu bônus dependia de reduzir ao máximo os custos de despacho. Ele mandou que o material fosse empilhado na plataforma de carregamento até que houvesse um caminhão lotado para a mesma cidade.

É óbvio que achamos o fato espantoso, mas o gerente do departamento de expedição tomou uma decisão totalmente racional. Sua responsabilidade era reduzir ao mínimo os custos de transporte, e era para isso que ele era recompensado. Adiar a remessa não foi algo mal-intencionado ou irresponsável. Aliás, fazer o despacho rapidamente teria infringido os princípios pelos quais ele deveria se conduzir no gerenciamento de suas responsabilidades. Ele foi implacavelmente lógico. A culpa não foi dele se a empresa perdeu o cliente. O problema estava no sistema, do qual a expedição era uma pequena parte. A função do chefe da expedição era definida de maneira tão limitada e tão desligada de seu contexto mais amplo que desempenhá-la bem prejudicava a empresa, em vez de ajudá-la.

Esses problemas não estão restritos a empresas. O governo, as escolas e o sistema médico de nosso país também são afetados por essa situação caótica. Se você teve um problema grave de saúde nos últimos anos, sabe o que isso significa: incontáveis horas gastas para marcar consultas, aguardar horas nas salas de espera, passar de um médico a outro e, ao mesmo tempo, estar cercado de inúmeras contas e formulários de seguro. Um verdadeiro caos!

Esse estado de coisas não é acidental. Durante bem mais de um século, gerentes obtiveram aumento de produtividade em escala sempre crescente, dividindo e subdividindo o trabalho em unidades cada vez menores. A empresa moderna que surgiu como resultado desse processo constitui-se de muitos departamentos funcionais especializados, como por exemplo vendas, engenharia, marketing, produção, operações e finanças. As pessoas que trabalham em determinado departamento concentram-se na mesma meta departamental – publicidade promove vendas, expedição envia produtos, logística compra peças – e se reportam ao executivo responsável pelo departamento, que avalia seu desempenho e as recompensa ou penaliza de acordo com os critérios da unidade. A forma de trabalho atual é um legado da Revolução Industrial, mas essa revolução terminou há muito tempo, e as ideias sobre organização do trabalho, que dela se originaram, sobreviveram, apesar de não terem mais função em um mundo que se tornou menor, mais rápido e muito mais competitivo. Como prova de que os métodos antigos não estão funcionando, basta examinar o caos dos últimos anos, quando o sistema financeiro global esteve no limiar do colapso, a General Motors e a Chrysler se reorganizaram com pedidos de falência e milhões de pessoas – "nosso ativo mais valioso", como muitas empresas gostam de afirmar – perderam seus empregos, suas poupanças para aposentadoria e suas casas.

Hoje, o cliente reina supremo, coroado pela era da informação. Sabemos como é fácil comparar preços atualmente. Está precisando de uma nova televisão de tela plana? É possível obter preços e especificações na internet em apenas alguns minutos. Aperte um botão e a televisão chegará em dois dias. Seus clientes podem fazer o mesmo. Se um cliente coloca um pedido em sua empresa, não está preocupado se seu produto é projetado no Texas, as peças são fabricadas na Espanha e no Brasil, e tudo é montado na Turquia. É comum empresas afirmarem que são globais quando, na realidade, são internacionais. A diferença é que uma empresa internacional pode ter escritórios de vendas ou instalações de produção em outros países, mas não chegou ao ponto de integrar completamente essas várias operações. Isso obriga os clientes a passar por uma situação difícil na empresa: preços em diferentes moedas, diferentes programas de remessas de várias fontes e a barreira linguística na resolução de problemas. Empresas verdadeiramente globais libertam-se do espartilho das fronteiras nacionais e tornam a vida muito fácil e transparente para seus clientes. Elas sabem que o cliente quer apenas um produto de qualidade, quando e onde ele quiser, e a bom preço. Se sua empresa é um lugar caótico como a empresa em que Bob trabalha, seus clientes provavelmente não sabem disso e certamente não se importam com o heroísmo de seu pessoal no atendimento dos pedidos. Mas, um dia, você comete uma falha e perde um cliente, ou porque Bob não consegue corrigir o problema a tempo ou porque um concorrente mais ágil vende mais barato. Não é uma questão de "se", mas uma questão de "quando". Chegou a hora de fazer o trabalho de forma mais rápida, mais barata e melhor.

Mais rápido, mais barato e melhor. A santíssima trindade ilusória dos negócios. Tão cobiçada, mas tão difícil. Se trabalharmos mais rápido e mais barato, não podemos trabalhar melhor. Se trabalharmos mais barato e melhor, não podemos trabalhar mais rápido. E, se trabalharmos melhor e mais rápido, não podemos trabalhar mais barato. Parece sempre haver obstáculos para realizar as três coisas ao mesmo tempo.

Não mais. Se você acreditar em um simples conceito – de que a forma de organizar seu trabalho faz toda a diferença do mundo –, existe uma alternativa aos processos de trabalho fragmentados que tiveram origem na Revolução Industrial e ela nos permite ser mais rápidos, mais baratos *e* melhores. Não é fácil e não acontece da noite para o dia, mas, para aqueles que se tornarem peritos no assunto, os resultados são espantosos. Em vez de ser uma série de etapas distintas, o trabalho torna-se um *continuum* de uma ponta a outra. Os funcionários não se concentram mais inteiramente em suas próprias funções sem ter noção de como seu trabalho afeta a capacidade dos colegas de realizar suas tarefas ou até mesmo os clientes. Em vez disso, eles pensam no todo, e não nas partes, nos resultados, e não nas atividades, no coletivo, e não no individual. Feudos individuais fundem-se perfeitamente em uma estrutura unificada com um único objetivo: a satisfação do cliente. Michael Hammer apresentou pela primeira vez esse conceito de processo de ponta a ponta, em 1993, no livro *Reengenharia*. Hoje, depois de 17 anos divulgando, ensinando e testemunhando o imenso potencial do processo de trabalho de um extremo a outro, em crescente número de empresas, estamos convencidos de que ele é a maneira correta de organizar o trabalho, possibilitando a qualquer empresa atingir suas metas mais rápido, mais barato e melhor. O propósito deste livro é promover os benefícios desta nova abordagem, tornando-a acessível a qualquer organização que queira competir e prosperar na economia global. *Reengenharia* explicou por que o processo de ponta a ponta é o melhor caminho. *Mais rápido, barato e melhor* mostra *como* as empresas podem utilizar o poder estupendo desse conceito para se tornarem mais lucrativas e mais competitivas.

O processo de ponta a ponta é uma mudança completa na forma como você e todos os que trabalham para você realizam o trabalho. Exige uma revolução na maneira de pensar sobre trabalho e uma evolução no modo de executá-lo. A parte mais difícil na implementação do processo é manter o empenho. Há uma tendência de obter benefícios notáveis nas etapas iniciais de implementação, depois declarar vitória e mudar de posição, ou pior, retornar aos velhos métodos. Se isso acontecer, a empresa deixará de obter benefícios ainda maiores que tem pela frente.

Se você acredita que processos consistem em fluxogramas e formulários, está muito enganado. Eles consistem em administrar sua empresa de modo diferente, atingir metas de maneira diferente e satisfazer clientes. Ele aborda todos os aspectos da empresa, da tecnologia à força de vendas, e afeta a forma como todos os seus funcionários executam suas funções, são motivados e remunerados. Acompanhe-nos, por um instante, em uma visita a um de nossos clientes – chamaremos a empresa de Andren Aerospace –, para ver o poder de transformação do processo que percorre toda a empresa.

Em fins de 2004, a Andren Aerospace, grande fabricante de componentes e sistemas de aviônica, enfrentava um difícil problema. Seu melhor cliente a dispensara. O cliente passava à Andren a descrição de suas necessidades, e a Andren apresentava um diagrama esquemático – uma descrição do sistema a ser construído –, juntamente com cotação e data de entrega. Se o cliente aprovasse, a Andren conseguia o pedido, o qual, normalmente, não era atendido sem que houvesse algum problema. A Andren raramente cumpria a data de entrega prometida. E, quando o sistema finalmente era entregue, não raro apresentava problemas de qualidade – a montagem não fora feita corretamente, algumas peças estavam avariadas ou faltando, ou a fatura estava incorreta. Periodicamente, o cliente se irritava, lançava imprecações e ameaças à Andren, que então prometia mudar seus métodos e se sair melhor. Mas isso nunca acontecia. Por fim, o cliente comunicou à Andren que ela tinha 60 dias para encerrar suas atividades na empresa, pois o relacionamento estava terminado.

Por acaso, o cliente dispensou a Andren quase ao mesmo tempo em que a empresa nos chamou para reformular suas operações, com o objetivo de aplicar as técnicas e o pensamento de ponta a ponta a seus negócios. A dispensa nos forneceu a oportunidade perfeita para demonstrar como o pensamento de ponta a ponta poderia fazer enorme diferença. Se conseguíssemos redesenhar os processos da Andren para salvar seus negócios com aquele cliente importante, a empresa ganharia muita credibilidade, uma vez que estava tendo os mesmos problemas com outros clientes.

Essa não foi a primeira vez que a Andren tentara corrigir esses problemas. Ela já tentara aplicar as alardeadas técnicas Six Sigma – métodos estatísticos usados para melhoria contínua –, mas sem resultado. O fato de o Six Sigma não ter ajudado revelou que o problema não era de execução, mas endêmico na maneira como a Andren realizava o trabalho. A empresa tinha um processo deficiente.

Começamos montando uma equipe interdivisional, com membros de vários grupos envolvidos no manuseio de solicitações e atendimento de pedidos – funcionários de vendas, serviço de atendimento ao cliente, engenharia, operações de produção, entre outros. Como grupo, repassamos todo o processo, da solicitação de cotação do cliente até a entrega do produto, anotando todas as etapas num fluxograma em papel pardo. O mais extraordinário desse exercício foi que, até que o fizéssemos, ninguém na Andren tinha uma imagem mental de todo o processo do começo ao fim. Cada qual conhecia seu trabalho e sabia o que seu departamento deveria fazer, mas ninguém tinha uma visão global. O diagrama em papel pardo que elaboramos acabou ocupando um espaço de 3,5m na parede. Começava com o cliente passando ao representante de vendas a descrição do que precisava. Ela era enviada ao departamento de engenharia, que fazia o projeto e especificava quais componentes integrariam o sistema e, em seguida, criava especificações tecnicamente válidas. O atendimento ao cliente determinava o preço do projeto e fornecia cotação e prazo de entrega aos clientes. Quando a cotação era aprovada, o serviço de atendimento ao cliente verificava se tinham todas as peças em estoque. Em caso positivo, a assistência ao cliente solicitava ao estoque que enviasse as peças para o setor de produção, onde seriam montadas em um sistema e despachadas. Em caso negativo, a seção de suprimentos seria solicitada a comprar as peças faltantes.

Parecia tudo perfeitamente em ordem. Na realidade, a situação era um caos descoordenado. O principal problema era que cada um se concentrava em sua parte, e ninguém sabia nem se importava muito com o que os outros estavam fazendo. Todos eram bem-intencionados, mas atrapalhavam uns aos outros.

- A engenharia podia descobrir um problema ou um projeto melhor sem se preocupar em avisar a outro funcionário; eles contatavam seus colegas na empresa do cliente para negociar um projeto reformulado, ignorando o pessoal da Andren e os responsáveis pelas compras no cliente, criando uma confusão generalizada.
- Se o estoque não tinha as peças necessárias, o departamento de suprimentos contatava a engenharia para saber quais peças poderiam substituí-las, uma negociação que poderia arrastar-se por semanas.

As mudanças de peças também provocavam incorreções nas faturas, visto que as peças equivalentes tinham preços diferentes das originais.

- O atendimento ao cliente, responsável pela exatidão do pedido, levava semanas para sua verificação, mesmo que isso significasse não respeitar a data de entrega que eles mesmos haviam fornecido ao cliente.
- A seção de suprimentos poderia destinar a outro cliente as peças que o atendimento ao cliente planejara usar para atender ao pedido.
- Ou o representante de vendas, que era remunerado pelo resultado bruto, podia adiar o pedido para tirar proveito de peças mais baratas que estavam a caminho de um fornecedor.

Os atrasos resultantes causavam vários efeitos propagadores. Quando o pedido chegava ao setor de produção, geralmente já estava muito atrasado, e os trabalhadores que tinham de fazer a montagem sentiam-se tão pressionados que cometiam erros e danificavam o equipamento. Com frequência, a Andren também se sentia forçada a despachar os pedidos por transporte especial, elevando os custos. E os produtos recebidos após a data prevista pelos clientes poderiam acabar numa plataforma de desembarque superlotada, sem espaço designado para eles.

Nada disso era resultado de incompetência, má intenção ou estupidez. Os funcionários da Andren eram inteligentes, bem treinados e muito motivados. Eram todos inteligentes, bem treinados e muito motivados para fazer coisas diferentes sem qualquer coordenação. Todos faziam o melhor trabalho possível e se sentiam com poder de decisão para fazer o que julgassem melhor – incluindo tratar diretamente com os clientes – para executar suas tarefas. Todos tinham preocupações diferentes, pois cada departamento tinha as próprias metas e os próprios indicadores; alguns eram avaliados pela exatidão do pedido, outros pelo giro de estoque e outros ainda pelo resultado bruto. Mas ninguém era avaliado pela mesma coisa que outras pessoas ou por qualquer coisa importante para os clientes. Ninguém era responsável por todo o processo de transformar um pedido de cliente em um fornecimento pontual. E, como ninguém era responsável, ninguém prestava atenção a isso.

A Andren, como a maior parte das empresas, sofria os efeitos da divisão do trabalho. O trabalho e seus executores estavam fragmentados em muitas pequenas peças, cada qual focado em uma pequena parte do trabalho e com seus próprios objetivos e critérios. Os sintomas eram clássicos: falta de visão global, ignorância e indiferença ao que outros funcionários da empresa estavam fazendo e uma completa falta de responsabilidade pela satisfação do cliente e pelos resultados do negócio. Se não fosse tratada, a doença poderia ser fatal.

Quando verificamos a documentação de como o processo da Andren realmente funcionava do início ao fim, o pessoal da equipe ficou atônito. "Eu não fazia ideia de que as coisas funcionavam assim", "Por que fazemos isso?" e "Isso não faz sentido" eram frases recorrentes que ouvimos. Olhar para o trabalho no contexto de processo lança uma luz nova e muito intensa sobre ele. Nossa equipe encontrou 94 etapas no processo de ponta a ponta e classificou cada uma delas como agregadoras de valor, não agregadoras de valor e desperdícios. O trabalho que agrega valor é aquele pelo qual o cliente paga, que contribui diretamente para gerar o resultado desejado. Trabalho que não agrega valor (ou não viabiliza os negócios) refere-se às despesas indiretas, e é aquele pelo qual o cliente não se interessa, mas que é necessário para o funcionamento adequado do processo: checagem, monitoramento, priorização, programação, e assim por diante. O trabalho que não agrega valor não tem um fim em si mesmo, não contribui para um resultado e apenas viabiliza outras tarefas. Desperdício é exatamente o que diz a palavra: trabalho desnecessário e inútil, como, por exemplo, esforços duplicados, erros e elaboração de relatórios que ninguém lê. Das 94 etapas, apenas sete acrescentavam valor. Somente 11 faziam diferença para os clientes. Todo o resto era inútil ou relativo a despesas gerais.

A primeira reação da Andren foi se reorganizar. Isso é muito comum. Muitos executivos creem que todo problema pode ser resolvido com um novo organograma. Uma executiva que conhecemos disse que reorganização era uma competência essencial em sua empresa. Atividades de reorganização podem proporcionar a segurança momentânea decorrente da tomada de uma decisão ou medida. *Porém, a causa básica de persistentes problemas de desempenho não está em quem se reporta a quem, mas em como o trabalho em si é organizado e executado.*

Então perseveramos e, depois de desenvolver entendimento sobre o processo anômalo da Andren, iniciamos a criação de um novo. A causa básica dos problemas com o processo antigo era a fragmentação. A solução estava na integração. Neste caso, propusemos criar duas novas funções com responsabilidade pelo quadro global, uma para servir como único ponto de contato com o cliente e a outra para identificar e solucionar problemas operacionais. As duas pessoas designadas para essas novas funções foram escolhidas devido à sua experiência, mas também porque compreenderam o que um processo de ponta a ponta poderia realizar e foram criativas e arrojadas ao colaborar no desenho de um novo processo.

Amal fora um vendedor importante na Andren. Seu cargo reunia as funções de representante de vendas, representante de atendimento a clientes e responsável pela coleta de dados técnicos, e ele se tornou o único ponto de contato com o cliente nos estágios iniciais do processo. Ele recebia o pedido do cliente, desenvolvia uma solução, checava a disponibilidade de estoque e fornecia a data de entrega. Se precisasse, Amal poderia obter apoio técnico da engenharia, mas ele estava no comando e cuidava de todos os contatos com o cliente. Ele tinha uma visão abrangente do negócio.

Depois que o cliente aceitava a cotação e fazia o pedido, Jane, especialista em operações, assumia o controle. Ela assegurava que as peças necessárias para a montagem do sistema estivessem disponíveis para a produção. Se não as tivessem em estoque, Jane as encomendava e cuidava para que chegassem quando necessário. Também garantia que o pessoal da produção estivesse esperando as peças e prontos para executar o trabalho de montagem. À semelhança de Amal, Jane podia pedir ajuda a outras pessoas, mas ela era a responsável pelo pedido e gerenciava todas as interações com o cliente depois que a encomenda fosse feita. Essas duas funções novas e abrangentes significavam que todo o trabalho do antigo processo, que não agregava valor, coisas como múltiplas verificações de crédito de clientes e repetidas confirmações de pedido por diferentes departamentos, não era mais necessário, e todo o trabalho inútil podia ser eliminado. O novo processo continha apenas 28 etapas, as 11 originais, que agregavam valor, e somente 17 atividades de custo indireto que não agregavam valor.

O novo processo substituiu um trabalho sem regras e sem coordenação por uma forma de trabalhar integrada e disciplinada. Dois profissionais com amplas habilidades e responsabilidade pessoal desempenhavam e gerenciavam o trabalho do início ao fim. E, para assegurar que todos estivessem em pé de igualdade, Amal e Jane, bem como os demais que participavam do processo chamado *order-to-cash*, eram avaliados e recompensados por um critério comum: fornecimento pontual.

Levamos três meses para conceber o novo processo e cerca de seis semanas para implementá-lo no caso do primeiro cliente. O resultado foi sensacional. No sistema antigo, a Andren cumpria o prazo de entrega prometido ao cliente em menos de 15% das vezes; com o novo processo, o prazo era respeitado em mais de 90% das vezes. No processo antigo, normalmente a Andren levava 48 horas para fornecer uma cotação; o novo processo reduziu esse prazo para menos de seis horas. A qualidade dos sistemas fornecidos quase dobrou. Com menos confusão e menos pressão de tempo, havia menos motivos para erros e danos e, com menos pessoas envolvidas, havia menos oportunidade para mal-entendidos e erros. Os "pedidos perfeitos" – aqueles atendidos corretamente e no prazo, com produtos entregues em boas condições de funcionamento e com a documentação certa – passaram de pouco mais de 10% para 85%. O cliente da Andren ficou impressionado com o que realizamos e reagiu exatamente como esperávamos: recuou na decisão de dispensar a empresa e aumentou seus negócios com ela em 34% no ano seguinte. Esse percentual excedeu nossa meta otimista de 25%. E uma boa surpresa foi que o aumento nos negócios normalmente teria exigido que a Andren contratasse mais doze profissionais, ao passo que o novo processo tornou necessária a contratação de apenas mais duas pessoas. No todo, as margens de lucro bruto com o cliente dobraram. E o projeto era expansível, podendo levar a ainda mais crescimento.

Mais rápido, mais barato, melhor. É todo o resultado de examinar o trabalho de uma ponta a outra, repensá-lo e alinhar todos em direção a uma meta comum.

O processo de negócios de ponta a ponta não é uma ideia complicada. Algumas empresas o explicam a seu pessoal com a frase "olhe para a esquerda, olhe para a direita": ou seja, não preste atenção apenas ao próprio trabalho, mas pense no trabalho que vem antes e depois do seu; pense na totalidade de trabalho que está criando valor para os clientes. Um processo projetado de um extremo ao outro não se destina apenas ao trabalho rotineiro como atendimento de pedidos e compras. Ele também se aplica ao trabalho criativo, incluindo desenvolvimento de produtos e geração de demanda. Ele se aplica a todos os três tipos de processo: central (ou seja, desenvolvimento de produto, aquisição de clientes e atendimento de pedidos), capacitador (crédito e cobrança, formação de pessoal) e de governança (planejamento estratégico). Ele não impõe regras e burocracia e não reduz as oportunidades de imaginação e criatividade. Como um CEO disse a seus engenheiros quando eles se queixaram de que o processo de ponta a ponta impediria sua criatividade: "Quero que vocês sejam criativos, mas criativos nos produtos, não no processo." Quando andamos pelas instalações de um cliente em potencial, podemos ter uma noção do quanto a empresa é orientada por processos pela quantidade de notas adesivas nas mesas e computadores. Quanto mais notas adesivas, geralmente menos voltada para processos ela é. Essas notas indicam que cada funcionário tem um jeito diferente e quase sempre específico de fazer as coisas. Quando o processo completo é implementado, as notas adesivas desaparecem.

Embora o processo de ponta a ponta não seja uma ideia complexa, não vamos afirmar que se possa implementá-lo totalmente de um dia para outro. Lembre-se de que estamos falando de um modo inteiramente novo de organizar o trabalho, que afeta a todos na empresa. Mudanças podem ser difíceis para algumas pessoas, e isso certamente se verifica com a quantidade de mudanças por que passará sua empresa para tornar-se perita em processos que percorrem toda a organização. Haverá mudança nos sistemas de remuneração, nas relações de subordinação, e autoridade e responsabilidade ficarão mais profundamente arraigadas na empresa. Você precisará tornar-se um divulgador, defendendo o poder transformador do processo de um extremo a outro em todas as oportunidades que tiver. Ainda assim, haverá pessoas que não o compreendem ou não gostam dele. Talvez você tenha de fazer horas extras para convencê-las, mas, se elas acabarem não se juntando à empresa, precisarão ser demitidas. Aquelas que permanecerem serão desafiadas como nunca antes, mas a maioria enfrentará os desafios. Muitas se tornarão divulgadoras do processo completo por conta própria. Talvez o fato mais surpreendente seja que, à medida que você progride em seus esforços para tornar-se uma organização de processos completos, constatará que sua empresa continuará progredindo como uma organização de processos de alto desempenho. Profissionais de empresas que utilizam o processo há muitos anos, nos revelam que vivem descobrindo novas maneiras de aplicá-lo para melhorar a forma de trabalhar e de manter os clientes satisfeitos. Adotar o processo que percorre toda a empresa é uma jornada sem-fim.

A implementação bem-sucedida do processo de ponta a ponta exigirá muito trabalho em todos os níveis. Embora seja verdade que o objetivo do trabalho processual é servir melhor o cliente, ao descobrir o que ele quer (voz do cliente), esse objetivo deve ser equilibrado pelo que é bom para seu próprio negócio (voz da empresa). Esse equilíbrio pode ser difícil de alcançar a princípio. Mas nossa experiência mostra que há nove princípios organizadores essenciais que norteiam a implementação de processos. Nos capítulos seguintes, examinaremos esses princípios e como eles se inter-relacionam. Usaremos muitas histórias sobre empresas. Algumas delas você reconhecerá. Outras não lhe serão familiares, e há boas razões para isso: trocamos seus nomes porque não queremos constranger empresas que tentaram e não conseguiram implementar o processo, e outras que foram extremamente bem-sucedidas, mas não querem que o segredo competitivo seja divulgado. Para resumir e explicar do que trata cada um dos capítulos, vamos revisitar, por um instante, a situação da Andren Aerospace, quando fomos convidados a analisar os problemas da empresa e a oferecer uma solução de ponta a ponta.

O Capítulo 1 trata do desenho de um novo processo de ponta a ponta. O desenho resultante deve levar em conta a organização de sua empresa, bem como seus produtos, serviços e clientes. Para sermos francos, a organização da Andren era uma bagunça. Caracterizava-se por excesso de ações repetidas, falta de conhecimento sobre o trabalho dos colegas e quase inexistência de atenção ao cliente e suas necessidades. Quando você examinar a organização de sua empresa pelas lentes do processo completo, os piores problemas ficarão imediatamente evidentes. Quando você desenhar um processo do início ao fim, também surgirão menos problemas graves, mas ele tem o potencial de resolvê-los todos.

A maioria das empresas entende mal os indicadores. Elas permitem que cada departamento determine o que quer mensurar. E, como você obtém o que mensura, cada departamento obtém um resultado diferente e, com frequência, descoordenado. Isso certamente acontecia na Andren. No Capítulo 2, analisamos com rigor o que deve ser mensurado, como e por que, a fim de implementar com sucesso o processo de um extremo a outro. Isso quase sempre exige redefinir o que sua empresa está realmente tentando fazer, o que quase sempre é "conquistar e reter clientes". As mensurações que realizam esse objetivo são as que importam.

Uma das mudanças mais profundas que ocorreram quando a Andren adotou o processo de ponta a ponta envolveu a função dos gerentes. Não havia mais líderes funcionais gerenciando seus feudos independentes como julgassem conveniente. Em vez disso, agora havia pessoas – proprietários de processos – que eram as únicas autorizadas a aprovar mudanças no processo e na maneira como o trabalho era executado. Esses proprietários de processos são o tema do Capítulo 3. Assegurar que proprietários de processos e gerentes funcionais trabalhem em estreita cooperação é um componente essencial da implementação bem-sucedida do processo completo. Isso exige mudança de mentalidade tanto dos gerentes funcionais como dos proprietários de processos.

O desempenho dos profissionais de uma empresa depende não só de como são avaliados e recompensados, mas também do apoio que recebem da organização. O Capítulo 4 foca as pessoas, os "executores" de seu processo, e a infraestrutura necessária para apoiar sua iniciativa de processos completos. Como a Andren aprendeu, redesenhar processos de trabalho e redefinir a forma de avaliação de desempenho mudam profundamente a maneira como os funcionários desempenham suas funções. Não mais sobrecarregados de atividades burocráticas e inúmeras interferências de tarefas, os funcionários da Andren tornaram-se "profissionais", fazendo o que precisava ser feito, não desperdiçando tempo e energia. Nem todos ficarão felizes com o novo sistema e alguns deixarão a empresa, voluntariamente ou não. Mas aqueles que permanecerem e aderirem ao processo de ponta a ponta se tornarão muito mais revigorados, estimulados e produtivos do que jamais poderíamos imaginar. Efetivamente, eles se tornarão seu ativo mais valioso.

Mas o novo sistema de trabalho também exige uma nova infraestrutura que lhes dê apoio. Para serem bem-sucedidos, os profissionais que surgiram com a mudança da Andren para o processo de um extremo a outro precisavam de novos planos salariais, novas oportunidades de treinamento e desenvolvimento, novo organograma e as ferramentas necessárias (muitas delas provenientes de TI).

Nenhuma empresa sobrevive e prospera sem a liderança certa. O Capítulo 5 examina a necessidade de líderes que compreendam as implicações estratégicas do processo completo, equilibrando os desejos do cliente com as necessidades da organização. O impulso inicial de reorganização dos dirigentes da Andren é o erro clássico que muitos líderes cometem. Felizmente, eles estavam dispostos a ouvir e logo entenderam que, sem uma visão mais ampla da empresa e de seus clientes, o processo de ponta a ponta certamente não produziria os resultados de que é capaz.

O Capítulo 5 também aborda a cultura corporativa que os líderes de sucesso criarão a caminho da adoção de processos de ponta a ponta. Depois que compreenderem e aceitarem o potencial desses processos, líderes bem-sucedidos devem tornar-se divulgadores, convencendo toda a empresa de que o processo é o caminho mais seguro para a satisfação e a retenção de clientes e, como resultado, de estabilidade no emprego. Como a Andren constatou, a mudança cultural será aceita de imediato por alguns e desdenhada por outros. Mas o vasto território intermediário precisa comprar a ideia, e é função do líder fazer essa abordagem de vendas, se a mudança for mantida.

O Capítulo 6 analisa governança e conhecimento. Governança é a estrutura principal para a implementação do processo que percorre toda a empresa. É a estrutura que cuida de detalhes como fixação de metas e alocação de recursos. Em resumo, é o processo de gerenciar o processo de ponta a ponta. Uma de suas funções básicas é assegurar que a empresa forme um quadro de especialistas que saiba como executar e possa ensinar a prática do processo.

O Capítulo 7 abre a Parte II, que delineia como reunir os nove componentes que compõem uma empresa centrada em processos. Os Capítulos de 8 a 12 contêm estudos de caso de cinco empresas que adotaram o processo completo com resultados nitidamente diferentes. Duas delas – Tetra Pak e Gamesa – foram extraordinariamente bem-sucedidas. As outras três, que serão apresentadas sob pseudônimos, fracassaram, apesar de corajosos esforços. Esperamos que suas histórias esclareçam os benefícios do processo de ponta a ponta, mostrem onde os problemas ocorrem e como solucioná-los e o convença de que a jornada, sem qualquer dúvida, vale o esforço. A Parte III compõe-se do Capítulo 13, o Process and Enterprise Maturity Model (PEMM), um modelo para ajudá-lo a planejar e avaliar seus esforços para a transformação baseada em processos.

PARTE I

Capítulo 1

Desenho: Da visão restrita à visão geral

PRINCÍPIOS DE DESENHO DE PROCESSOS

Certamente você já esteve em uma festa ou em algum outro evento social em que acaba ficando junto de um grupo de pessoas que não conhece. Sem saber sobre o que conversar com essas pessoas, a maioria de nós recorre à pergunta-padrão: "O que você faz?"

E, como se espera, recebemos a resposta-padrão: "Sou advogado" ou "Sou dentista" ou "Sou escritor".

Tudo bem, agora sabemos qual é sua profissão ou ocupação, mas ainda não sabemos o que você faz. Em que área do direito você trabalha? Como encontra clientes, decide quais merecem sua atenção, pesquisa seus casos, dá entrada nos documentos processuais necessários, rebate declarações do advogado da outra parte, prepara-se para o julgamento, descobre peritos e outras testemunhas, conduz o julgamento, investiga possíveis razões de apelação, se não for bem-sucedido, e, no final, calcula e cobra seus honorários? As respostas a todas essas perguntas e a muitas mais consistem naquilo que você faz. É a maneira como executa seu trabalho de advogado. É o seu processo.

Sem dúvida, a pessoa que lhe fez essa pergunta provavelmente não quer saber de todos esses detalhes. Na verdade, talvez você nem saiba responder a essas perguntas muito bem. Mas, se pensar com afinco a esse respeito, podemos quase garantir que você descobrirá meios melhores de fazer pelo menos algumas dessas coisas que vem fazendo há anos. E se realmente mudar a forma de fazê-las, o provável resultado é que você será um advogado melhor, seus clientes se sairão melhor e você pode se ver ganhando mais e expandindo suas atividades. Você terá desenhado um processo melhor para exercer a advocacia.

Em um cenário mais formal, é comum perguntarmos a executivos o que suas empresas fazem. Em geral, o executivo descreve os produtos ou serviços que a empresa oferece, e por que são melhores do que os oferecidos pela concorrência. Se dermos um empurrãozinho, ele puxa um relatório anual, alguma literatura dos produtos e talvez até um organograma. "Isso é o que fazemos", ele nos dirá.

Desculpe, mas isso não está correto.

Agora sabemos o que sua empresa fabrica, quem se reporta a quem e temos conhecimento de seu bom desempenho financeiro, *realmente mas ainda não sabemos o que ela faz.*

Esses tipos de encontro sugerem algo muito inesperado para a maioria de nós: não sabemos o que estamos fazendo. Em geral, fazemos as coisas que fazemos porque "é dessa forma que sempre fizemos". Poucas pessoas dão muita atenção à pergunta "Esta é a melhor maneira de fazer isso?".

Antes de poder melhorar seu negócio ou empresa, você precisa entender o que faz com muita clareza. No entanto, o mais importante é que todos os seus funcionários também precisam entender. A maior parte concentra-se resolutamente em suas atividades. Eles podem ou não ter bom desempenho, mas devem executar suas funções, e essa é sua principal preocupação. Têm uma visão restrita do mundo. Precisam ter uma visão geral, compreender o que a empresa efetivamente faz e a função que desempenham na conquista de suas metas ou, melhor ainda, de seus resultados. É por isso que este primeiro capítulo é dedicado ao desenho de processos. Depois de entender o que sua organização faz, poderá começar a desenvolver maneiras melhores de executar o trabalho, meios de escapar da velha armadilha do "sempre fizemos desta forma". Desenhar a forma como sua empresa funciona, de modo que os processos se encaixem perfeitamente de uma ponta à outra, é um dos ativos mais importantes de sua organização – talvez *o* mais importante. Permitirá que você execute mais rápido, mais barato e melhor. Mais rápido, mais barato e melhor *do que seus concorrentes.* É uma arma poderosa que diferencia sua empresa de todos os que disputam seus clientes. Feito corretamente, o desenho de processos terá enorme impacto em seu desempenho e no de sua empresa. Você obterá informações reveladoras de como e por que as coisas são feitas, quem as faz e quais devem ser os resultados e onde devem ocorrer. Uma empresa baseada em processos, por mais trivial que seja seu negócio, será mais inovadora. E, acredite se quiser, o desenho de processos – a arte e a ciência de planejar como executar o trabalho de modo mais eficiente e eficaz – é uma das atividades mais emocionantes e criativas do mundo dos negócios.

O tema principal de todo o livro é a maneira de utilizar processos para melhorar o desempenho das empresas, e haverá muitos mais exemplos de como conseguir isso. Porém, vamos dedicar alguns minutos agora para verificar como uma das principais empresas no uso de processos, a Progressive Insurance, valeu-se do desenho de processos para mudar as regras de seu setor e passar de participante de pouca importância à posição de liderança.

A Progressive, com sede em Mayfield Village, em Ohio, hoje é a terceira maior seguradora de veículos dos Estados Unidos, com receita de quase US$13 bilhões, em 2008, um grande salto do pouco mais de US$1 bilhão, em 1991. Isso equivale a uma taxa de crescimento composta de quase 17%. O que torna o fato ainda mais impressionante é que o setor de seguro de automóveis não é biotecnologia, por exemplo. É um setor maduro e centenário que cresce à mesma taxa que o PIB. E o crescimento da Progressive foi totalmente orgânico, sem aquisições, como acontece com tantas empresas de crescimento rápido. Como é possível uma empresa de segunda linha, em um setor estagnado, conseguir essa proeza notável?

A resposta é desenho de processos. Ao analisar, quem, o que, quando, onde e outros aspectos de execução de tarefas, a Progressive vai além de sua preocupação com a eficiência do trabalho individual, para olhar a forma como essas tarefas se encaixam no todo.

A empresa começou seu redesenho com o processo de gerenciamento de pedidos de indenização. Comparar o antes e o depois pode ajudar a esclarecer o que é desenho de processos.

O processo de pedidos de indenização da Progressive costumava ser igual ao da maioria das empresas do setor. Tinha início quando o reclamante – alguém que sofrera um sinistro – comunicava ao corretor que vendera a apólice. O corretor anotava as informações, preenchia o formulário de sinistro e o enviava ao departamento de sinistros da Progressive. O funcionário protocolava o formulário, conferia se o preenchimento estava correto e o passava ao gerente do departamento. A gerente do departamento esperava até reunir certo número de pedidos de indenização e, em seguida, os distribuía aos peritos de sinistro. Normalmente, a gerente destinava a um perito uma pilha de pedidos de indenização da mesma área geográfica, para que pudesse fazer todas as vistorias no mesmo dia. O perito contatava o reclamante, agendava uma visita e inspecionava o veículo para determinar os danos. Ele apresentava sua avaliação à gerente, que a usava para determinar quanto ofereceriam ao reclamante como pagamento.

No sistema-padrão do setor, todos os envolvidos têm atribuições minuciosamente definidas: o corretor interage com o cliente, o funcionário processa o formulário, o perito inspeciona o veículo e faz uma avaliação e o gerente calcula o valor da indenização. Na verdade, um dos principais objetivos desse antigo processo era otimizar a eficiência dos peritos, assim como as fábricas tradicionais procuravam otimizar a eficiência de seu equipamento programando ciclos de produção prolongados. Em conjunto com os critérios habituais (chamadas atendidas por dia, número de reclamantes visitados por dia), esse processo atingia a tradicional meta de eficiência no trabalho, a redução ao mínimo do custo de mão de obra direta. Essa eficiência tacanha era conseguida ao custo da eficiência do processo como um todo Normalmente, a Progressive levava cinco dias (e outras empresas levavam ainda mais tempo) para que o perito inspecionasse o veículo, devido a atrasos causados por transmissão de tarefas e pela necessidade de reunir os pedidos de indenização por área geográfica. Isso pode fazer algum sentido para a companhia seguradora, mas certamente não faz sentido para os clientes. Coloque-se no lugar de um reclamante. A eficiência administrativa não lhe interessa nem um pouco; você quer que o pedido de indenização seja pago. E quanto mais demorar para o perito ver o carro, mais tempo levará para você receber o pagamento e ter seu carro (e sua vida normal) de volta.

O novo processo da Progressive, chamado Immediate Response, começa eliminando o corretor, o representante de atendimento a clientes e o gerente de sinistros. Os segurados da Progressive recebem um cartão com o número 0800, que devem carregar na carteira. Em caso de acidente, ligam para esse número a qualquer hora do dia ou da noite e são transferidos diretamente para um representante que assume a responsabilidade do caso. Esse funcionário verifica a cobertura, despacha um guincho, contata a polícia, se necessário, e auxilia de outras formas. O representante tem companheiros de equipe que são peritos; eles não ficam sentados em escritórios, mas circulam em furgões de sinistros, em três turnos diários. O representante da Progressive contata um deles enquanto o reclamante aguarda na linha e agenda um horário mutuamente conveniente para o perito inspecionar o veículo, de preferência imediatamente. Quando o perito chega para ver o veículo, está preparado e autorizado a emitir um cheque de pronto, se possível.

Os efeitos desse novo processo foram nada menos que extraordinários. Os reclamantes obtêm um serviço muito mais rápido, normalmente em menos de um dia, e não em mais de cinco, com menos aborrecimentos, o que significa que são menos propensos a abandonar a Progressive, devido a uma experiência insatisfatória com um sinistro. E a diminuição do tempo de processamento reduziu significativamente os custos da empresa. O custo de armazenamento de um veículo sinistrado ou de um carro reserva por um dia, cerca de US$28, é quase igual ao lucro de subscrição de uma apólice por seis meses. Não é difícil calcular a economia que isso gera para uma empresa que lida com mais de 10 mil sinistros por dia. Outros benefícios para a Progressive são o aumento de capacidade de detectar fraudes, porque é mais fácil conduzir uma investigação de sinistro antes que marcas de derrapagem sejam eliminadas e testemunhas deixem o local; os custos operacionais são mais baixos porque menos pessoas estão envolvidas no atendimento do sinistro; e há redução no desembolso com indenizações porque os reclamantes, com frequência, aceitam um pagamento menor se ele for feito mais rapidamente e com menos labuta.

É fácil nos perdermos em detalhes e pormenores, então vamos retroceder e tentar resumir como o novo processo difere do antigo. As principais tarefas que agregam valor neste processo, novo ou antigo, são três: obter informações do reclamante, inspecionar o veículo e determinar o valor do pagamento. Todo o resto, na melhor das hipóteses, são serviços que não acrescentam valor, trabalho administrativo cuja única finalidade é viabilizar o trabalho real a ser feito. O que é notável é que o novo processo não altera a forma de execução dessas tarefas essenciais. Não é como se os peritos agora dispusessem de aparelhos de raios X que lhes permita avaliar as avarias mais rápido ou com mais precisão. As tarefas ainda são, em grande medida, executadas da mesma forma. O que mudou é como se encaixam no todo e o foco no resultado que interessa ao cliente.

No processo antigo, era o corretor que coletava informações do reclamante. No novo processo, é o representante da Progressive, o que elimina do processo o corretor e o auxiliar administrativo, economizando um tempo enorme. No processo antigo, o perito inspecionava o carro quando era conveniente para ele; no novo processo, o perito faz a inspeção em horário conveniente para o cliente e, geralmente, no prazo de nove horas depois da notificação do acidente. A Progressive chama isso de "passar do nosso horário para o horário do cliente". No processo antigo, a decisão de quanto oferecer ao reclamante era tomada no escritório. No novo processo, é tomada no local de contato com o cliente, acelerando a solução do sinistro como um todo. Essas simples mudanças eliminaram a maior parte da complexidade dos processos de pedido de indenização.

Mais rápido, mais barato, melhor.

OS SETE PRINCÍPIOS DO DESENHO

Muitos executivos se sentem intimidados quando ouvem a expressão "desenho de processos", porque associam a palavra *desenho* com trabalho artístico ou engenharia. Eles acham que para desenhar algo é necessário extraordinário talento artístico ou habilidades criativas. Conscientemente ou não, podem associar o esforço criativo a mal-estar e angústia, como no comentário de Edison, de que talento é "1% inspiração e 99% transpiração", ou à descrição de Hemingway sobre escrever como o ato de encarar o papel em branco até gotas de sangue se formarem em sua testa. Eles não conseguem imaginar por onde começariam para criar ou recriar um novo desenho de processo. Aliás, algumas metodologias que afirmam possibilitar o desenho de processos têm, em essência, uma etapa intermediária que corresponde a "criar novo desenho aqui" e que implica basicamente deixar as coisas como estão para ver como ficam, sem tomar ação preventiva alguma contra eventuais adversidades.

Mas você não precisa temer o desenho de processos nem morar num sótão parisiense para executá-lo. O desenho de processos, embora não seja uma atividade de rotina, na verdade pode ser estruturado de maneira organizada e, portanto, difere de muitos outros tipos de desenho. Há um número limitado de escolhas disponíveis a um criador de processos, e a criação de processos equivale a escolher entre elas. Identificamos sete princípios que o desenho deve focar: *que* tarefas são executadas; *se* devem ser desempenhadas e sob quais circunstâncias; *quem* as executa; *quando* são executadas; *onde* são executadas; *com que precisão* são executadas; e *quais informações* utilizam. Nós vimos três deles em ação na história da Progressive. A empresa mudou quem executava certas etapas e quando e onde essas etapas eram executadas. Esse exemplo ressalta a verdadeira natureza do desenho de processos: focar um número relativamente pequeno de aspectos do processo e sugerir mudanças que produzam resultados de grande eficácia. Quando estiver tentando redesenhar um processo, deve-se fazer uma pergunta específica: mudar qualquer um dos sete princípios do desenho conduzirá a melhor desempenho?

O simples fato de perguntar não lhe dará automaticamente a resposta. Você precisará exercitar a imaginação para inventar maneiras diferentes de fazer as coisas. Também terá de seguir a estratégia tradicional do inventor de experimentar muitas coisas diferentes até encontrar uma ou mais que funcionem. Linus Pauling, ganhador do Prêmio Nobel, disse que o jeito de ter boas ideias é ter um monte delas e jogar fora as ruins. Pelo menos você não ficará tropeçando no escuro. Terá elementos específicos para examinar e perguntas específicas para estimular seu raciocínio.

Vamos dar uma olhada em cada um dos sete princípios, mais através de exemplos do que de teoria. (Deixaremos para o final o primeiro princípio mencionado, *o quê*.)

SE. O primeiro princípio a avaliar é *se e sob que circunstâncias* algo precisa ser feito. Lembra-se do que dissemos na introdução sobre como a Andren Aerospace, ao redesenhar seus processos, identificou cada etapa deles como agregadora de valor, não agregadora de valor e desperdício? É esse o tema deste princípio. Muitos processos são executados da mesma maneira em quaisquer circunstâncias, haja o que houver: a primeira etapa, a seguinte e por aí vai. Eis um conceito radical: fazer o trabalho apenas se seu valor ou contribuição para o resultado for maior que o custo de executá-lo na situação específica que estamos enfrentando.

Eis um exemplo. Se uma empresa lhe envia uma fatura e você não paga o valor total, ela, a exemplo da maioria, promoverá a cobrança através da emissão de uma fatura do saldo a pagar. O que as empresas esquecem é que a emissão de fatura não sai de graça. Isso custa literalmente centenas de dólares. Uma empresa de serviços de informática calculou o custo de emissão da fatura por pagamento a menor e mudou seu processo em consequência disso. Se o valor do pagamento a menor for inferior ao custo de emissão da fatura, a empresa cancela a dívida e economiza dinheiro. Não, não lhe diremos qual é a empresa nem o valor limite.

Outro exemplo envolve seguradoras de veículos, que enviam peritos para inspecionar automóveis por duas razões: para avaliar as avarias e se certificar de que elas realmente ocorreram. A avaria mais comum é quebra de para-brisa, que não precisa ser vista para ser avaliada. Um para-brisa ou está quebrado ou não está e, se estiver, o custo de substituição é padrão. Em outras palavras, a única razão para a seguradora enviar o perito em casos assim é verificar se o acidente realmente ocorreu e se o segurado não está mentindo. Uma seguradora constatou ser pouco provável que clientes de longa data, que pagam o seguro no prazo e nunca deram entrada num pedido de indenização passem para uma vida de crime e iniciem com para-brisas. Quando clientes como esses pedem indenização por quebra de para-brisa, a empresa elimina a etapa de envio do perito e emite o cheque.

Para aproveitar essas ideias, o processo precisa incluir uma nova etapa que determina se a etapa em questão *deve* ou não ser executada, considerando a situação específica. Então ela é ou não executada, conforme a necessidade. Essa técnica faz especial sentido quando a etapa em questão é dispendiosa e demorada, e evitá-la pode ser muito compensador.

COM QUE PRECISÃO. *Com que precisão* executar uma etapa do processo é parente próxima de *se* devemos executá-la. Mesmo que uma etapa precise ser realizada, talvez não precise ser executada de forma tão completa ou tão precisa como no passado. Por mais difícil de acreditar que seja, executar a tarefa de maneira menos completa ou precisa pode economizar muito tempo ou dinheiro. Por outro lado, pode ser conveniente executar essa etapa de modo mais completo ou preciso, a fim de obter resultados mais exatos.

Muitos hospitais presumem que a conta que apresentam ao paciente deve ser a mais precisa possível. Uma conta típica de hospital tem páginas e páginas de itens individuais. Alguns deles são essenciais, como o preço da diária e os honorários do médico, mas a maioria refere-se a pequenos itens como caixas de lenços de papel ou uma pílula. A lei de Pareto sugere que esses itens secundários representam 80% dos itens individuais da conta e apenas 20% da despesa total, mas Pareto era um otimista. Sua regra 80-20 é mais como 95-5 para um hospital. Incluir todos esses detalhes na conta torna mais difícil o processamento para o hospital e o entendimento para o paciente. Mais especificamente, as informações na conta não aparecem ali por um passe de mágica. Primeiro, elas precisam ser coletadas, e essa coleta de dados é quase sempre feita por enfermeiras. A coleta de dados, ao contrário de prestar cuidados de saúde, representa uma fração significativa do tempo do pessoal de enfermagem. Um hospital optou pela alternativa ousada de ser menos preciso. Especificamente, os administradores resolveram não juntar itens com valor inferior a US$25, nem discriminá-los, apesar de representarem uma boa fatia de suas contas. Para ser reembolsado, o hospital calculava uma média do uso de lenços de papel e pílulas e incluía o valor na soma da diária. Isso não fazia diferença substancial no comportamento dos pacientes. Ninguém usa lenços de papel de forma exagerada porque não está sendo explicitamente cobrado por eles. Por outro lado, isso poupa muito tempo da enfermagem. As horas extras das enfermeiras diminuíram em 37%, ao passo que o número de horas que passavam com os pacientes aumentou.

Uma seguradora de imóveis que atende a clientes de classe alta reconheceu que sua busca pela determinação de preços precisos impunha um fardo a seus clientes com escassez de tempo: obrigava-os a fornecer montes de detalhes sobre suas casas, de modo que a companhia pudesse calcular o grau preciso de risco associado ao seguro e também o valor do prêmio. A seguradora reconheceu que precisão impõe custos, neste caso aos clientes. Sua reação foi ser menos precisa na fixação de preços. Passou a solicitar aos clientes muito menos informações, o que eles agradeceram. Isso significava que o cálculo de risco da empresa era menos exato, o que a seguradora compensava ao estimar um risco um pouco maior que o calculado. Isso também significava que seus preços eram um pouco mais altos, mas os clientes ficavam mais do que felizes com essa troca; clientes ricos estão sempre dispostos a pagar por tempo e comodidade. Hoje a seguradora é uma participante de destaque nesse segmento de mercado.

A Amerin Guaranty (hoje parte da Radian) reinventou o ramo de seguro hipotecário quando decidiu ser menos precisa. O seguro hipotecário é pago pelo proprietário do imóvel e protege o banco que faz a hipoteca, em caso de inadimplência. Uma seguradora hipotecária tradicional coletava informações sobre o proprietário do imóvel e sobre a hipoteca no banco em que ela havia sido feita e, em seguida, realizava um detalhado processo de subscrição para determinar quanto cobrar pelo seguro. A Amerin percebeu que o banco já realizava esse trabalho ao decidir se fazia ou não a hipoteca e que era um desperdício de energia fazê-lo outra vez; ela usava as informações do banco para calcular o prêmio. Em caso de inadimplência, outras seguradoras fazem análises complexas do restante do empréstimo, para determinar quanto pagar. A Amerin constatou que, em média, isso importava em certo percentual da hipoteca original e informou a seus clientes bancários que pagaria aquele percentual em todos os casos, não importando o valor restante do empréstimo, evitando, com isso, análises complexas do pedido de indenização. Para os bancos, não importava o quanto recebiam sobre cada inadimplência. O que importava era que recebiam o montante certo no total, o que de fato acontecia. Ao ser menos precisa na subscrição e nos pedidos de indenização, a Amerin conseguia executar ambos com muito mais rapidez e eliminar grande parte do custo, o que ela convertia em preços mais baixos. Em menos de dois anos, ela passou de empresa iniciante para uma empresa de US$2 bilhões, com 6% do mercado de seguro hipotecário, e conseguiu isso enfrentando concorrentes descomunais como GE e MGIC.

Mais precisão, não menos, às vezes pode compensar. Para ver como, vamos voltar ao caso da Progressive. A empresa tem suas raízes no segmento de seguro de veículos de alto risco, dando cobertura a pessoas que tinham dificuldade de fazer seguro em outros lugares, em virtude de perfil demográfico, histórico da carteira de motorista. A maioria das seguradoras agrupava esses motoristas em um punhado de categorias, calculava os custos médios do prêmio correspondente e esperava pelo melhor. A Progressive resolveu ser muito mais precisa e usar 10 vezes mais categorias do que seus concorrentes. Por exemplo, em vez de considerar todos esses jovens como acidentes esperando para acontecer, a Progressive examinava cuidadosamente a formação, o histórico de crédito, a profissão e outros fatores, sugerindo um preço preciso que refletia suas características específicas. Isso significava que a empresa, às vezes, cobrava menos que seus concorrentes por bons riscos e às vezes cobrava mais por maus riscos. Ainda assim, essa avaliação detalhada significava que os custos das análises da Progressive eram muito mais elevados que o de seus concorrentes, mas compensava. Os maus riscos não raro iam para os concorrentes, que, de fato, cobravam muito menos, ao passo que a Progressive ficava com os riscos melhores, que tinham menos acidentes. É nos pedidos de indenização de acidentes que as seguradoras sentem seus custos reais. É no "índice combinado" (pedidos de indenização mais despesas como parte dos prêmios) que a Progressive se destaca. Outras companhias frequentemente têm índices combinados acima de 100, ou seja, elas perdem dinheiro no seguro, que só é recuperado com o rendimento do investimento obtido dos prêmios, que elas mantêm até o momento de pagar as indenizações. A Progressive, por outro lado, tem índices combinados que variam de 0,85 a 0,94. Isso significa que a Progressive ganha dinheiro com o seguro e trata o rendimento do investimento como lucro. Essa exatidão de precificação foi primordial para o sucesso da Progressive no mercado de alto risco e deu uma ajuda à empresa quando ela entrou nos mercados "padrão" e "preferencial" para motoristas bons e regulares.

QUAIS INFORMAÇÕES. A maior parte das empresas tem montes de informações, mas nem sempre sabem *quais informações* são necessárias para o bom funcionamento de seus processos. Elas usam dados históricos, e não atuais, dados projetados, e não reais, e informações restritas, e não amplas. Ao empregar informações melhores, asseguramos que um processo possa desempenhar melhor de muitas maneiras diferentes. Veja uma previsão de vendas, por exemplo. A maioria das empresas toma grande número de decisões importantes e dispendiosas baseadas na previsão de vendas, desde encomenda de materiais até programação da força de trabalho. Se a previsão de vendas estiver errada – não surpreende que habitualmente esteja -, então aquelas outras coisas também estão. Corrigir a previsão de vendas corrige também as medidas tomadas com base nela.

A General Mills, fabricante do Cheerios e de muitos outros produtos de consumo, costumava basear seus planos de produção nas previsões de vendas, mesmo que todos soubessem que previsão de vendas, não raro, é um eufemismo para tentativa feita às cegas. Os centros de distribuição, que mantinham o estoque e gerenciavam os pedidos de clientes, faziam uma projeção da quantidade que esperavam vender, enquanto a General Mills programava a produção em conformidade. Em seguida, os centros de distribuição faziam encomendas à produção à medida que entravam os pedidos. Mas projeções estão sempre erradas, e o resultado é a lei de estoque, de Michael Hammer: muito do que você não precisa e pouco do que precisa. Isso, por sua vez, conduz a reações bizarras e às vezes muito dispendiosas, como ciclos curtos de produção de emergência ou transferência das mercadorias de um centro de distribuição para outro. A General Mills resolveu usar informações reais, em vez de projetadas, para impulsionar a produção, o que chamamos de "produção puxada", e não "produção empurrada". Os dados reais do pedido do cliente foram fornecidos diretamente à produção, em vez de serem filtrados e retidos pelos centros de distribuição. Como resultado, a equipe de fabricação tinha uma visão muito mais ampla e atualizada do que os clientes estavam fazendo, bem como informações sobre a situação real dos estoques nos centros de distribuição. Essas informações mais abrangentes e mais precisas permitiam que a fabricação elaborasse programas de produção com mais rapidez e precisão e enviasse as mercadorias diretamente para os centros de distribuição, sem esperar que eles pedissem. O resultado foi que os níveis de estoque caíram cerca de 25%, enquanto o número de situações de produtos em falta (em que o centro de distribuição não tem o produto que o cliente encomendou) diminuiu 50%. À primeira vista, isso parece desafiar as leis da física. A maioria dos gerentes presume que inventários baixos levam à falta de produtos em estoque e vice-versa. Porém, ao redesenhar seu processo de distribuição de produtos para usar informações melhores, a General Mills foi capaz de atingir essas metas aparentemente incompatíveis, bem como expressivo aumento de rentabilidade.

Muitas empresas de bens de consumo entregam seus produtos em armazéns de supermercados; outras fazem a entrega diretamente em cada loja. Um fabricante de grande variedade de produtos costumava carregar os furgões de entrega com um pouco de tudo. Ao chegar a determinada loja, o motorista verificava as prateleiras para ver o que estava em falta, tirava do furgão o que era necessário, preenchia um formulário para o gerente da loja assinar, e depois o enviava à sede da empresa para faturamento. Este processo acarretava grandes atrasos e precisava de muito estoque nas vans. Baseava-se na premissa de que o motorista não dispunha de informações sobre o que era necessário em determinada loja até que chegasse lá. A empresa derrubou essa premissa ao conseguir informações detalhadas de vendas das lojas, de modo que sabia o que ainda havia nas prateleiras. De posse dessas informações, a empresa pré-selecionava aquilo de que cada loja iria precisar, embalava o pacote a vácuo, grampeava a fatura no pacote e os colocava nas vans, na ordem em que as empresas seriam visitadas. Agora o motorista só precisa deixar o pacote com a fatura e seguir para a próxima loja. Ao usar informações minuciosas no processo, melhorou a produtividade do motorista e reduziu o estoque acentuadamente.

QUANDO. A história de gerenciamento de sinistros na Progressive explica o princípio de *quando* executar certo trabalho num processo, mas essa era apenas a ponta do iceberg. Há muitas maneiras de mudar o quando de processos: ao antecipar ou adiar etapas, ao transferir atividades anteriormente sequenciais para um arranjo paralelo, ou ao mudar a ordem relativa de certas atividades.

Um hospital da Cidade de Nova York queria aumentar o número de cirurgias cardiovasculares, nas quais tinha grande experiência e notável capacidade. Entretanto, não estava conseguindo recomendações suficientes porque o hospital levava muito tempo para responder aos cardiologistas que queriam enviar pacientes ao hospital para cirurgia. Demorava até nove horas para informar aos cardiologistas que eles poderiam enviar o paciente e, a essa altura, o paciente, em geral, já estava em outro hospital. Ao ser feita uma investigação, o hospital descobriu que o motivo da demora era que o processo primeiro preparava um leito para o paciente, antes de dar uma resposta ao cardiologista. Era como se o hospital presumisse que o médico enviaria o paciente ao hospital sem que um leito estivesse preparado. No tráfego de Manhattan, todavia, os pacientes não chegam depressa ao hospital. O novo processo determina que o hospital diga imediatamente ao cardiologista para enviar o paciente. Enquanto o paciente está em trânsito, o leito é preparado. O resultado é um aumento significativo no número de pacientes cardiovasculares tratados.

O hospital também percebeu que estava mantendo os pacientes internados por cerca de dois dias e meio antes da cirurgia. Essa permanência também sai caro para o hospital, uma vez que o paciente que está à espera de cirurgia pagava a diária básica, enquanto outros pacientes que necessitavam de maiores cuidados poderiam ser internados a uma diária mais alta. Mais importante para os pacientes: eles estavam gastando dinheiro e tempo e arriscando-se a contrair infecções em uma permanência hospitalar mais longa que o necessário. Uma análise cuidadosa revelou que, nos dois dias e meio, os pacientes basicamente comiam, dormiam e esperavam, sendo que cada uma dessas atividades, em termos de processo, não agregam valor. As únicas atividades importantes realizadas nesse período foram exames e fornecimento de informações ao paciente sobre a cirurgia e suas consequências. O hospital percebeu que praticamente tudo isso poderia ser antecipado no processo e feito no ambulatório. Exames de menos de uma hora realmente precisavam ser feitos depois que o paciente chegasse ao hospital. Isso fez com que 40% das cirurgias do hospital fossem realizadas no mesmo dia, baixando custos e melhorando a saúde do paciente ao mesmo tempo.

Até a hipercompetitiva indústria da moda, tão dependente de captar a atenção sazonal dos compradores, pode alterar o cronograma. A Zara é moderna, a Zara é bacana, a Zara é uma das empresas do setor de vestuário que mais crescem no mundo e uma das mais lucrativas. Tem lojas em toda a Europa e também está começando a aparecer nos Estados Unidos e na Ásia. O sucesso da Zara baseia-se no que parece ser um instinto mágico de ter a moda certa, ao preço certo, na hora certa.

Mas o molho secreto da Zara não é uma sala repleta de brilhantes estilistas de moda, trabalhando em regime de servidão. A empresa não tem acesso especial a salas de bate-papo na internet, onde lançadores de tendências falam sobre roupas. Em vez disso, o sucesso da Zara resulta de um processo trivial e, ao mesmo tempo, poderoso. Atualmente, a maioria das empresas de vestuário fabrica o grosso de sua produção na Ásia, por uma razão óbvia: é muito mais barato. Não a Zara. A maior parte da produção é realizada na Europa e, além disso, em lotes relativamente pequenos. Como era de esperar, seus custos de fabricação são muito mais elevados que os de seus concorrentes. Mas a Zara não se importa. Fabricar na Ásia exige longo tempo de produção; empresas de vestuário precisam decidir o que irão produzir muitos meses antes da estação. O problema é que os deuses da moda são volúveis. Quando a estação começa, as roupas que a empresa escolheu tantos meses atrás podem não ser o que os consumidores querem. A Zara, em contrapartida, fabrica mais de 80% de seus artigos depois do início da estação. No início da estação, ela produz pequenas quantidades de vários estilos para ver o que vende. Em seguida, produz grande quantidade apenas dos artigos que venderam bem. Os custos de fabricação da Zara podem ser altos, mas ela tem os artigos que os consumidores desejam e vende mais desses artigos. Quando a estação termina, é obrigada a reduzir o preço de alguns artigos e as remarcações que ela faz são menores. De nosso ponto de vista, a Zara mudou o *quando* de seu processo de desenvolvimento de produtos ao adiar a decisão sobre o que produzir para depois da experiência de vender pequenos lotes no mercado.

QUEM. A mudança mais comum decorrente do redesenho de processos é *quem* faz qual trabalho e como trabalham com os demais. Um dos erros mais comuns cometidos ao responder à pergunta quem faz qual trabalho é elaborar um processo em torno de uma pessoa específica, e não em torno do trabalho. É muito fácil cair nessa armadilha. Quem deve fazer gerenciamento de estoque? Bem, o Harry faz isso há muitos anos, ele é a escolha lógica. Harry talvez tenha habilidades excelentes para esse cargo – ou pode estar estacionado ali porque não é bom em qualquer outra coisa. Seja qual for o caso, o trabalho é desenvolvido em torno das habilidades de Harry (ou falta delas), e não em torno de como a atividade se relaciona a todo o resto do processo. Talvez a parte onde essa atividade deva mudar, o que, na verdade, também mudará a parte quem da atividade. Não se obrigue a criar ciclos de retrabalho no processo para obsequiar determinada pessoa. No redesenho de processos, não deve haver vacas sagradas ou indivíduos favorecidos.

A mudança que ocorre com mais frequência quando fazemos a pergunta "Quem deve fazer o trabalho?" é a nomeação de um "trabalhador de caso", pessoa designada e autorizada a cuidar para que todas as etapas do processo sejam executadas. Na maior parte das empresas, os gerentes são responsáveis por garantir que sua parcela de algum trabalho maior seja feito. Mas esses gerentes raramente têm contato direto e frequente com os gerentes de outros departamentos, que também precisam, em algum momento, administrar parte do trabalho maior. Cada departamento faz seu trabalho sem saber o que os outros departamentos estão fazendo, fizeram ou irão fazer em algum momento no futuro, para executar o projeto global. É a tradicional organização em silo. O trabalhador de caso transcende esses silos, pegando o que precisa de cada um e coordenando todos eles para que o trabalho seja realizado com mais rapidez, mais eficiência e menos atrasos e erros. Ao concentrar essas tarefas em um único profissional, evitamos a delegação de tarefas e os atrasos e erros de auxiliares que ocorrem naturalmente quando o trabalho passa de um indivíduo para outro.

Em uma empresa telefônica, uma reclamação de cliente geralmente envolve três pessoas: uma que atende a chamada, outra para diagnosticar o problema e uma terceira para corrigi-lo. Atualmente, uma única pessoa atende a chamada, identifica o problema e o corrige através de um sistema informatizado. Se o sistema informatizado não conseguir resolver, o atendente envia um técnico ao local. "A solução na primeira chamada", o percentual de problemas resolvidos durante a primeira chamada do cliente, passou de 0,5% para 74% um aumento de quase 150 vezes.

Os pedidos recebidos pela Shell Lubricants costumavam ir e voltar entre até sete departamentos diferentes. Hoje, um único indivíduo é responsável pelo pedido, do momento em que é recebido até a emissão da fatura após o despacho da mercadoria. Como resultado, o tempo consumido por esse processo de um extremo a outro diminuiu 60%, a precisão aumentou 60%, o custo de atendimento de um pedido caiu 40% e a satisfação do cliente dobrou.

A abordagem do trabalhador de caso presta-se a processos em que todas as etapas são relativamente simples e, assim, podem ser controladas, pelo menos na maioria das situações, por uma única pessoa. Se necessário, o trabalhador de caso pode ser apoiado por especialistas em áreas específicas, que fornecerão assistência se surgir um caso de complexidade incomum.

Entretanto, se algumas ou todas as etapas são complexas e requerem formação especializada profunda, então a técnica do trabalhador de caso não funcionária. É impossível, por exemplo, imaginar uma única pessoa realizando atividades de desenho, engenharia, pesquisa de mercado, análises de custo e viabilidade de fabricação envolvidas no desenvolvimento de produtos novos. Mas há uma alternativa a essas situações complexas: a equipe de caso.

A equipe de caso faz o mesmo que o trabalhador de caso, mas trabalha como uma unidade coesa na aplicação das habilidades de seus vários membros para resolver um problema. Pense nela como um trabalhador de caso com múltiplas cabeças. O que distingue uma equipe de caso de uma linha de montagem: primeiro, os membros de uma equipe de caso trabalham em prol de um objetivo comum. Enquanto desempenham diferentes tarefas, estão focados no processo como um todo e em seus resultados, e não apenas em suas partes individuais. Segundo, seus horizontes transcendem suas esferas restritas. Eles conhecem todo o processo e estão cientes de seus companheiros e de como seu trabalho afeta uns aos outros. Eles compartilham informações e visões coerentes de mundo. Por último, podem ser reunidos numa única unidade. Isso significa que trabalham juntos, e não de forma descoordenada, e as melhorias de desempenho resultantes podem assemelhar-se àquelas conseguidas por um trabalhador de caso.

A Schneider National, empresa de capital fechado que opera na área de transporte por caminhão, com sede em Green Bay, Wisconsin, é a maior prestadora de serviços de transporte de carga completa, nos Estados Unidos. Um dos principais processos de um extremo a outro da Schneider é chamado Acquire New Business. Basicamente, visa gerar mais vendas, mas abrange muito mais do que o departamento de vendas. Um aspecto importante desse processo é fornecer cotações em resposta às descrições das necessidades de embarque dos clientes. No passado, vários departamentos – precificação, contratos, faturamento, gerenciamento de capacidade e outros – se envolviam, e a solicitação se arrastava por uma série interminável de caixas de entrada e de saída. A complexidade dessas várias áreas tornava o processo complicado para o manuseio de um único trabalhador de caso. Em vez disso, a Schneider criou equipes de desenvolvimento e resposta a clientes, compostas de profissionais selecionados desses vários departamentos, que trabalhavam juntos para responder a tipos específicos de clientes:

uma equipe para varejistas, outra equipe para fabricantes, e assim por diante. No passado, a Schneider levava cerca de 30 dias para apresentar uma cotação aos clientes. Com o novo processo, a empresa consegue fazer isso em menos de dois dias. Ser a primeira a responder ao cliente dá à Schneider a oportunidade de moldar o pensamento dele e evitar "comparações" competitivas. A taxa de vitórias da Schneider, que é o percentual de propostas que ela vence, aumentou em 70%.

Em uma das unidades da Trane, fabricante de aparelhos de ar-condicionado, o trâmite dos pedidos de clientes se arrastava da assistência ao cliente, ao projeto de produtos, à engenharia industrial, à programação e à produção, com discussões intermináveis ao longo do caminho, já que cada departamento tinha as próprias prioridades e preocupações. Aqui também a empresa criou uma equipe de caso, com representantes de cada uma dessas especialidades para conduzir o pedido do início ao fim. O tempo de processamento de pedidos diminuiu cerca de 70%. O slogan "Velocidade mata" é usado tanto para prevenir acidentes de veículos quanto para reduzir o uso de drogas. No mundo dos negócios, contudo, velocidade é essencial. Ao atender a pedidos muito mais rapidamente, a Trane conseguiu reduzir seus níveis de estoque de forma significativa, economizando dinheiro precioso. Também conseguiu ajudar clientes a reduzir seus níveis de estoque, visto que eles precisavam de menos estoque enquanto esperavam a entrega da Trane. E se você atender a pedidos mais depressa, pode cobrar ao cliente antes e receber mais rápido – talvez até antes de ter de pagar aos próprios fornecedores.

Existem situações, entretanto, em que até uma equipe de caso não é uma opção prática. Isso se verifica em especial quando as mesmas pessoas não trabalham juntas regularmente. Em assistência médica, por exemplo, um paciente hospitalizado com uma doença complexa tende a ser tratado por um grupo de médicos com especialidades diferentes. Mas chamá-los de equipe seria abusar do termo. Cada um se dedica a uma especialidade, e talvez eles nunca se encontrem, cruzando-se sem se falar. Como as informações de um médico podem não ser comunicadas aos outros, o tratamento descoordenado pode provocar erros médicos, interações medicamentosas problemáticas, incapacidade de responder a perguntas simples – "Quando posso ir para casa?" – e mau uso de recursos. A solução a que cada vez mais hospitais estão recorrendo é o hospitalista, médico cuja função é gerenciar a fornecimento geral de cuidados ao paciente, coordenando todos os especialistas envolvidos no tratamento de cada paciente. O hospitalista mantém-se a par de aspectos como tratamentos, horários e remédios e é o principal ponto de contato do paciente internado. O hospitalista é um exemplo do que chamamos de gerente de casos, o qual, ao coordenar o trabalho dos demais, otimiza o desempenho do processo como um todo. O modelo de gerente de casos aplica-se a muitas situações caracterizadas por grupos de especialistas associados de forma desregrada, que desempenham tarefas complexas, do serviço de atendimento ao cliente à instalação de sistemas informatizados.

Há outras variações sobre o tema "quem". Uma delas é perguntar se as habilidades exigidas para determinada tarefa são aquelas que estão sendo solicitadas. Talvez elas possam ser inferiores ou talvez devam ser superiores. Alguns hospitais estão substituindo enfermeiras de triagem por médicos de triagem. Embora colocar um médico nessa função seja mais dispendioso, com frequência ele pode fazer avaliações mais precisas ou até cuidar do paciente diretamente, tornando o processo mais eficaz como um todo. Na Duke Power, por outro lado, técnicos de campo tomam decisões que engenheiros do escritório costumavam tomar. A empresa percebeu que esses trabalhadores tinham conhecimento e experiência suficientes para tomar essas decisões e que, ao agirem assim, acelerariam as coisas e permitiriam que os engenheiros se concentrassem em tarefas que só eles podiam executar.

ONDE. Nós também podemos aplicar a processos a antiga máxima dos imóveis que diz que os três aspectos mais importantes de uma propriedade são localização, localização e localização. Ao pensar sobre o desenho do processo, é importante o lugar em que o trabalho é realizado, mas muitas organizações sofrem de enorme falta de imaginação ao decidir onde ele deve ser feito. Sem dúvida, as formas de terceirização nacional e no exterior tornaram-se populares nos últimos tempos, mas não precisamos fazer mudanças drásticas para conseguir melhorias expressivas.

Um fabricante de autopeças adotava uma norma simples: quando fabricava amostras de peças novas, a ferramenta usada na produção da peça devia ser feita na mesma fábrica onde a peça seria produzida. Ao que tudo indica, isso parece razoável, visto que assegura que a ferramenta não tenha de ser levada de onde está sendo feita para onde será usada. Na realidade, contudo, uma fábrica que era capaz de programar a fabricação de uma peça de amostra geralmente só conseguia fazer isso porque estava se equipando com novas ferramentas, o que significava que sua seção de usinagem estava atarefada. A norma da empresa estava, na verdade, condenando-a ao atraso. Pelo novo processo, a produção de ferramentas é feita em uma fábrica vizinha que tem capacidade disponível. Mesmo com o percurso de caminhão entre as duas fábricas, a ferramenta fica disponível com muito mais rapidez e, por conseguinte, a peça. Esse foi um elemento importante para reduzir o tempo de produção de amostras em 85%, o que, por sua vez, aumentou enormemente o ritmo em que a empresa ganhava contratos para novos produtos. Esse é um exemplo excelente do poder do pensamento de ponta a ponta no trabalho. Examinar a questão de onde fabricar a ferramenta de uma perspectiva limitada leva a uma conclusão; examiná-la de uma perspectiva mais ampla leva à outra.

Todos os grandes fabricantes de autopeças operam com armazéns de peças, onde mantêm vasta quantidade de peças que suas concessionárias podem solicitar. Como se pode imaginar, são instalações gigantescas. Uma das dificuldades de se retirarem peças de um armazém tão grande é o tempo que leva para o separador ir do local onde uma peça da lista está armazenada para o local onde está a seguinte. Muitas empresas já tentaram várias soluções para esse problema, desde equipar o separador com bicicletas até usar robôs para pegar as peças. Os resultados dessas tentativas variaram de modestos a desastrosos. Uma empresa teve uma ideia bem diferente: mudou o lugar da separação. Em vez de levar o separador até a peça, traz as peças até o separador. A maioria das peças é armazenada em pequenos cestos colocados em esteiras transportadoras (pense em lavanderias). O separador digita as peças necessárias no computador, e as esteiras começam a se movimentar. Quando param, o separador retira o que precisa e passa para o próximo artigo. O separador gasta seu tempo coletando peças (trabalho agregador de valor), e não andando (trabalho não agregador de valor). E enquanto o separador aguarda que as esteiras tragam peças para um pedido, pode, simultaneamente, retirar das esteiras peças para outros pedidos.

O trabalho pode ser realizado em mais de um lugar. Na verdade, centralização e descentralização são maneiras de se repensar o local de trabalho. Você quer que o trabalho seja realizado num lugar e os resultados distribuídos para instalações regionais ou despachados para clientes, ou quer executar o trabalho em diversos lugares, talvez porque possa, dessa forma, atender melhor aos clientes de diferentes regiões? São perguntas excelentes porque cada alternativa oferece vantagens e desvantagens. Mas parece que quase todas as empresas têm dificuldade de encontrar a resposta certa, então acabam oscilando entre as duas, primeiro centralizando o processo, para depois concluir que a descentralização faz mais sentido. Uma empresa pode resolver centralizar compras para obter melhor controle e economias de escala. Mas depois, em uma clássica medida "a galinha do vizinho é mais gorda", reverter essa decisão e descentralizar compras para conseguir mais flexibilidade e rapidez. Empresas também usam essa decisão como um instrumento contundente, mudando processos inteiros, e não apenas algumas partes dele cuja mudança faz mais sentido. Empresas que fazem isso colhem todas as desvantagens de cada processo, ao mesmo tempo que renunciam às vantagens.

Algumas empresas, como a HP, encontraram uma saída para essa escolha de Hobson.* Elas misturaram centralização e descentralização, aproveitando-se do controle e de economias de escala, que são inerentes a operações centralizadas e, ao mesmo tempo, beneficiando-se da flexibilidade e rapidez de operações descentralizadas. Um bom exemplo é o funcionamento de impressoras HP. Impressoras são produtos bastante genéricos e, dessa forma, beneficiam-se de economias de escala da produção centralizada. Porém, como se sabe, elas precisam ser ligadas em tomadas elétricas e os consumidores precisam saber como operá-las. As tomadas não são iguais em diferentes partes do mundo, como também não o são as línguas em que os consumidores falam e escrevem. Então, a HP produz as impressoras, sem cabo de alimentação e manual do proprietário, num local centralizado, depois as despacha para pontos de distribuição regional, onde cabos de alimentação e manuais do proprietário apropriados são introduzidos na embalagem.

---

* *Nota da Tradutora*: Optar entre o que nos é oferecido ou nada.

O QUÊ. Tudo bem, já abordamos seis dos sete princípios do desenho de processos: onde fazer certos trabalhos e em que circunstâncias, com que grau de precisão precisa ser feito, quais informações são necessárias para executar o trabalho, quando ele deve ser realizado e onde. Deixamos a pergunta mais importante – o que deve ser feito – para o final, porque ela abrange os primeiros seis princípios do desenho de processos. Ela representa a questão central na qual todo o trabalho se fundamenta: o que precisamos fazer para fornecer o que os clientes querem? A resposta a essa pergunta revela quais atividades devem ser incluídas inicialmente no desenho de processos.

Na maior parte dos casos, um novo processo conterá as mesmas etapas agregadoras de valor do processo antigo. Afinal de contas, você não irá querer eliminar algo que acrescenta valor e pelo qual o cliente está disposto a pagar. Porém, é possível que o novo processo tenha outras etapas agregadoras de valor, além daquelas do processo original. Lembre-se, por exemplo, de como a Progressive Insurance criou um processo para identificar e categorizar potenciais clientes, usando análises para determinar quais clientes representam mais risco e quais representam menos risco. Esse processo lhe possibilita cotar tarifas que variam muito para pessoas que quase todas as seguradoras colocam na mesma categoria, como, por exemplo, homens com menos de 25 anos. O objetivo era fixar o preço do seguro de acordo com o risco real representado pelo segurado. Mas, em seguida, a Progressive foi ainda mais longe. Ela não só cotava as tarifas de suas próprias apólices, como também comunicava ao provável cliente o que seus concorrentes cobrariam por uma apólice semelhante, mesmo que o preço do concorrente fosse mais baixo. Essa informação adicional causava dois impactos. Primeiro, criava uma sensação de confiança naqueles que compravam seguros. Nenhuma outra seguradora fazia isso, e os possíveis segurados apreciavam a informação. Confiança é algo muito difícil para uma empresa criar e tem um valor que não pode necessariamente ser quantificado, mas é um diferenciador-chave entre empresas concorrentes. Segundo, visto que a Progressive conseguia identificar pessoas de alto risco em categorias mais amplas e cotar-lhes preços mais altos, mostrando-lhes que poderiam obter a mesma apólice a preços inferiores em outra seguradora, isso persuadia muitas delas a solicitar cotações em outro lugar. Pasmem! A Progressive dissuadia indivíduos de risco de comprar suas apólices, ao mesmo tempo que atraía motoristas mais cuidadosos a adquiri-las. Isso é que é ganho mútuo.

Mas perguntar o que deve ser feito também permite às empresas livrar-se de etapas do processo antigo. Eliminar etapas desnecessárias que não fazem nada pela empresa ou pelos clientes é algo óbvio. O ponto central, todavia, é o trabalho que não acrescenta valor, coisas que a empresa tem de fazer, mas pelas quais o cliente não se interesse e não paga. Lembram-se da Andren Aerospace, sobre a qual falamos na Introdução? Antes de redesenhar seus processos, ela fazia nada menos de seis verificações de crédito de clientes, em várias etapas, do pedido ao despacho. Não é preciso dizer que as circunstâncias raramente mudavam entre a primeira e a sexta verificações. Então por que fazer mais cinco verificações de crédito depois da primeira? O novo processo da Andren exige apenas uma verificação de crédito, quando o pedido é recebido.

A Força Aérea dos Estados Unidos, como todas as organizações, precisa treinar seu pessoal em várias habilidades continuamente. Mas o processo de inscrição para alguns dos cursos era excessivamente complicado. A pessoa interessada em um determinado curso de treinamento pedia a aprovação de seu supervisor. Se o supervisor aprovasse, o pedido de treinamento seguia para aprovação do comandante da base. Se ele conseguisse ultrapassar essa barreira, seguia então para o chefe do comandante da base. Finalmente era apresentado ao responsável pelas inscrições. Qual era o problema? O processo todo levava 40 dias, o que significava que quem precisava do treinamento com urgência não podia obtê-lo. Análises revelaram que nem comandantes de base nem seus superiores jamais negaram uma solicitação de treinamento. Se o supervisor aprovasse, dali pra frente não havia dificuldades. O comandante da base não precisava aprovar; só precisava ser informado. Portanto, o novo processo eliminou duas etapas de aprovação e reduziu o tempo de processamento de 40 dias para apenas um.

MIT e Harvard, ambas em Cambridge, Massachusetts, há muito estenderam privilégios de *cross-registration** aos alunos uma da outra. Inicialmente, cada escola determinava a carga horária dos alunos da outra escola e lhe enviava a fatura correspondente no final do semestre. Agiram dessa

* *Nota da Tradutora*: O estudante pode assistir a aulas em outras faculdades e universidades que atendam a seus interesses e requisitos de formação.

maneira até que alguém percebeu que a diferença entre as duas faturas era inferior ao custo decorrente de seu cálculo, envio e quitação. Como resultado, toda a atividade de faturamento foi eliminada do processo de *cross-registration*.

A prática amplamente adotada de estoque gerenciado pelo fornecedor (VMI) pode ser vista pelas lentes do princípio "o quê". No VMI, o fornecedor é responsável pelo gerenciamento do estoque de seus produtos (ou, em alguns casos, até dos produtos de seus concorrentes) nas instalações do cliente. Para isso, o fornecedor controla o nível do estoque e o reabastece automaticamente quando ele cai abaixo de níveis previamente acordados. Isso certamente acrescenta etapas ao processo de atendimento de pedidos do fornecedor. Mas fazer esse trabalho para os clientes poupa a eles muito esforço, o que pode converter-se em aumento de vendas e até aumento de preços. Além disso, conhecer os níveis de estoque nas instalações do cliente permite ao fabricante otimizar sua produção, fazer previsões melhores e reduzir seus níveis de estoque de produtos acabados, o que mais do que compensa os custos adicionais de se acrescentarem etapas a seu processo.

A maioria das companhias aéreas instalou quiosques em aeroportos, nos quais os passageiros podem fazer seu próprio check-in, dispensando a ajuda de um agente. Do ponto de vista do processo, uma etapa foi *eliminada* do processo da empresa de aviação e uma etapa foi *acrescentada* ao processo do cliente, mas ambos se beneficiam. Em geral, o cliente pode fazer o check-in mais depressa, permanecendo menos tempo em fila, e também sai mais barato para a companhia aérea.

Repare que cada um desses exemplos de *qual* trabalho deve ser feito contém pelo menos outro princípio do desenho de processos. É comum que as pessoas que realizam desenho de processos prendam-se a identificar as diferenças entre os sete princípios. Isso é um erro. Os princípios não são isolados, mas inter-relacionados. Pode-se chegar ao mesmo destino por vários caminhos diferentes. A inscrição para cursos na Força Aérea envolveu mudanças em *quem* aprovava os pedidos e *se* eram aprovados. O faturamento pelo MIT e Harvard levantou a questão de *se* essa atividade deveria ou não ser executada. E uma empresa de bens de consumo que adota a prática VMI precisa mudar *qual* trabalho fazer quando resolve gerenciar estoque para varejistas. Mas esse processo de entrega direta às lojas somente funciona porque o fornecedor dispõe de melhores informações. Isso também representa uma mudança no *onde* do processo (ou seja, a decisão sobre o que deve ser colocado nas prateleiras da loja foi tomada no armazém, e não na loja), bem como uma mudança no *quando* do processo (ou seja, a decisão ser tomada antes de carregar o caminhão, e não depois que o motorista chegar à loja). Um novo desenho de processos não raro inclui mudanças em mais de um dos princípios do projeto, e isso é ótimo. Precisão e rigor não são nossos objetivos. Estimular seu pensamento é.

Esses são os sete princípios para se redesenhar um processo. O redesenho de processos pode não exigir inspiração artística, mas certamente requer certo grau de imaginação e criatividade, bem como boa intuição e bom-senso nos negócios.

É preciso entender que redesenhar um processo pode, na verdade, envolver custos mais altos em algumas áreas – o custo de fabricação da Zara, por exemplo – em troca de ganhos em outras. No caso da Zara, a empresa fabrica muito menos roupas que têm de ser vendidas a preços muito reduzidos ou ser descartadas, sendo, portanto, mais lucrativa que suas concorrentes.

Vamos esclarecer uma coisa. Os princípios de desenho de processos que acabamos de examinar não lhe darão o projeto de um processo completo. Em vez disso, eles lhe darão uma *ideia* de um desenho de processos. É preciso muito trabalho árduo e detalhado para transformar um conceito inovador na descrição completa de um novo processo. Mas não é esse trabalho que gerentes e executivos consideram tão intimidador. Antes de qualquer outra coisa, a parte mais difícil e assustadora é ter a grande ideia, porque implícitas em grandes ideias estão grande mudanças. Se conseguir superar o medo de mudança e dar o passo decisivo, você já tem os sete princípios para guiá-lo.

SAIBA ONDE ESTÁ PARA CHEGAR AONDE QUER IR

Este é um axioma da navegação oceânica: para chegar aonde quer ir, você precisa saber onde está agora. Para usar os princípios de desenho de processos é necessário entender o processo existente. Mas cuidado: o erro mais comum no redesenho de processos é mergulhar numa análise do processo existente, que chamamos de "no estado em que está". Há forte tentação de procurar maneiras de melhorar o processo em vigor, remover um defeito ou tentar ajustá-lo para torná-lo melhor. Se tentar fazer isso, aí sim, os detalhes são importantes. Mas essa espécie de *melhoria* de processo é uma péssima ideia. Em desenho de processos, de uma coisa temos certeza: o processo antigo precisa ser jogado fora, não corrigido ou melhorado. As únicas coisas que devemos manter do velho processo são as etapas agregadoras de valor. Nós as recombinaremos de maneiras diferentes, mudando um ou mais aspectos do processo e, em seguida, introduziremos o mínimo necessário de trabalho não agregador de valor para fazê-lo funcionar.

Então, esqueça os pequenos detalhes de seu processo "no estado em que está". Em vez disso, observe-o em funcionamento, acompanhe-o do começo ao fim e preste atenção apenas nas etapas, especialmente naquelas que agregam valor. Se quiser, poderá registrar o que descobrir com uma das novas ferramentas de software, tais como a Microsoft Visio, disponíveis no mercado. Mas, sinceramente, é muito mais interessante afixar papel pardo na parede, no qual as etapas serão representadas. Podem-se usar os clássicos quadrados para indicar cada departamento, mas, quando começar a desenhar o processo, você deverá colocar esses quadrados no que chamamos de raias. Sabe quando fica dando voltas na piscina sem sair de sua raia? Destine cada departamento à sua própria raia. Assim, cada vez que houver transferências de tarefa de um departamento para outro, você perceberá que estará cruzando a corda de uma raia. Quanto mais vezes isso ocorrer, pior é seu processo. Esses cruzamentos de raia representam atrasos e custo.

A OPERAÇÃO DE DESENHO DE PROCESSOS

O desenho de processos se desenrola em etapas. Ao longo dos anos, passamos a identificar essas etapas como mobilização, diagnóstico, redesenho e transição. De forma mais coloquial, chamamos as quatro etapas de Organize-se, Oriente-se, Enlouqueça e Caia na Real.

ORGANIZE-SE. A primeira etapa, mobilização ou Organize-se, consiste em reunir as pessoas de que precisa para realizar o desenho do processo. Sejamos claros: desenho de processos não é um esporte individual. Se tentar fazê-lo você mesmo, sem ajuda, é bem provável que terá dificuldade em identificar todas as etapas de seu processo atual. Mais importante: você terá dificuldade em gerar boas ideias para seu novo desenho. Você precisará de uma equipe para criar uma ampla variedade de ideias, avaliá-las e criticá-las e combinar as melhores em um conjunto vitorioso. Sua equipe de redesenho deve ser composta tanto de conhecedores profundos quanto de observadores externos. Os conhecedores são pessoas que trabalham no processo existente e estão familiarizadas com ele. Você precisa delas pela credibilidade que trarão e por sua intuição sobre os clientes e as realidades da implementação. Mas é provável que uma equipe só de conhecedores crie apenas uma versão ligeiramente diferente do que já existe. Eles são muito íntimos do antigo processo e se envolveram muito nele para que sejam capazes de produzir ideias verdadeiramente originais ou resistir ao impulso de descartar imediatamente ideias inovadoras, considerando-as inexequíveis. Os conhecedores precisam ser equilibrados com profissionais que trabalham fora do processo que está sendo redesenhado. Eles podem não saber absolutamente nada sobre ele, mas, se forem inteligentes, trarão uma nova perspectiva, a disposição de fazer perguntas simplistas, para as quais talvez não haja respostas, a ausência clara de ideias preconcebidas sobre como as coisas "devem" funcionar. O tamanho da equipe pode variar um pouco, dependendo do tamanho da empresa e da complexidade do processo, mas, para empresas maiores, uma equipe de projeto de sete pessoas, duas a mais ou a menos, parece apropriada. Se for muito maior, será difícil de manobrar, e muito menor não terá energia suficiente.

Também haverá a tendência de participar da equipe de redesenho como tarefa de meio expediente. Esse é um grande erro. Conseguir conciliar horários, equilibrar o projeto de desenho com outras responsabilidades, lidar com as inevitáveis emergências em suas atividades diárias e sentir-se acossado por lealdades divididas são apenas alguns dos motivos pelos quais as equipes de desenho de meio expediente raramente são bem-sucedidas. Será preciso um pouco de diplomacia e persuasão de sua parte para desligar esse pessoal de suas funções e chefes atuais, para trabalhar no redesenho em tempo integral durante meses, mas, no longo prazo, valerá a pena para todos os envolvidos.

Não se contente com apenas alguns figurantes. O trabalho exige talento e discernimento. Também exige mentes analíticas, habilidade de focar o quadro geral (o processo) enquanto gerencia detalhes, capacidade de trabalhar em equipe e disposição para "pensar diferente". As melhores equipes de desenho caracterizam-se pela diversidade: pessoas de formação diferente, experiências de vida diferentes, tempo diferente de permanência na empresa, cargos e níveis hierárquicos diferentes e especialidades funcionais diferentes. Uma precaução necessária com cargos e escalões hierárquicos: alguém de nível muito superior pode intimidar a equipe involuntariamente, tal como acontece quando o chefe aparece subitamente em uma reunião de equipe, e todos ficam quietos de repente. O conflito inevitável que surge quando pessoas tão diversificadas tentam trabalhar em grupo é uma coisa maravilhosa. Ele pode ser aproveitado e transformado na espécie de imaginação e energia que leva a um novo desenho do processo que faz outras pessoas perguntarem: "Como vocês conseguiram isso?"

ORIENTE-SE. A segunda etapa, diagnóstico, ou Oriente-se, como a chamamos, envolve principalmente a compreensão do processo existente e até que ponto ele satisfaz ou não as necessidades dos clientes. Observamos anteriormente que pode ser muito útil expor todas as etapas do processo em papel pardo afixado na parede, em forma de diagrama com raias de natação. Escolha a abordagem que preferir, mas a etapa mais crucial do diagnóstico é descobrir o que seus clientes precisam e como o processo existente não está conseguindo satisfazer essas necessidades. Esse é o verdadeiro sentido da voz do cliente. E podemos garantir que, por mais satisfeitos que você pense que seus clientes estão, eles não estão tão satisfeitos assim. Aliás, lembre-se de que muitas iniciativas para adotar um processo são tomadas em resposta a reclamações específicas de clientes ou mesmo crises com clientes. Lembra-se da Andren, que mencionamos na Introdução? Um de seus maiores clientes basicamente a dispensara, e a mudança de processo foi feita para tentar salvar o relacionamento.

A equipe de desenho que você montou já deve saber alguma coisa sobre o relacionamento com os clientes, mas você não sabe o grau de precisão e completude desse conhecimento. Então, vá diretamente à fonte. Faça a equipe de desenho visitar os clientes ou traga-os à sua empresa para uma reunião. Descubra quais são suas queixas. Um meio eficaz de fazer isso é pedir que um de seus funcionários vá até a frente da sala e relacione no quadro o que acha que o cliente quer da empresa. Quando a lista estiver razoavelmente completa, peça ao cliente que vá ao quadro e marque o que seu profissional acertou. Provavelmente, você ficará chocado com os resultados.

Eis o que habitualmente acontece neste exercício. Seu vendedor caminha empertigado até a frente da sala e escreve algo como: "Você quer nosso produto entregue no prazo, quer boa qualidade e quer o menor preço."

Quando o cliente responde a essa lista, todos ficam surpresos ao ouvi-lo dizer: "Sim, queremos o produto entregue no prazo, e nem sempre conseguimos isso. Teríamos prazer em pagar um preço maior se vocês conseguissem entregar de maneira uniforme."

Uma empresa com a qual trabalhávamos se orgulhava de sempre cumprir as datas de entrega prometidas. Mas, quando a equipe de desenho perguntou ao cliente quais eram suas necessidades, ele respondeu: "Forneça-nos datas de entrega que vão de dois dias a três semanas, e vocês sempre cumprirão a data. Mas, como há muita variação, temos dificuldade em prever e planejar nossa produção. Ficaríamos em muito melhor situação se vocês nos fornecessem um tempo de ciclo previsível, de modo que sempre soubéssemos que a entrega seria feita em dois dias ou em três semanas, ou seja, o tempo de ciclo, depois que colocássemos o pedido. Conseguiríamos planejar nosso trabalho muito melhor dessa maneira."

Muitas empresas afirmam que têm excelentes relacionamentos com os clientes. Mas relacionamentos com clientes são como qualquer outro relacionamento. Com o passar do tempo, não damos o devido valor, fazemos suposições sem informações e deixamos de ouvir a outra parte. Em vez de nos dedicarmos a identificar e resolver seus problemas, só queremos lhes vender nossos produtos. Para desenhar um processo de alto desempenho, precisamos dar a devida importância aos clientes. E não cometa o erro de pensar que anotar as reclamações dos clientes, palavra por palavra, completa o trabalho. Isso equivale apenas ao *registro* de suas queixas. O que você precisa realmente fazer é *entendê-las*. Isso é muito mais complicado. Como comentou Mark Twain certa vez: "Não tive tempo de escrever uma carta curta, então escrevi uma longa." Quando entende os problemas de seus clientes, você é capaz de expô-los de maneira concisa e convincente, e não apenas repetir o que disseram.

ENLOUQUEÇA. Deliberadamente, chamamos a fase de redesenho de fase do Enlouqueça. Isso porque a equipe de desenho pode agora liberar toda a sua energia e talento criativos e realmente pensar fora do quadrado (ou, mais apropriadamente, os quadrados que constituem o fluxo de trabalho e o organograma). É quando pensam com afinco sobre os sete princípios de desenho de processos, analisando-os e teoricamente e experimentando diferentes soluções possíveis. As perguntas são muitas: se fizer isso aqui, como isso afetará os resultados ali? Quem deve fazer isto, onde deve ser feito e por quê? A essa altura, os membros da equipe não devem mais pensar em termos de departamentos ou funções. Essa é a maneira antiga de proceder. Agora é uma questão de quem é a pessoa certa para executar um trabalho, tendo sempre em mente que precisamos fazer mudanças enormes na maneira de atender aos nossos clientes. E, embora o cliente continue preeminente, a equipe de desenho também deve ouvir a voz da empresa, a fim de garantir que recursos e habilidades estejam disponíveis para fazer o novo processo funcionar em benefício dos negócios.

Normalmente, a fase Enlouqueça termina com uma simulação do novo processo. Isso equivale a um ensaio no qual os membros da equipe, juntamente com representantes de departamentos ou funções que serão afetadas pelo novo processo, repassam as etapas em busca de problemas e omissões flagrantes. A simulação *não* afeta as operações de clientes ou da empresa. A esta altura, talvez você não consiga usar a necessária tecnologia da informação, a menos que seu departamento de TI possa criar um modo de demonstração que capte, mas não transmita informações. A primeira simulação pode ser realizada pelos próprios membros da equipe ou com os reais executores do novo processo. É claro que, se os membros da equipe fizerem a primeira iteração, o pessoal que realmente trabalhará no processo deve participar da segunda e da terceira simulações. E as simulações destinam-se a testar não apenas o funcionamento do novo processo, mas também os fatores que o viabilizam, como treinamento e indicadores. É nesse ponto que ficará penosamente evidente para os membros da equipe que seu primeiro redesenho apresenta falhas talvez bem grandes. Tudo bem. Se a liderança fez bem seu trabalho, todos estarão esperando falhas e não ficarão desanimados. Em vez disso, eles as verão como uma oportunidade de melhorar o processo antes de divulgá-lo. Advertência: talvez haja forte tentação de pular a etapa de simulação, especialmente se a equipe de desenho estiver em atraso ou com o orçamento estourado. Não ceda a essa tentação. O resultado será desagradável para você, prejudicial a seus clientes e talvez fatal para a iniciativa de se tornar uma empresa centrada em processos. Acerte o mais que puder antes de divulgar o processo.

CAIA NA REAL. A etapa final é a transição do trabalho de projeto para a implementação do processo na vida real. Nós a chamamos de Caia na Real porque agora o processo afetará tanto a empresa quanto seus clientes em termos reais. Grande parte dessa etapa envolve o teste-piloto do novo processo. À diferença da simulação, que foi feita isoladamente, o teste-piloto usa estoque real, sistemas reais (presumindo que estejam prontos), tudo real. Pode-se realizar o teste-piloto de uma série de maneiras diferentes: com um cliente, com um produto ou em um local. Garantimos que muita gente ficará nervosa quando o teste começar. O proprietário do processo será como um futuro pai. Está na expectativa de descobrir se tem um bebê feioso. Mas como o teste-piloto é feito em pequena escala, tudo bem. Se tiver um filho feio, pode-se dar um jeito antes que todo mundo tenha de olhar para ele.

Antes de iniciar o teste-piloto, certifique-se de que os clientes que receberem informações do novo processo saibam o que está acontecendo. Para facilitar, você pode convidar um ou mais representantes de seus clientes para presenciar parte da simulação, para que saibam o que esperar. Mesmo assim, sem dúvida haverá problemas. Mas não deverão ser problemas importantes; ao contrário, serão mais como ajustar os espelhos e o assento do motorista do que trocar os pneus de um carro em movimento.

Quando você inicia a fase-piloto, sem dúvida passará a ser exagerado no suporte, medição e inspeção de cada aspecto do novo processo. Tudo bem; muita atenção aos detalhes é melhor do que pouca. O aspecto mais importante da fase-piloto é que os indicadores comecem a tender para as novas metas. Não é necessário alcançar essas metas de início, mas, se os indicadores não estiverem no caminho certo, é hora de parar imediatamente. Faça um retrospecto e examine o desenho do processo e a maneira como os executores o estão conduzindo. Você precisa encontrar e corrigir a causa básica do problema. Mas é bem provável que os números lhe sejam favoráveis desde o início, se fizer os testes corretamente. Se, com o tempo, sua medição mostrar que o processo é estável, capaz de alcançar a meta (ou tender a isso), você pode começar a diminuir a tensão e monitorar tudo com menos frequência e atenção. Mas esteja preparado para o inusitado, como um pedido absurdamente grande. Se isso acontecer, intensifique seu monitoramento para garantir que o processo consiga enfrentar a mudança de situação.

A partir desse ponto, tudo evolui. Você envolverá mais clientes no processo, estendendo-o para mais locais e, via de regra, adotando-o como seu novo *modus operandi*. Mas não reduza os esforços. É importante lembrar que quando você desenhou o novo processo estava recebendo, como subsídios, resultados de um processo tradicional e também fornecendo subsídios a um processo tradicional, quer em sua própria empresa, quer na sede do cliente Seu redesenho precisava refletir essas ligações com os processos antigos. A etapa seguinte é redesenhar esses velhos processos, porém, quando isso for feito, o cruzamento com o redesenho inicial de seu processo será afetado. Então voltemos à prancheta: o desenho de processo inicial terá de ser modificado para receber resultados de um novo processo de alto desempenho e fornecer subsídios para outro processo de alto desempenho. Continue perseverando, por mais fatigado que esteja.

Desenhar um processo é a primeira etapa de uma longa jornada para obter melhor desempenho como empresa. O desenho de um processo envolverá muitas mudanças para as pessoas que trabalham nele. Elas precisarão comportar-se de maneira diferente, e o comportamento é motivado por avaliações. No próximo capítulo, examinaremos indicadores e o papel crucial que representam na criação bem-sucedida do processo.

DESENHO – O QUE SE PODE E O QUE NÃO SE PODE FAZER

- Arranjar tempo para entender o processo que está redefinindo. Uma boa forma de fazer isso é "ligar-se" a um pedido ou a uma faceta do processo e acompanhá-la do início ao fim.
- Documentar o processo existente no formato de uma "raia de natação", representando cada departamento que afeta o processo em uma fileira horizontal ou coluna vertical diferentes, para que possa ter uma visão gráfica de quantas vezes o processo é transferido (ou devolvido) a vários departamentos.
- Preparar a equipe de projeto e a empresa para os erros inevitáveis que ocorrerão no redesenho (reengenharia) de um processo. Ninguém cria um desenho perfeito na primeira vez.
- Usar equipes de projeto diferentes para cada desenho e cuidar para que cerca de dois terços da equipe sejam compostos de representação interfuncional de vários departamentos envolvidos no processo e que um terço consista de observadores externos, sem qualquer papel no processo.
- Avisar aos membros do grupo com antecedência de que eles podem transferir-se do centro da equipe para uma função consultiva, de modo que se sintam à vontade para mudar de lugar e você tenha condições de transferi-los sem criar ressentimento.
- Comunicar a toda a empresa, de forma aberta, o que a equipe de desenho está fazendo, para impedir boatos e fofocas e assegurar que os membros do grupo se sintam à vontade longe de suas funções normais e empreguem todos os seus esforços no redesenho.

- Não analisar excessivamente o processo e ficar imerso em paralisia analítica, que atrasa a iniciativa de reengenharia e os resultados que ela precisa alcançar.
- Não projetar o novo processo no formato de raia de natação que usou para representar o processo antigo. Isso colocará o foco em empresas com mentalidade de silo, e não no trabalho que precisa ser feito e em quem é a pessoa certa para executá-lo.

- Não ignorar a simulação e a fase de teste-piloto do novo desenho, porque é a melhor ocasião para descobrir erros num ambiente seguro.
- Não coloque mais de nove pessoas, ou menos de cinco, na equipe de reengenharia, para assegurar que o grupo não tenha dificuldade para prosseguir e se beneficie de uma diversidade de pensamentos e pontos de vista.
- Não permitir que o novo processo tenha o aspecto do antigo que está substituindo, ou você acabará realizando apenas melhorias marginais que produzirão resultados decepcionantes e desestimularão novos esforços.
- Não esquecer de ter um plano de retorno para os membros do grupo de reengenharia, de modo que eles não se sintam temerosos de dedicar-se inteiramente ao redesenho, em vez de tentar dividir seu dia de trabalho entre o redesenho e suas antigas funções.

Capítulo 2

Medida a medida

ESCOLHENDO OS INDICADORES DE PROCESSOS CORRETOS

Todos os programas de autoajuda de 12 passos conhecidos pela humanidade começam com a mesma premissa: você deve admitir que tem um problema antes de começar a resolvê-lo. Então inspire fundo, expire e confesse: "O sistema de medição de minha empresa é uma bagunça total."

Pronto. Já não se sente melhor?

Na verdade, você acabou de confessar um dos grandes segredos sujos da empresa moderna: as ferramentas que quase todas as empresas usam para medir (e presumivelmente melhorar) seu desempenho são praticamente inúteis. Não é preciso muito, no máximo uma ou duas cervejas, para os gerentes começarem a falar sem parar de seus indicadores horríveis, quer de produção, serviço de atendimento ao cliente, marketing, compras ou de qualquer outro aspecto das operações de sua empresa. Entre as centenas de gerentes com quem discutimos este assunto, há um consenso quase universal de que suas empresas medem demais, muito pouco ou a coisa errada.

Apesar da concordância quase universal, entre os profissionais que estão sujeitos aos sistemas de avaliação das empresas, de que esses sistemas são uma droga, isso ainda constitui uma grande surpresa para o pessoal da alta direção. Como a avaliação do desempenho operacional é tão fundamental para o gerenciamento básico, você imagina que um sistema eficiente e eficaz já tenha sido criado há muito tempo. Mas está enganado. Apesar de frequentes esforços para torná-los melhores, permanece o fato de que os indicadores de desempenho são péssimos e as empresas parecem incapazes de fazer grande coisa a respeito.

OS SETE PECADOS CAPITAIS DA AVALIAÇÃO

No século VI, o Papa Gregório, o Grande, formulou sua famosa lista dos sete pecados capitais – gula, avareza, ira, cobiça, preguiça, inveja e orgulho. Também existem os sete pecados da avaliação empresarial. A lista do Papa Gregório tinha o propósito de ajudar o ser humano na busca pela salvação. Nossa lista é mais mundana: salvar as empresas de cometer erros fatais na avaliação de desempenho.

VAIDADE. Uma das fraquezas mais comuns na avaliação de desempenho é usar indicadores cuja única finalidade é fazer a empresa, seus funcionários e especialmente seus gerentes passarem uma boa impressão. Como disse um executivo: "Ninguém quer um indicador que não lhe atribua nota 95." Isso acontece especialmente porque bônus e outras recompensas normalmente estão atrelados a avaliações de desempenho. Por exemplo, em logística de distribuição, é comum as empresas avaliarem em relação à data prometida – ou seja, se efetuam a remessa até a data que prometeram ao cliente. Um minuto de reflexão imparcial mostra que isso estabelece um parâmetro absurdamente baixo – a empresa precisa apenas prometer datas de entrega que pode facilmente cumprir para se sair bem neste indicador. Pior ainda: é comum as empresas se avaliarem em relação à chamada data final prometida ao cliente, após algumas mudanças no programa de remessas. É preciso esforçar-se muito para não cumprir a última data prometida. Além disso, alcançar bons resultados em relação à data final prometida não tem maior importância para o desempenho da empresa, pois não leva à satisfação do cliente ou a qualquer outro resultado cobiçado. Tudo que é preciso fazer é continuar prometendo uma data posterior. Mesmo que você consiga cumprir essa meta em 100% das vezes, é provável que seu cliente desejasse o produto dias, semanas e até meses antes, então não saia por aí se elogiando.

Um indicador muito melhor seria o desempenho em relação à data de entrega solicitada pelo cliente. Mas atingir essa meta seria muito mais difícil e poderia levar ao não recebimento de bônus pelos gerentes. Quando os executivos de um fabricante de semicondutores propuseram passar da data final prometida para a data solicitada pelo cliente encontraram muita resistência.

Uma refinadora de metais usava o rendimento – o percentual de matéria-prima transformado em produto vendável – como principal indicador de desempenho, e todos estavam muito satisfeitos porque esse número se mantinha sistematicamente acima de 95%. Um novo executivo da empresa observou que esse número ocultava a diferença entre produto de alta e de baixa qualidade. A refinaria devia produzir apenas material de alta qualidade, mas o processamento deficiente às vezes resultava em produto de baixa qualidade. A empresa começou então a medir o rendimento de produto de alta qualidade e constatou que o número estava próximo dos 70%. Essa era uma representação muito mais significativa do desempenho real da refinaria. Como era de se esperar, essa descoberta não causou muito entusiasmo.

PROVINCIANISMO. Esse pecado permite que fronteiras e interesses organizacionais imponham os indicadores de desempenho. A princípio, pareceria natural e apropriado a um departamento funcional ser avaliado por seu próprio desempenho. Afinal, isso é o que seus gerentes são capazes de controlar. Na realidade, contudo, avaliar de forma tão limitada leva inevitavelmente à subotimização e conflito. O CEO de uma companhia de seguros queixou-se de que gasta metade de seu tempo decidindo disputas entre os departamentos de vendas e de avaliação de riscos. O departamento de vendas é avaliado pelo volume de vendas realizadas. Não admira que a força de vendas tente vender a qualquer cliente receptivo. O departamento de avaliação de riscos, por outro lado, é avaliado pela qualidade dos riscos. Obviamente, a vontade dos subscritores é aceitar apenas os melhores clientes possíveis. Os dois departamentos vivem em conflito. Se vencer a equipe de vendas, mais dinheiro será desembolsado para o pagamento de pedidos de indenização. Se vencerem os subscritores, a receita será menor do que costuma ser. Custos mais elevados ou receitas menores? A alta administração tem de escolher entre dois males.

NARCISISMO. Esse é um pecado imperdoável: avaliar segundo nosso próprio ponto de vista, e não pelo ponto de vista do cliente. Um varejista avaliava sua organização de distribuição conferindo até que ponto as mercadorias nas lojas correspondiam aos níveis de estoque disponíveis especificados no plano de comercialização. Eles tinham uma disponibilidade satisfatória de 98% quando avaliavam dessa maneira. Mas quando pensaram em avaliar em que medida as mercadorias nas lojas correspondiam ao que os clientes de fato queriam, e não pelo que o plano de comercialização exigia, constataram que o número era de apenas 86%. Outro varejista media mercadorias em estoque verificando se haviam chegado à loja; a empresa acabou percebendo que estar no estoque não representava benefício algum ao cliente se o produto não estava na prateleira – e a disponibilidade nas prateleiras era muito menor que a disponibilidade em estoque. Essas empresas mediam o que lhes interessava, não o que importava a seus clientes.

Um fabricante de bens de consumo gerenciava suas operações de distribuição focando o percentual de pedidos de varejistas que executava no prazo. Parece lógico. Ao acompanhar, registrar e procurar melhorar esse número incessantemente, a empresa chegou a constantes 99,5%. Essa é a boa notícia. A má notícia é que, ao examinar a real situação das prateleiras nos varejistas – ou seja, o que está exposto aos consumidores –, descobriu-se que uma grande parte de produtos da empresa encontrava-se em ruptura de estoque cerca de 14% do tempo. Muitas empresas avaliam o desempenho no atendimento de pedidos em função de a remessa ter deixado ou não a plataforma de embarque na data programada. Isso interessa apenas à própria empresa. Clientes se interessam pela data em que recebem a remessa, não pela data em que ela saiu da plataforma de embarque. Talvez o exemplo mais grave de narcisismo que encontramos foi em um fabricante de sistemas de computador. A empresa avaliava remessa pontual em termos de componentes individuais; se ela despachasse no prazo, digamos, nove de 10 componentes de um sistema, a empresa reivindicava uma pontuação de 90%. O cliente, como seria de esperar, atribuía à empresa pontuação 0%, visto que, sem todos os 10 componentes, o sistema era inútil.

PREGUIÇA. Essa é uma armadilha em que caem até aqueles que evitam o narcisismo: presumir que você sabe o que é importante medir, sem refletir adequadamente. Um fabricante de semicondutores avaliava muitos aspectos de sua operação de processamento de pedidos, mas não a questão crucial (para os clientes) de quanto tempo levava a partir da data em que o cliente fazia o pedido até que a empresa o confirmasse e fornecesse uma data de entrega – porque o fabricante nunca pensou em perguntar aos clientes o que realmente lhes importava.

Uma concessionária de energia elétrica presumia que os clientes se preocupavam com a rapidez de instalação e, portanto, tentavam melhorá-la e a usavam como critério de avaliação. Descobriram, posteriormente, que os clientes se preocupavam mais com o cumprimento da data de instalação prometida do que com a rapidez do trabalho. É comum empresas tirarem conclusões precipitadas, medirem o que é mais fácil ou o que sempre mediram, em vez de fazer o esforço de verificar o que verdadeiramente é importante medir.

MESQUINHEZ. Muitas empresas avaliam apenas uma pequena parte do que interessa. Executivos de um fornecedor de sistemas de telecomunicação rejeitaram uma proposta que permitia que os clientes realizassem seus próprios reparos, porque isso exigiria colocar peças sobressalentes nas instalações do cliente, o que elevaria os níveis de estoque de peças sobressalentes, um indicador essencial para a empresa. Ela se esqueceu do fato de que um indicador mais amplo e mais significativo era o do custo total de manutenção, que é a soma de custo de mão de obra e de custo do estoque. O aumento no estoque de peças seria mais do que compensado pela redução dos custos de mão de obra provocada pelo novo sistema.

INUTILIDADE. Os indicadores orientam o comportamento, mas muitas empresas os implementam sem refletir sobre suas consequências no comportamento humano e, portanto, no desempenho empresarial. Os funcionários de uma empresa procurarão melhorar um indicador que lhes dizem ser importante, especialmente se sua remuneração for baseada nele, ainda que fazer isso seja contraproducente. Por exemplo, uma rede regional de fast-food especializada em frango decidiu melhorar o desempenho financeiro reduzindo o desperdício, que definia como frango preparado e não vendido até o final do dia, tendo de ser descartado. Os gerentes de restaurantes de toda a rede reagiram obedientemente ao eliminar o desperdício. Disseram aos funcionários para preparar frango apenas quando os clientes pedissem. Dessa forma, uma rede de fast-food (refeições ligeiras) tornou-se uma rede de refeições demoradas. É verdade que o desperdício diminuiu, mas as vendas diminuíram ainda mais. Os gerentes devem ter em mente esta variável de um velho provérbio: "Cuidado com o que você mede – o tiro pode sair pela culatra."

FRIVOLIDADE. Não fazer medições com seriedade talvez seja o pecado mais grave de todos. É fácil perceber os sintomas: discutir sobre indicadores, em vez de levá-los a sério, encontrar desculpas para o desempenho precário, em vez de rastrear as causas básicas, e culpar outros, em vez de arcar com a responsabilidade de melhoria de desempenho. Se os outros erros são pecados do intelecto, este é um pecado de caráter e de cultura corporativa. Uma frase frequentemente ouvida em uma empresa de serviços financeiros é: "A decisão foi tomada; que comecem as discussões." Quando interesse pessoal, posição hierárquica e o volume da voz têm mais influência do que dados objetivos, mesmo os indicadores criados e implementados com o máximo cuidado terão pouco valor.

Como acontece com os sete pecados capitais, os pecados de medição não raro se sobrepõem e estão relacionados; um único indicador pode ser evidência de vários pecados. Empresas que cometem esses pecados serão incapazes de usar seus indicadores para promover melhorias no desempenho operacional. Sistemas de medição deficientes são inúteis, na melhor das hipóteses, e certamente prejudiciais, na pior delas. E não se deixe enganar pelo antigo princípio "Aquilo que é medido melhora". Se estiver medindo a coisa errada, melhorá-la fará pouco ou nenhum bem. O interessante é que estes sete pecados capitais não são cometidos apenas por empresas mal administradas e malsucedidas; eles predominam até em empresas bem dirigidas, que estão na vanguarda de seus setores. Essas empresas conseguem ter êxito *apesar* de seus sistemas de medição, e não por causa deles.

ACERTANDO NA MEDIÇÃO: RESULTADOS E IMPULSIONADORES

Se você leu com atenção até este ponto, talvez esteja dizendo: "O problema desses pecadores é que eles não estão medindo seus processos." Você estaria certo, mas apenas em parte. É verdade que medir o desempenho de processos de ponta a ponta, e não o de silos funcionais, ajuda na imunização contra o pecado do provincianismo. Mas só decidir medir processos não garante que medirá as coisas certas, ou que esses indicadores não o deixarão em apuros maiores que os causados por indicadores funcionais deficientes. Não basta ter indicadores de processo: é preciso ter os indicadores de processo *corretos*. Mas como saber como eles são? Se estivermos examinando atendimento de pedidos, desenvolvimento de produtos ou apoio ao cliente, como saber exatamente quais indicadores devemos formular para isso? Há várias coisas que podemos medir, mas como escolher as coisas certas?

A resposta é associar os processos ao desempenho geral da empresa. A experiência de um grande varejista de moda mostra por que isso é importante e como fazê-lo. A empresa buscava o aumento de receita. Como a maior parte do quadro de gerência tinha experiência em comercialização, os executivos imediatamente presumiram que a solução seria melhorar o programa publicitário da empresa para atrair mais compradores para as lojas. Entretanto, o COO (Chief Operating Officer) entrara recentemente na empresa, vindo de um setor diferente, e não estava disposto a concordar com essa conclusão precipitada. Em vez disso, ele conduziu um exercício para determinar que fatores eram mais essenciais para o sucesso da empresa e identificar indicadores que os representassem. Uma versão simplificada desta análise é a seguinte: aumentar vendas exige atrair clientes para as lojas e vender-lhes produtos; dessa forma, o tráfego (número de clientes que entram na loja) e a chamada taxa de conversão (percentual de clientes que efetivamente compram) são indicadores importantes. Todavia, eles são indicadores de resultados – metas cobiçadas, mas que não podem ser alcançadas diretamente.

O próximo passo é determinar os impulsionadores desses resultados, os fatores que, sob controle da empresa, aumentam o tráfego e a taxa de conversão. A eficácia da publicidade e a qualidade do produto foram indentificadas como impulsionadores-chave de aumento do tráfego e, portanto, também como importantes fenômenos a serem medidos. Os fatores necessários para aumentar a taxa de conversão eram assegurar que os produtos estivessem nas prateleiras (visto que clientes não podem comprar o que não está lá) e ter vendedores suficientes disponíveis para ajudar clientes a decidir o que comprar; dessa forma, disponibilidade nas prateleiras e cobertura de clientes (proporção de clientes para vendedores) também foram reconhecidos como indicadores importantes. É interessante observar que, no passado, a empresa prestava pouca atenção explícita à taxa de conversão ou à disponibilidade nas prateleiras, nem medindo-as com regularidade nem fazendo algo relevante para melhorá-las.

Ao usar esses indicadores, ficou evidente que era falsa a suposição de que a solução para aumentar receitas estava na melhoria da publicidade. Quando medidos, tráfego de clientes, eficácia da publicidade e qualidade do produto estavam em níveis que variavam de aceitáveis a elevados. O problema repousava na taxa de conversão – um número insuficiente de clientes se transformava em compradores. A causa desse problema era dupla: nem a disponibilidade nas prateleiras nem a cobertura de clientes eram elevadas como deveriam ser. Essas, e não publicidade, eram as áreas que precisavam de atenção. Mas como poderiam a disponibilidade nas prateleiras e a cobertura de clientes ser melhoradas? É aqui que se estabelece a relação com os processos. Para cada um dos fatores avaliados, devem-se identificar os processos que os afetam. O fator torna-se um indicador essencial do processo, cuja realização é conseguida através do desenho de alto desempenho e da execução correta.

Neste caso, a disponibilidade nas prateleiras foi reconhecida como resultado do processo da cadeia de abastecimento e, dessa forma, tornou-se um indicador dominante nesse processo. A cobertura de clientes era determinada pelo processo de programação dos funcionários. Mudanças foram feitas em ambos os processos para melhorar os indicadores identificados, os quais, por sua vez, aumentaram a taxa de conversão que gerou o almejado aumento de receita. Em especial, essa análise levou ao reconhecimento de que havia um problema muito entranhado no processo de programação de funcionários. No passado, ele atendia à conveniência dos funcionários (quando eles julgavam conveniente trabalhar), e não à dos clientes (quando eles iam às lojas). Em consequência, havia muita gente trabalhando nos dias de semana à tarde, e pessoal insuficiente nos fins de semana. Os novos indicadores e a iniciativa de redesenho de processos que empreenderam logo mudaram esse cenário.

Essa história ilustra duas ideias primordiais na área de indicadores: resultados e impulsionadores. Resultados são coisas que você quer obter, mas só pode fazê-lo indiretamente, através de outras coisas. Aumento de receita é um desses resultados. Não se pode aumentar a receita diretamente agitando a varinha mágica, mas apenas indiretamente, ao levar mais clientes às lojas e vendendo-lhes mais produtos quando estiverem lá. Esses são impulsionadores, fatores controláveis que conduzem à consecução dos resultados desejados. Todavia, o impulsionador de uma pessoa é o resultado de outra. Conseguir clientes para comprar mais é um resultado que só pode ser alcançado por outros impulsionadores, como ter nas prateleiras os produtos que os clientes querem. E como conseguimos isso? Através de processos. Fazendo com que tenham um desempenho melhor em termos dos indicadores certos, influenciamos resultados intermediários e, consequentemente, os resultados globais da empresa, que são o objetivo de todo o esforço. Identificar os resultados almejados pela empresa, associá-los aos impulsionadores de processos e criar indicadores para ambos, essa é a base de um sistema de medição eficaz.

DETERMINANDO O QUE IMPORTA

A primeira coisa que você precisa determinar, a fim de melhorar o desempenho de um processo, é especificar os indicadores nos quais precisa concentrar seus esforços. Reconhecer como o seu processo afeta os resultados almejados pela empresa é a chave para fazer isso, como constatou Deborah Whatley.

Em 2005, a liderança da Michelin, gigante na fabricação de pneus, estava ficando irritada. Havia uma impressão de que a empresa caíra na rotina e perdera a vantagem competitiva. A Michelin não sabia muito bem como era vista pelos clientes e, internamente, não contava com uma cultura corporativa prontamente identificável, mas apenas com uma miscelânea de diferentes culturas em suas várias instalações mundo afora. Os dirigentes decidiram que isso precisava mudar. Para iniciar a mudança, a empresa resolveu focar o processo *demand-to-cash* (DTC), pois era o que mais afetava os clientes. O processo DTC estendia-se da encomenda do cliente até o pagamento à Michelin após o recebimento da remessa, incluindo qualquer serviço pós-venda.

Deborah Whatley tinha o talento natural para ser proprietária do processo DTC, na América do Norte. Ela era engenheira e mestre em administração de empresas e trabalhara como engenheira industrial na Michelin por muitos anos, progredindo na carreira e fazendo planejamento de vendas e operações e gerenciamento da cadeia de suprimentos. Como proprietária do processo DTC na América do Norte, ela trabalharia em estreita colaboração com suas congêneres na Europa, reportando-se ao proprietário global do processo DTC.

Cerca de 300 pessoas estão envolvidas no processo DTC na América do Norte, principalmente na Carolina do Sul e no México. Deborah dedicou-se a criar um novo processo para elas usarem. Ela encarregou uma equipe de desenho de repensar o processo inteiro, do início ao fim. Mas primeiro ela precisava dar à equipe algumas instruções de como prosseguir com a tarefa, em relação ao que deveriam alcançar, e isso significava lhes explicar quais seriam os indicadores do processo.

Deborah e sua equipe primeiro fizeram uma observação muito simples: o verdadeiro objetivo de transformar um processo é melhorar o desempenho da empresa. Naquela época, a Michelin procurava reduzir o capital de giro, aumentar a margem operacional, melhorar o retorno sobre o capital empregado, aumentar o fluxo de caixa livre e intensificar, de forma geral, a satisfação dos clientes com a Michelin. Para alcançar esses objetivos, a Michelin teria de, simultaneamente, diminuir seus custos operacionais, reduzir estoques, acelerar os pagamentos dos clientes e melhorar a qualidade do serviço prestado a eles.

Os integrantes da equipe de Deborah se perguntavam que resultados o processo poderia alcançar, que afetariam os objetivos da empresa como um todo. Após investigação e discussões, eles identificaram seis principais indicadores de desempenho para o processo DTC.

Percepção do cliente sobre o desempenho do processo demand-to-cash. Quando os clientes estão satisfeitos com o atendimento de seus pedidos, a tendência é que fiquem mais satisfeitos com a empresa como um todo.

Certos de primeira. São pedidos atendidos exatamente como o cliente deseja. Isso contribui para a satisfação dos clientes, bem como ajuda a reduzir os custos da empresa, visto que corrigir sai muito caro.

Custo operacional do processo DTC como parte das vendas da empresa. Reduzir o custo de atendimento de pedidos afetaria diretamente a margem operacional da Michelin.

Montante de contas a receber em atraso há mais de sessenta dias. Este é o grau de atraso de clientes no pagamento de suas contas, um obstáculo importante ao fluxo de caixa.

Número de linhas de pedido por funcionário no processo DTC. Mede a eficiência com que os executores realizaram o processo DTC, o que também tem impacto significativo sobre os custos.

Aumento de receita. Um processo de atendimento de pedidos bem planejado conduz a oportunidades de fomentar a venda de outros produtos e de fazer vendas cruzadas, gerando mais receita.

Todos esses fatores poderiam ser medidos diretamente e tornaram-se os principais indicadores de resultados do processo DTC, ou seja, indicadores que a empresa usaria para gerenciar o processo, avaliar seu desempenho e determinar se o projeto de redesenho teve êxito.

Teoricamente, Deborah poderia ter parado nesse ponto, apenas com esses seis indicadores do processo *demand-to-cash*. Mas ela percebeu que, para um processo tão amplo e complexo como esse, tais indicadores, embora necessários e de alto nível, não eram suficientes. Os seis eram resultados determinados por questões mais específicas, tais como processamento de pedidos, entrega e faturamento. Então, ela começou a identificar subprocessos do processo *demand-to-cash* e a determinar como medir o desempenho desses subprocessos em termos de tempo, qualidade e custo. No subprocesso de entrega, por exemplo, ela estabeleceu indicadores essenciais para tempo, qualidade e custo que contribuiriam para um ou mais dos resultados de processo almejados: tempo (tempo de processamento de reclamações, ou quanto tempo a Michelin levava para solucionar problemas de clientes com entrega), custo de transporte (custo de levar o produto até o cliente) e qualidade (percentual de remessas com produtos a mais, a menos ou danificados, conhecido como OSD).

Para sua surpresa, Deborah descobriu que, até aquela altura, a Michelin não media o percentual de embarques com produtos a mais (Over), a menos (Short) ou danificados (Damaged). O que não quer dizer que não havia remessas desse tipo. Elas ocorriam, e os clientes sempre faziam reclamações. Mas o único indicador que a empresa usava para entregas, e, portanto, o único indicador com que os funcionários se preocupavam, era o que avaliava o custo. Assim, as reclamações eram registradas e entulhadas numa gaveta. Deborah constatou, para seu espanto, que havia um atraso de dois anos e meio no atendimento dessas reclamações. Atribui-se a Lord Kelvin, físico britânico do século XIX, que inventou a escala de temperatura absoluta, ter dito: "Aquilo que não se pode medir não se pode melhorar." Lançar a luz clara de um novo indicador sobre suas operações revelará as coisas mais incríveis.

Outro novo indicador do processo DTC que Deborah introduziu foi o percentual de pedidos processados, depois da interrupção oficial do meio-dia, para embarque no dia seguinte. Pedidos processados após o meio-dia ocasionavam problemas no centro de distribuição, no tocante à separação de pedidos e transporte rodoviário, o que, por sua vez, aumentava os custos. Esses pedidos de última hora também poderiam resultar em faturas incorretas e remessas OSD. Até que esse aspecto do processo *demand-to-cash* começasse a ser medido, os funcionários sabiam vagamente que isso era um problema, mas, na verdade, não o levavam a sério. Introduzir esse indicador concentrou a atenção, entre outras coisas, em Susie, funcionária que processava pedidos normalmente no final do dia (às 17 horas), criando todos os tipos possíveis de problemas de logística. Susie recebeu orientação para que entendesse as consequências de seu comportamento e o mudasse. Esse novo indicador, a propósito, ilustra outro tópico importante: problemas em uma área (neste caso, processamento tardio de processos) criam problemas em outro lugar (como altos custos no centro de distribuição). O rastreamento disciplinado de resultados até os impulsionadores ajuda a isolar a verdadeira razão pela qual os problemas ocorrem e lhe fornece indicadores para identificar onde está o problema.

Mas esse ainda não era o fim da linha para os indicadores do processo DTC. Deborah elevou muitos deles a outro nível, criando indicadores de desempenho baseado em processos para cada executor. Eram usados para acompanhar o desempenho de funcionários e identificar situações em que o comportamento individual, como o da Five o'Clock Susie, estava provocando problemas no desempenho de processos. Por exemplo, o possível motivo de uma remessa OSD poderia ser uma separadora de pedidos com dificuldade para ler a lista de pedido. Rastrear a taxa de erros de cada separador evidenciaria essas situações e permitiria seu enfrentamento.

Cada um dos envolvidos no processo DTC era responsável pelos indicadores do processo. Gerentes eram responsáveis pelos seis indicadores de nível superior, bem como pelos de subprocessos; executores da linha de frente, bem como seus supervisores, eram responsáveis por indicadores pessoais e de subprocessos. Para os profissionais cujo pagamento se dava sob a forma de bônus, parte deste dependia diretamente do cumprimento desses indicadores; para aqueles cuja remuneração não era variável, os indicadores eram usados em avaliações de desempenho.

Embora os indicadores do processo DTC obviamente sejam importantes para a avaliação do desempenho individual, seu uso principal consistia em orientar a iniciativa de reengenharia de processos. Quando a equipe de Deborah entendeu o que era importante sobre o processo, pôde concentrar suas ideias de redesenho nessas questões. Um aspecto fundamental do novo desenho do processo DTC era seu uso do conceito equipe de caso, a parte "quem" dos sete princípios de desenho (ver páginas 33-37). Foram formadas equipes de funcionários do serviço de atendimento ao cliente, contas a receber e logística, dedicadas a atender determinados grupos de clientes. Era uma mudança simples, mas com consequências impressionantes. Por exemplo, o funcionário de contas a receber não fica mais isolado em um departamento, separado dos clientes, apenas processando pagamentos. Agora o profissional de contas a receber é focado no cliente, entende os padrões de colocação de pedidos e pagamento dos clientes e mantém um relacionamento com o pessoal da unidade de contas a pagar do cliente. Em muitos casos, ou mesmo na maioria deles, um pagamento em atraso não é sinal de que o cliente está falindo ou tentando trapacear; aliás, pagamento em atraso geralmente é sinal de que houve um problema com a entrega ou com a fatura. O funcionário de contas a receber voltado para clientes consegue reconhecer um pagamento atrasado, mas ainda não vencido, e trabalhar com o representante de atendimento a clientes de sua equipe para identificar e resolver o problema subjacente antes que ele se agrave. O representante de atendimento a clientes da equipe agora também tem habilidades e responsabilidades mais amplas. Esses representantes são treinados para poder responder às perguntas mais frequentes que os clientes fazem (tais como que tipo de pneu deve ser usado em determinado tipo de veículo), em vez de transmiti-las a outras pessoas, poupando tempo e dinheiro e facilitando a vida dos clientes. A função do representante de atendimento a clientes também foi ampliada para incluir responsabilidade pelo gerenciamento de transportes (anteriormente realizado pelo centro de distribuição). Visto que o representante de atendimento a clientes conhece melhor os padrões de realização de pedidos de clientes, ele pode planejar melhor as cargas, com isso embarcando mais mercadoria em cada caminhão. Além de poupar dinheiro para a Michelin, isso significa que os clientes têm menos remessas para descarregar mensalmente. O representante de atendimento a clientes também se tornou o ponto de contato para reclamações OSD, que não ficam mais mofando em uma gaveta.

Os resultados foram realmente sensacionais. Os erros de faturamento diminuíram quase 60%; contas vencidas diminuíram em mais de 80%; o custo de atendimento de pedidos caiu mais de 10%, e, talvez o mais importante, o percentual de consultas de clientes resolvidas no primeiro contato ultrapassou 98% de uma base desconhecida (ela nunca havia sido medida). E exatamente como predisse a análise de resultados/impulsionadores, as melhorias do pedido ao pagamento transformaram-se em aumento de satisfação dos clientes e de desempenho financeiro para a Michelin em geral.

No total, os responsáveis pelo processo DTC têm acesso a mais de 100 indicadores de processo. Não se espante com esse número. Eles não foram selecionados ao acaso. Cada um deles foi escolhido por seu impacto nos resultados essenciais para a Michelin. Os mais essenciais (indicadores-chave DTC) são apresentados regularmente aos proprietários de processos e aos executivos da Michelin. Muitos dos demais são monitorados por computador e levados à atenção de alguém apenas se estiverem fora do limite aceitável. Alguns dos indicadores do processo DTC são controlados diariamente (como, por exemplo, o número de pedidos processados por pessoa, para que equipes com excesso de pedidos possam receber auxílio adicional), enquanto outros (como percentual de pedidos atendidos corretamente de primeira) são medidos mensalmente, visto que medições mais frequentes fariam pouco sentido e poderiam ser enganosas.

A história da Michelin ilustra três princípios importantes dos indicadores de processo eficazes:

- Você precisa de um conjunto equilibrado de indicadores. Há vários anos, o "balanced scorecard" faz parte do dicionário convencional de administração. Na estrita acepção do termo, refere-se à necessidade de variados indicadores-chave de desempenho (KPI – *key performance indicators*) da empresa, incluindo indicadores voltados para o cliente, bem como para as finanças. No âmbito do processo, é necessário levar em conta um leque de indicadores (como fez a Michelin em relação a custos, rapidez e qualidade), ou você correrá o risco de melhorar os elementos do processo que está medindo à custa de mandar para o espaço aqueles que não estão sob avaliação.
- Indicadores não são um fim em si mesmos, mas sim ferramentas para melhorar o desempenho de processos. Se não souber como irá usar um indicador, você não precisa dele.
- Os melhores indicadores são aqueles que predizem o desempenho, em vez de apenas acompanhá-lo. A satisfação dos clientes, por exemplo, é comumente chamada de indicador atrasado; quando você a mede e percebe que tem um problema, é muito tarde para fazer grande coisa a respeito. Por outro lado, perceber que o pagamento de um cliente está mais atrasado do que o esperado pode ajudar a evitar dificuldades.

COMO OS INDICADORES CERTOS MOLDAM O COMPORTAMENTO

Os critérios de medição certos não apenas focam o redesenho de processos corretamente, mas também moldam o comportamento a um grau extraordinário, como constatou a D. W. Morgan. A Morgan, empresa de capital fechado com vendas da ordem de US$50 milhões a US$100 milhões, fornece serviços de gerenciamento de transportes para seus clientes, basicamente fabricantes de alta tecnologia. A função da Morgan é garantir que seus clientes tenham o que precisam (peças ou produtos acabados) no lugar certo e na hora certa, para que possam fabricar produtos e atender aos pedidos de clientes. Para fazer isso, a empresa usa recursos próprios e de terceiros.

Aparentemente, a empresa era muito bem-sucedida – de crescimento rápido, lucrativa, elogiada pelo setor e nomeada fornecedora do ano por clientes como a Cisco. No entanto, Grant Opperman, presidente da empresa, tinha o pressentimento persistente de que problemas se aproximavam. Ele observou que, embora a receita estivesse aumentando rapidamente, as margens estavam diminuindo. Preocupava-o que o fator que ajudara a empresa a ter êxito até então – obsessão em fazer tudo quanto necessário para servir bem os clientes – não fosse capaz de acompanhar seu ritmo de crescimento. E ele se via gastando cada vez mais tempo com a solução de disputas entre diferentes grupos funcionais, que eram medidos e remunerados com base em diferentes indicadores funcionais. O setor de operações, por exemplo, preocupava-se exclusivamente com a entrega pontual, enquanto o departamento de vendas estava interessado em aumento do faturamento. Infelizmente, isso significava que a equipe de vendas não relutava em fechar negócios que o setor de operações ficaria sobrecarregado para executar. Pior: nenhum deles se preocupava muito se a empresa era rentável.

Então Grant decidiu unir a empresa por meio de processos de ponta a ponta e indicadores de processos. O processo *demand-to-cash* foi o primeiro ao qual ele se dedicou, e o principal indicador que criou para ele foi "remessa perfeita". Ele criou uma definição precisa de remessa perfeita:

- Dentro de uma tolerância de 30 minutos de seu recebimento, o pedido já está no sistema de informações da Morgan.
- É apanhado na data prometida ao cliente.
- O cliente é informado sobre o andamento da remessa em quatro horários específicos.
- Não há reclamações decorrentes de avarias no material transportado.
- A Morgan pode fornecer prova de entrega no prazo de uma hora.
- A Morgan faz a cobrança dentro de 24 horas da entrega.
- A Morgan obtém um lucro razoável sobre a remessa.

Esses componentes da definição podem parecer óbvios e simples, mas são tudo menos isso. Grant e sua equipe levaram meses para criar esse indicador. Os componentes não foram escolhidos negligentemente; não é difícil ver como todos eles ajudam a promover satisfação, crescimento e lucratividade dos clientes. Por exemplo, o faturamento rápido não apenas melhorou o desempenho financeiro da Morgan, mas também era preferido pelos clientes, visto que eles não gostavam de receber faturas depois de terem fechado a contabilidade, no final do período de referência.

Depois de terem definido o indicador, Grant e sua equipe estimaram que uma empresa de sucesso como a deles deveria ter, no mínimo, 40% de remessas perfeitas. Mas, quando fizeram realmente o cálculo, ficaram surpresos ao verificar que a taxa de remessas perfeitas da Morgan não passava de 6%.

"Eu queria me forcar", disse Grant.

Certamente, o desempenho não era tão ruim em todos esses fatores, mas alguns eram efetivamente sofríveis. Grant insistia em que não deveriam ser oito indicadores diferentes, mas um único indicador integrado pelo qual cada departamento e cada funcionário da empresa seriam responsáveis. Caso contrário, ele corria o risco de incentivar deduragem e conflitos, pois as pessoas otimizavam o próprio indicador sem levar em conta os demais.

Grant estava decidido a fazer todos prestarem atenção à remessa perfeita. O primeiro passo foi contar às pessoas sobre ela e divulgá-la; semanalmente, todos os funcionários recebiam um e-mail ou uma listagem mostrando onde as coisas estavam em perfeita ordem. Ela também era discutida em teleconferências semanais de equipes interfuncionais. Era um importante começo para a Morgan, assim como seria para muitas outras empresas. Compartilhar informações sobre lucro com todos os funcionários não é uma prática comum. Entretanto, Grant reconhecia que, se quisesse que as pessoas aderissem ao que ele estava tentando alcançar, ele precisava envolvê-las e ser aberto com elas.

Tinha de tornar o interesse delas pela remessa perfeita valer a pena. Com esse intuito, ele instituiu um fundo de bônus trimestral, com base no indicador de remessas perfeitas, que seria dividido igualmente entre todos os funcionários, sem levar em conta seu salário básico. A possibilidade de ganhar milhares de dólares de pagamento adicional, por ajudar a impulsionar a taxa de remessas perfeitas, era um verdadeiro motivador para o pessoal da linha de frente.

Recompensar os funcionários sobre um indicador de desempenho, como remessas perfeitas é muito mais eficaz do que recompensá-los sobre um indicador financeiro como lucratividade. O motivo é a linha de visão: todos na empresa podem ver como suas ações afetam um ou mais dos componentes da remessa perfeita. Ser recompensado por algo que você não sabe como influenciar pode facilmente levar ao desânimo ou ceticismo.

Não demorou muito para o indicador começar a moldar o comportamento. Por exemplo, a Morgan não pode cobrar o cliente até ter vários dados sobre a remessa (tamanho, peso, informações sobre coleta e entrega, e assim por diante). No passado, o pessoal da Morgan se concentrava na entrega da remessa, mas não necessariamente em coleta e registro das informações com urgência. Um sistema de medição é um sistema de comunicação: ele diz às pessoas o que é importante. Quando os funcionários reconheceram que o faturamento imediato era fundamental para a remessa perfeita e que exigia a coleta de informações imediatas, responderam da forma apropriada. Similarmente, representantes de vendas pararam de fazer promessas que não podiam ser cumpridas (bem, a maioria), começaram a levar os problemas à atenção de outras áreas e continuaram envolvidos com o cliente após o fechamento do negócio, em vez de correr para a próxima oportunidade.

Toda vez que criar um novo indicador, haverá gente que lhe dirá que ele é absurdo, incalculável ou impossível de ser melhorado. Grant já enfrentou tudo isso. Algumas pessoas reclamaram que ele estava violando uma lei da física (ou pelo menos da administração) ao responsabilizar funcionários por um resultado sobre o qual eles não têm total controle. Ele respondeu que clientes e acionistas não estão interessados nas responsabilidades limitadas das pessoas e querem resultados, e é responsabilidade de todos fornecê-los. Outras argumentavam que não podiam avaliar o indicador de remessas perfeitas, visto que não tinham todos os dados; ele lhes disse para fazer o melhor que pudessem de imediato, enquanto acertavam no longo prazo, mas deixou claro que não estava transigindo. Outras ainda disseram que terceiros (tais como empresas de transporte rodoviário) tinham grande impacto nas remessas perfeitas, e que eles estavam fora do controle da Morgan. Grant reagiu levando o indicador a essas entidades externas, mostrando-lhes como elas o afetavam e substituindo aquelas que não estavam de acordo. Você precisa imitar o empenho de Grant. Introduzir novos indicadores é algo muito assustador para muita gente, e você não pode permitir que suas objeções o detenham.

Grant encarregou uma equipe de desenho de processos de fazer mais mudanças sistemáticas, a fim de estimular e institucionalizar maior desempenho. Uma das principais ideias da equipe foi nomear um "defensor do atendimento ao cliente", que seria o ponto de contato central com o cliente e interagiria com todos os envolvidos na remessa, para assegurar que ela fosse perfeitamente executada.

A melhor parte é que isso funcionou. Em pouco mais de um ano, as remessas perfeitas dispararam de 6% para 85%, e os resultados financeiros melhoraram simultaneamente. A receita cresceu mais de 40%, as margens aumentaram 10%, e a satisfação de clientes e funcionários também aumentou. Agora Grant está levando a abordagem processual de trabalho e medição para outros processos da Morgan.

IMAGINAÇÃO E VISÃO

A razão fundamental para a criação de indicadores – transformar resultados almejados pelas empresas em requisitos de desempenho do processo – é bastante clara. Mas escolher os indicadores específicos requer um pouco de imaginação e precisão, como constatou Don Cimorelli, da unidade de Serviços de Recursos Humanos (HRS), da Fidelity. Essa unidade do gigante de serviços financeiros fornece serviços de recursos humanos para empresas que desejam terceirizar a administração de RH.

Don é vice-presidente sênior de propriedade de processos de serviços de RH e o ponto central das atividades de processos completos da unidade de negócio. Ao desenvolver indicadores de processos, ele começou com os principais indicadores de desempenho (KPI) da empresa e os converteu em linguagem de processo.

Para o processo *request-to-fulfillment* (RTF), através do qual a HRS responde às consultas e aos pedidos de serviços de funcionários de seus clientes, a unidade de negócio criou o indicador solução na primeira chamada (FCR – *first-call resolution*): o problema do cliente é resolvido com uma única ligação para a HRS. Esse indicador de processo foi um determinante de vários KPIs, tais como satisfação do cliente e margem operacional.

A HRS foi muito rigorosa ao definir o indicador FCR. A ligação de um cliente seria classificada como tendo satisfeito o FCR apenas se o cliente não ligasse novamente sobre o mesmo assunto nas seis semanas seguintes. Caso contrário, seria muito fácil para o indicador dar uma questão como resolvida quando ela, efetivamente, não o fora.

É preciso muita visão de negócios para converter KPIs da empresa em indicadores de desempenho de processos. Às vezes, os fatores decisivos de sucesso dos negócios não foram cuidadosamente planejados. Por exemplo, para a criação de indicadores para o processo de crescimento de negócios (basicamente um processo de vendas), a HRS considerou estimativa do tempo de ciclo um indicador-chave. Ele capta o tempo necessário para responder a clientes que querem mudar seu plano de benefícios para empregados e desejam saber quanto a Fidelity lhes cobraria para implementar a mudança. Quanto mais rápido a HRS fornecer a estimativa ao cliente, mais depressa fechará o negócio e contabilizará a receita. O interessante é que esse fator nunca havia sido mensurado pela HRS no passado e, como resultado, ninguém lhe dava muita atenção. Logo que identificar um indicador de processos, você precisa pensar criativamente de que maneiras o processo pode ser modificado para melhorar esse indicador. Uma maneira óbvia de melhorar o FCR é fornecer aos atendentes do call center treinamento e habilidades adicionais, de modo que possam lidar com problemas mais complexos, em vez de passá-los para alguma outra pessoa. Outra é postar informações num site, para que os clientes possam, eles mesmos, lidar com os problemas, em vez de telefonar. Uma maneira pouco menos óbvia é cuidar para que os clientes não precisem telefonar. Usando todas elas, Don e seus colegas melhoraram muito os indicadores de processos e o desempenho da empresa.

DEFININDO MEDIÇÃO

Os exemplos que analisamos nos fizeram realmente entender quais aspectos de um processo devemos medir e como podemos usar essas medições. Todavia, é necessário descobrir a maneira certa de medir. Decidir o que precisa ser medido, ao associar os resultados desejados aos propulsores do processo, é uma espécie de ciência. Decidir como medir, entretanto, é uma arte, pois, via de regra, há muitas formas diferentes de calcular um fenômeno digno de ser medido. Por exemplo, como se deve medir a satisfação do cliente? Um método comum é através de pesquisas de clientes. Contudo, isso é dispendioso e demorado, e não fica claro até que ponto suas respostas correspondem aos comportamentos desejados. A medição do volume de reclamações pode não captar as atitudes dos clientes em toda a sua extensão, e a operação fica sujeita à manipulação. Não precisar atender a linha de reclamações garante um índice mais elevado de satisfação do cliente. A medição de atritos e índice de recompra não é feita em tempo hábil para tomar providências eficazes. A questão não é se estes ou quaisquer outros indicadores de satisfação do cliente são bons ou ruins. A questão é que basicamente todo indicador apresenta algumas vantagens e desvantagens. Ao desenvolver indicadores, é necessário ter em mente essas considerações.

PRECISÃO. Indicadores precisam ser definidos com cuidado e exatidão para que não haja dúvidas ou controvérsias sobre eles. Assim, "entrega no prazo" pode ser interpretada de muitas maneiras, dependendo de qual é o objetivo (primeira data prometida, última data prometida, data solicitada, e assim por diante) e do que significa estar "no prazo" (na data estipulada, dentro de 24 horas, dentro de 48 horas etc.) Portanto, não deve surpreender o fato de que, quando um indicador não é definido claramente, as pessoas irão interpretá-lo como melhor lhes convier. O setor de produção de uma empresa de bens de consumo usava uma definição imprecisa de produtividade como oportunidade para tirar da equação tempo de paralisação e tempo de substituição do processo de produção. A definição de um indicador também precisa incluir as unidades que estão sendo empregadas, a amplitude e a escala da medição.

EXATIDÃO. Em muitas situações, uma empresa precisa medir o que corresponde a um ideal platônico (satisfação do cliente, anunciar eficácia, qualidade do produto, e assim por diante). Qualquer indicador, inevitavelmente, apresentará apenas uma aproximação desse ideal. É necessário não esquecer a distinção entre realidade e o que está sendo medido e diminuir a distância entre os dois, sujeita às limitações impostas por essas outras considerações.

DESPESAS INDIRETAS. Com frequência, empresas caem na tentação de construir um mecanismo complexo para calcular um indicador, quando um muito mais simples seria suficiente. O varejista de moda analisado precisava encontrar uma forma de determinar a taxa de conversão em suas lojas (o percentual de compradores que compravam alguma coisa). Esquemas complexos foram divulgados, envolvendo o uso de etiquetas de identificação por radio-frequência e vários tipos de sensores. No final, a empresa decidiu por um sistema que não usa tecnologia avançada: contratar alunos de escolas do ensino médio para sentar fora das lojas e contar o número de pessoas que entravam na loja e o número que saía carregando sacolas de compras. Quanto mais barato e cômodo for para calcular um indicador, melhor. A periodicidade do indicador – com que frequência ele precisa ser calculado – também precisa ser levada em conta.

SOLIDEZ. O criador de um indicador precisa saber em que medida o indicador pode ser manipulado por pessoas que têm algo em jogo, ou até que ponto pode incentivar comportamentos indesejados. Em uma empresa de telecomunicações, por exemplo, que usava a duração da chamada para avaliar o desempenho dos atendentes de clientes, o indicador os levou a apressar as ligações.

INOVAR EM TERMOS DE MEDIÇÃO

Há mais uma questão que precisamos examinar antes de encerrarmos nossa discussão sobre indicadores: estabelecer metas de desempenho. É muito bonito dizer que é preciso ser mais rápido, mais barato e melhor, mas *quanto* mais rápido, mais barato e melhor? É tentador dizer "o máximo possível" e instruir sua equipe de criação a fazer o melhor que puder, que o céu é o limite, e que você quer que eles tornem o processo o mais barato, o mais rápido e o melhor que puderem. Esse seria um erro terrível. Dada uma autorização tão vaga, é quase certo que sua equipe de criação lhe apresentará melhorias muito modestas. Por quê? Porque fazer mudanças fundamentais em um processo é algo muito assustador. Exige uma visão totalmente isenta do processo, questionar muitas suposições e usar uma expressão batida, "Pensar fora da caixa". Muitos na empresa considerarão isso muito ameaçador, incluindo muitos dos membros da própria equipe de projeto. Faz parte da natureza humana recuar diante de uma tarefa tão opressiva. Estabelecer metas de desempenho vagas é um convite para que sua equipe de criação faça apenas mudanças secundárias, dê de ombros e insista em dizer que foi o melhor que conseguiram fazer. O único jeito de evitar isso é dar-lhes metas de desempenho concretas e específicas, que os deixe sem fôlego. Estabelecer metas ambiciosas é a maneira de fazer as pessoas abrirem novos horizontes e avaliarem ideias que, em geral, rejeitariam categoricamente. Houve inúmeras ocasiões em que uma equipe de criação assegurou ao proprietário do processo (ver páginas 81-84 para obter a definição de "proprietário do processo") que não conseguiria cumprir as metas recebidas. Quando o proprietário do processo se mantém irredutível, elas se resignam e, para seu espanto, criam um projeto que realmente supera as metas que foram estabelecidas.

Mas como desenvolver essas metas? Você não quer torná-las arbitrárias e inexequíveis, porque isso provocaria desânimo e ceticismo nos integrantes da equipe. Eles precisam entender a lógica de suas metas para que a aceitem. Há seis maneiras importantes de desenvolver metas de desempenho ambiciosas e significativas.

EXIGÊNCIAS DO CLIENTE. Se seus clientes lhe disserem que exigem determinado nível de desempenho, a discussão sobre metas está encerrada. Uma grande empresa de cartões de crédito, por exemplo, realizou uma pesquisa de clientes para determinar o que eles queriam para permanecer com a empresa e não se bandear para um concorrente agressivo. A resposta foi clara: a substituição de cartões perdidos no prazo de 24 horas. O problema era que o menor prazo em que a empresa podia substituir os cartões, nas melhores circunstâncias, era de 72 horas. Não conseguiam divisar um meio possível de fazer isso em 24 horas. Então, um executivo teve uma ideia súbita. A empresa publicou anúncios grandes nos jornais, informando que cartões perdidos, dali em diante, seriam substituídos em 24 horas. Em seguida, viraram-se para a equipe de criação recém-montada e disseram: "Achamos que agora vocês não têm escapatória." A equipe de projeto ficou em pânico. Mas também ficou muito motivada a criar um esquema para o processo de substituição de cartões perdidos em menos de 24 horas – e conseguiu.

CONHECER O CLIENTE. É um erro apenas pesquisar os clientes e fixar uma meta baseada em seus pedidos explícitos. Em alguns casos, os clientes pedem menos do que realmente desejam ou precisam, ou porque pensam que satisfazer suas exigências é impossível ou porque só depois de ver é que sabem o que querem. Sua função é conhecer os clientes até melhor do que eles próprios se conhecem e identificar o que faria verdadeira diferença para eles, quer peçam explicitamente ou não. Quando a Progressive iniciou a reengenharia de seu processo de sinistros, a empresa não estava respondendo a uma necessidade formalmente manifesta de processamento mais rápido dessas ocorrências. Mais exatamente, o CEO, Peter Lewis, tinha uma forte intuição sobre clientes de seguros. Ele sabia que sofrer um acidente era uma experiência traumática e que os clientes reagiriam positivamente ao receber a visita do perito com rapidez. Apesar das argumentações intermináveis de que sua meta não era nem desejável nem exequível, ele se manteve firme e exigiu que o período para início do processamento do sinistro fosse reduzido para nove horas. Isso aconteceu, e o resto, como se diz, é história.

POTENCIAL DOS CONCORRENTES. A prática difundida de benchmarking também é uma importante contribuição para estabelecer metas ambiciosas. Se um concorrente é capaz de alcançar determinado nível de desempenho, você também deve ser. Todavia, há dois erros que as empresas geralmente cometem nesse aspecto. O primeiro é definir o leque de competidores duma forma demasiado restrita. Comparar-se com as empresas com as quais compete diariamente tem pouca importância; todos estão bem informados sobre as atividades uns dos outros e provavelmente todos trabalham com as mesmas suposições limitantes. O verdadeiro pensamento revolucionário será estimulado ao ver como concorrentes não tradicionais (novos protagonistas do mercado, empresas oriundas de setores próximos) tratam das coisas. E você deve ir além. Veja o que empresas de outros setores conseguem alcançar em processos semelhantes. A Shell, por exemplo, aproveitou exemplos do setor aéreo ao desenhar seu processo de manutenção preventiva.

O segundo erro a evitar é tratar a capacidade dos concorrentes como limite máximo quando deveria tratá-la como limite mínimo. Chegar a realizar o que os outros já estão fazendo lhe trará poucos benefícios, porque, quando você alcançá-los, é bem provável que eles já tenham avançado, e você terá de alcançá-los novamente.

VIABILIDADE FINANCEIRA. Assim como você precisa ouvir a voz dos clientes, também precisa ouvir a voz da empresa. Empresas precisam de certo desempenho financeiro para permanecer viáveis e competitivas, e isso pode se converter em metas bem específicas de desempenho de processo. Os altos executivos da Michelin, por exemplo, estabeleceram uma meta de 16% de redução do capital de giro, a fim de atingir os resultados financeiros necessários; isso levou a metas de desempenho mais detalhadas de processos completos *demand-to-cash* em áreas como contas a receber vencidas.

CIRCUNSTÂNCIAS EXTRAORDINÁRIAS. Muitas empresas percebem que são capazes de enfrentar uma emergência quando as circunstâncias exigem. Os gerentes de uma usina nuclear queixavam-se de como o processo era lento e burocrático e como levava semanas para fazer até o conserto mais simples. Mas, quando lhes perguntaram se demoraria semanas para realizar um conserto se houvesse uma emergência que ameaçasse a segurança e a saúde dos trabalhadores, ou mesmo de moradores vizinhos, a resposta foi: "Claro que não. Esses consertos seriam feitos em questão de minutos."

Então por que isso não acontece com qualquer conserto?

Não tardou para que redesenhassem seu processo e a manutenção de rotina fosse feita tão rapidamente quanto os reparos de emergência.

VISÃO INSPIRADORA. Um processo-chave de um fabricante de autopeças tinha um tempo de ciclo de 20 semanas; o presidente anunciou que a meta era de 20 dias. Como escolhera essa meta em especial?

Ele respondeu: "Parece ótima, não?"

Na verdade, havia um pouco de método nessa loucura. Um dos principais concorrentes conseguia executar o processo em seis semanas (42 dias), então superar esse prazo era uma necessidade. Levando isso em conta, a simetria de 20 semanas para 20 dias tem um grande apelo: era fácil de comunicar e fácil de lembrar. A equipe de projeto reclamou que a meta era totalmente inexequível, mas seguiu em frente e concebeu um desenho que executava o processo em 18 dias.

Quando estabelecer metas como essa, é necessário divulgá-las amplamente na empresa. Metas anunciadas formalmente têm uma força que as metas informais nunca têm.

Você ainda pode ser vítima das tentações da gula, da cobiça ou de outro dos sete pecados capitais, mas agora está preparado para evitar os pecados capitais da medição de desempenho. Agora você sabe como extrair indicadores de processos de ponta a ponta a partir de metas da empresa e está ciente do que é necessário para fazer isso corretamente.

INDICADORES – O QUE SE PODE E O QUE NÃO SE PODE FAZER

- Examinar os comportamentos que seus indicadores atuais estão motivando, para determinar se eles são contrários aos resultados que você está tentando alcançar.
- Equilibrar os indicadores da voz do cliente e da voz da empresa, para assegurar que o processo satisfaça as necessidades de ambos.
- Reavaliar seus indicadores regularmente e ajustá-los quando necessário, para refletir as mudanças na economia, em sua base de clientes e em sua perspectiva de futuro.
- Alinhar os principais indicadores de desempenho da empresa com os indicadores de processos.
- Manter os indicadores funcionais apropriados, mas assegurar que indicadores de processos tenham prioridade sobre indicadores departamentais.

- Não se contentar em usar apenas indicadores disponíveis em seu sistema de TI, em vez dos indicadores que realmente importam, mesmo que, para isso, você tenha de consegui-los manualmente.
- Não ter muitos indicadores a ponto de ser rico em dados e pobre em informações. Em vez disso, concentre-se apenas nos indicadores que realmente promovem a voz do cliente e os resultados do negócio.
- Não permitir que pessoas mantenham indicadores e metas errados, mas com os quais estão familiarizadas.
- Não alinhar seus indicadores com departamentos. Alinhe-os com o processo, e certifique-se de que todos os departamentos que apoiam o processo tenham os indicadores certos.

Capítulo 3

Assumindo a propriedade

CRIANDO UMA NOVA FUNÇÃO NA EMPRESA BASEADA EM PROCESSOS

O objetivo do processo de ponta a ponta é criar um sistema mais lógico e eficiente para se executar o trabalho. Mas esse trabalho é realizado por pessoas, e essas pessoas habituaram-se a trabalhar de certa maneira. Isso se verifica especialmente com os gerentes. Profissionais que lideram departamentos como marketing, engenharia e pesquisa desempenham importantes funções em seus respectivos departamentos e acumulam prestígio e autoridade. Agora surge um redesenho de processos que atravessa fronteiras departamentais. Nenhum dos gerentes cujos departamentos o processo abrange é responsável natural por esse processo do começo ao fim. E esteja certo de que, sem um responsável final, ninguém assumirá a responsabilidade por garantir que o processo tenha o melhor desempenho possível. É por isso que qualquer empresa eficaz, baseada em processos, precisa de proprietários desses processos.

A função de um proprietário de processo é território desconhecido não apenas para os executores do trabalho, mas também para a empresa. Sabemos o que é um gerente-geral, o que é um CEO, o que é um vice-presidente de produção, o que é um tesoureiro, mas nunca alguém ouviu falar de proprietário de processos. E pode ter certeza de que esses gerentes, cujos departamentos estão envolvidos no novo processo, ficarão desconfiados e incrédulos. Eles deleitavam-se com sua autoridade e tramavam como pegar o cargo do chefe, e eis que surge essa pessoa chamada proprietário do processo, que parece um concorrente. "Que diabos é tudo isso?", essa costuma ser sua primeira reação.

A função do proprietário do processo concentra-se no projeto do trabalho, não na tarefa tradicional de gerência de supervisionar pessoas. Ela depende mais de exercer influência do que de ter controle; exige defesa, não autoridade, e enfatiza a prevenção, e não o combate de incêndios. Um proprietário de processos não é um bombeiro, mas um arquiteto que assegura que não haverá incêndios. Proprietários de processos são diplomatas que usam seu intelecto e imaginação para abrir novos caminhos. Eles devem ser durões, porém, mais importante, precisam contar com o apoio da alta liderança. Se os líderes não apoiarem o cargo, ele estará destinado ao fracasso desde o início. A função do proprietário de processos é muito menos glamourosa, muito menos excitante, mas muito mais importante que a dos gerentes funcionais, porque interliga os silos anteriormente separados, que caracterizam a empresa tradicional. É bem provável que ninguém tenha tentado fazer isso antes em sua empresa.

Obviamente, é importante que todas as pessoas com uma função na realização do processo sintam-se proprietárias e responsáveis por ele e seus resultados, como fazem os gerentes. Caso contrário, não haverá como escapar do mundo de "não é minha função" e fugir à responsabilidade, de lutas internas, discussões e desalinhamento. Então o que pertence a um proprietário de processo? O projeto, o cultivo e a evolução do processo.

Dito de forma mais simples, o proprietário do processo tem responsabilidade e autoridade sobre o processo como um todo, de um extremo a outro da organização. O proprietário do processo é dono do desenho do processo, mas não de todos os recursos que compõem o processo.

Vamos tomar como exemplo uma função importante de cada atividade – a cadeia de suprimentos – e ver como ela se desenrola. O chefe de materiais pode ser o proprietário do processo da cadeia de suprimentos, mas os chefes de compras e estoque têm pessoal e orçamentos próprios. O proprietário do processo tem de trabalhar com eles para garantir que o processo funcione de maneira harmoniosa e eficiente. É um cargo muito diferente do ocupado pelo gerente-geral da cadeia de suprimentos, que, tradicionalmente, tinha como subordinados os chefes de compras, materiais e estoque. Eles ainda se reportam a ele para assuntos como alocação de recursos e avaliação de desempenho, mas é o proprietário do processo que assegura o funcionamento eficiente do processo de suprimentos e que autoriza alterações ou seu completo redesenho, se ele não estiver funcionando bem.

A função do proprietário do processo é muito flexível. Podemos usar o título formal de "proprietário do processo", mas isso não é necessário. O trabalho do proprietário do processo pode ser de período integral, mas não precisa ser. O proprietário do processo pode ter experiência em algum aspecto do processo, o que também não é necessário. Muitas vezes, profissionais de outra área geralmente são bons proprietários do processo, assim como são os gerentes-gerais. O proprietário do processo pode ser um profissional do alto escalão da empresa, mas não necessariamente. É preciso, todavia, que o proprietário do processo tenha influência na empresa, se não por tempo de serviço, então por desempenho excelente e reconhecimento.

A primeira e mais importante responsabilidade do proprietário do processo é o desenho do processo. Sem um desenho, não existe processo; sem um proprietário do processo para criá-lo e fiscalizar sua observância, não existe desenho. O proprietário do processo não o desenha sem ajuda. Aliás, se ele for alguém do alto escalão, é melhor que fique fora das deliberações regulares da equipe de desenho, para que seus integrantes se sintam à vontade para sugerir muitas ideias, discuti-las e tomar suas próprias decisões, sem o receio de parecer idiotas em frente do funcionário graduado ou, pior, de ofendê-lo. O proprietário do processo deve, periodicamente, comentar o trabalho da equipe e aprovar o desenho final. E, quando o projeto do processo estiver em vigor, apenas o proprietário do processo terá autoridade para implementá-lo ou alterar seu desenho. Funcionários em toda a empresa, especialmente aqueles que o executam, podem e devem fornecer ao proprietário do processo informações e ideias, mas só podem se guiar por elas com a aprovação dele.

Até mesmo o melhor projeto não surtirá os resultados desejados se não for executado adequadamente. O proprietário do processo tem a responsabilidade de garantir que o processo seja realmente seguido e de resolver os problemas de execução que surgirem. Problemas de execução podem ser de vários tipos. Eles podem ser atribuídos a pessoal treinado inadequadamente, a sistemas ou ferramentas com defeito ou a várias outras causas. O proprietário do processo precisa determinar se o problema de desempenho resulta de uma falha no projeto ou é uma questão de execução. Se for um problema de projeto, o processo é redesenhado para corrigi-lo. Um problema de execução pode ser solucionado, por exemplo, mediante o uso de técnicas como o Six Sigma.

Como a função de proprietário do processo é algo novo para você e sua empresa e muda as formas tradicionais como o trabalho é feito e como as pessoas se relacionam entre si, talvez seja útil observar um proprietário do processo em ação, antes de passarmos a analisar algumas das dificuldades que envolvem sua função e os métodos e ferramentas para resolvê-las.

PODANDO ÁRVORES

Benny McPeak é o perfeito "bom sujeito", nascido e criado em Mt. Airy, Carolina do Norte, terra natal de Andy Griffith e um protótipo do vilarejo de Mayberry (local fictício onde se passava a comédia "The Andy Griffity Show"). Benny exala o indolente charme do sul, mas sua fala arrastada esconde um gerente inteligente e disciplinado, com diploma de engenharia elétrica. Até sua recente aposentadoria, Benny trabalhou na Duke Energy Company, uma das maiores produtoras de energia elétrica dos Estados Unidos, durante 34 anos, em funções de crescente responsabilidade. Nos últimos 10 anos de carreira, Benny foi um proprietário do processo, um dos primeiros profissionais em qualquer empresa a desempenhar essa nova função.

Benny era proprietário do processo de integridade e confiabilidade na Duke, e sua autoridade se estendia pelos cinco estados em que a empresa opera. Em suma, o processo destinava-se a garantir que os fios que distribuíam energia aos clientes da Duke permanecessem no lugar e fizessem seu trabalho. A empresa media seu desempenho pela "média de panes elétricas por ano, por cliente" – ou seja, com que frequência um cliente ficava sem luz elétrica. Quando a Duke começou a trabalhar nesse processo, o número estava muito próximo de duas panes elétricas por cliente, por ano, e a empresa estava empenhada em reduzi-las em 50%. À primeira vista, parece não haver muito o que fazer para reduzir as interrupções na produção de energia elétrica, já que a maioria é causada por tempestades e até o melhor proprietário do processo não consegue controlá-las. Mas, embora tempestades possam ser a causa principal de falta de luz, árvores que caem sobre as linhas de transmissão de força são a causa imediata, e pode-se fazer algo a respeito: árvores ao redor das linhas de transmissão podem ser podadas, de modo que, se caírem durante uma tempestade, não derrubem os fios elétricos. Quando a Duke começou a trabalhar no projeto de integridade e confiabilidade, e antes de nomear um proprietário do processo, a empresa descobriu que não existia um processo de poda de árvores. É claro que as árvores eram podadas ocasionalmente, mas era uma medida eventual e reativa, não um processo disciplinado e repetido. O primeiro passo foi estabelecer as etapas a serem realizadas, por quem, com que ferramentas e com base em que cronograma. Esse esquema simples, que equivalia a um processo rudimentar, reduziu as panes elétricas para 1,1, em apenas dois anos.

Quando Benny foi formalmente nomeado proprietário do processo, o processo de poda de árvores enfrentava problemas. O esquema original exigia a poda numa faixa de 10m de cada lado das linhas de transmissão. Embora os clientes apreciassem o fato de não sofrer interrupções de energia, eles não gostavam que suas árvores fossem mutiladas. A Duke também não estava muito contente. O processo de poda era dispendioso, e um orçamento fixo para a poda de árvores limitava o número de linhas de transmissão que podiam ser mantidas em bom estado anualmente.

Com sua experiência e autoconfiança, Benny não perdeu tempo enfrentando o desafio de redesenhar ele mesmo o processo de poda de árvores. Em vez disso, montou uma equipe de desenho de processos, que recebeu a seguinte incumbência: melhorar a satisfação dos clientes e reduzir os custos, mantendo o baixo nível de panes elétricas. Eles se mostraram à altura do desafio. O processo redesenhado reconhecia que nem todas as árvores crescem no mesmo ritmo – cornisos crescem muito mais rápido que choupos e carvalhos, por exemplo – e que apenas as árvores que passassem a obstruir as linhas antes da próxima poda precisariam ser aparadas. No novo processo, um projetista experiente percorria as linhas, decidia quais árvores precisavam ser podadas e quanto, e apresentava um desenho descritivo do que precisava ser feito. Com base nesse desenho, fazia-se uma licitação pública, o que era impraticável no antigo processo, porque as equipes de poda não sabiam o que teriam de fazer até chegar ao local. A consequência é que a aceitação do público – sempre uma recompensa importante para uma empresa concessionária de energia – aumentou devido ao cenário mais natural, e o custo de poda por milha caiu mais de 10%. Isso significava que, com o mesmo orçamento, a empresa conseguiu aumentar em 10% o número de linhas de transmissão desobstruídas anualmente, aumentando também a segurança. A propósito, notem que, ao selecionar quais árvores cortar, e dispondo de instruções explícitas de poda, que permitiam a licitação pública, a Duke estava aplicando dois importantes princípios do desenho de processos: *se* e *quando* devia cortar algumas árvores.

Porém, ao longo do tempo, as condições mudam, e Benny começou a perceber que os custos do programa de poda de árvores, que vinham caindo, começaram a se estabilizar. Para descobrir o motivo, ele saiu em campo e descobriu que embora todas as unidades de campo estivessem seguindo o processo, elas o estavam realizando de forma diferente. Isso, por si só, não é nem surpreendente nem incomum. O desenho do processo especifica o que as pessoas devem fazer, mas lhes dá a liberdade na forma de executá-lo; o desenho do processo é um esboço de trabalho, não um procedimento de execução. Entretanto, conforme Benny constatou, algumas unidades da Duke estavam executando o processo muito melhor (isto é, de forma menos dispendiosa) do que as outras. A maior parte do processo era realizada por empreiteiros. Algumas unidades tinham o cuidado de garantir que empreiteiros não trabalhassem perto de linhas de outras empresas de serviços públicos, porque cobrariam mais devido à necessidade de ter maior cautela, enquanto outras unidades não faziam isso. Algumas unidades se certificavam de que o local estava pronto antes que o empreiteiro chegasse para trabalhar, enquanto outras não, e algumas unidades eram zelosas e conferiam as contas do empreiteiro, enquanto outras não. Em vez de punir as unidades com desempenho precário, Benny criou métodos e incentivos para que elas melhorassem. Ele juntou em duplas grupos de alto desempenho e de baixo desempenho e ofereceu um bônus para os grupos que conseguissem melhorar seu desempenho, aprendendo com seus congêneres e adotando suas práticas. A tática funcionou e os custos continuaram a diminuir. A lição é que proprietários de processos não podem ficar sentados em sua sala analisando conjunto de indicadores de desempenho. Às vezes, como diz Benny, você tem de "calçar seus sapatos sujos de lama e sair para caçar coelhos".

Em outra ocasião, Benny observou que, apesar de seu excelente processo, o número médio de panes elétricas estava subindo. Isso não devia acontecer. Outra vez, ele investigou e descobriu que a crescente falta de luz, na maioria das vezes, estava ocorrendo em uma região geográfica específica, que tinha um número de cabos de eletricidade acima da média e muito mais árvores do que em outras regiões. Apesar dos melhores esforços e do fato de que o processo era seguido zelosamente, essa região não conseguia podar a quantidade de árvores que deveria, e as panes elétricas refletiam isso. A região não contava com os recursos financeiros de que precisava para fazer a quantidade de poda necessária. Então, Benny tomou uma decisão incomum: decidiu aumentar os recursos financeiros da região à custa de outra.

A Duke Energy era atípica, embora não fosse a única, a dar liberdade orçamentária a seus proprietários de processos. A empresa dava a Benny o dinheiro necessário para executar seu processo, e ele o distribuía entre os gerentes operacionais que chefiavam as várias regiões da companhia. Esta é uma solução muito eficaz, mas não a única, do problema de como fornecer aos proprietários de processos o respaldo necessário para desempenhar a função.

A investigação de Benny revelou que, enquanto uma região com crescente número de panes elétricas não tinha dinheiro suficiente para implementar a poda de árvores necessária, outra região tinha mais do que precisava e estava usando os fundos extras em outra área de operações. Benny determinou que o dinheiro da região sobrefinanciada fosse realocado para a região subfinanciada, que o usou para intensificar as podas e, dessa forma, reduzir a falta de luz. A média de panes elétricas em todo o sistema diminuiu novamente. Como era de se esperar, a tática de tirar dos ricos para dar aos pobres não foi bem recebida pelo gerente-geral da região sobrefinanciada. Ele a criticou e criticou Benny, mas, no final, não conseguiu fazer nada a respeito.

A experiência de Benny como proprietário do processo contém algumas lições importantes sobre proprietários e propriedade de processos. A primeira é que o proprietário do processo deve conhecer a fundo a política da organização e deter um certo poder. Benny, à semelhança do chefe da região que discordou de sua decisão, se reportava ao dirigente da unidade. Benny também trabalhara na Duke Energy muitos anos antes de se tornar proprietário do processo e tinha ampla experiência em gerenciamento de operações de campo. Não se conseguia enganá-lo; ele conhecia bem o setor e os truques dos gerentes regionais. Um profissional inexperiente não teria sido capaz de fazer cumprir uma decisão orçamentária difícil e acabaria se transformando em bode expiatório.

A segunda lição é que o proprietário do processo deve ter total apoio do mais alto executivo. Ao exercer autoridade, até em questões menos difíceis do que orçamento, é inevitável que o gerente de processos interfira no que os gerentes consideram seu domínio privativo. É só uma questão de tempo para que um desses outros gerentes decida ir à luta com determinação, ou fale com o chefe para conseguir que a decisão do proprietário do processo seja derrubada. Se os líderes da cúpula da empresa não apoiarem o proprietário do processo, a função perde todo o seu significado.

ENFRENTANDO OS DESAFIOS

Provavelmente já lhe ocorreu que estabelecer relacionamentos de trabalho eficazes entre proprietários de processos e gerentes operacionais é um dos principais desafios para que a propriedade de processos funcione. Exige um grau incomum de colaboração e trabalho em equipe. Quase todos os gerentes defendem o trabalho em equipe, contanto que ele não os envolva. Mas eles ficam muito mais empolgados com o trabalho em equipe quando são recompensados com base em metas e indicadores compartilhados. Se eu e você somos responsáveis pelos resultados de desempenho do processo, mesmo que sejamos nominalmente responsáveis por coisas diferentes, encontraremos um meio de fazer as coisas funcionarem.

O trabalho em equipe é imprescindível para implementar a propriedade de processos, mas clareza sobre as funções também ajuda. Toda empresa deve estabelecer regras sobre autoridade e tomada de decisões, para que fique claro até onde vão os direitos de decisão de cada um. Com frequência, essas regras são criadas em termos do que chamamos matriz de direitos de decisão. Um eixo lista várias funções gerenciais da empresa, o outro, as decisões-chave; os itens indicam quem toma quais decisões, quem deve ser consultado ou informado, quem deve aprovar, e assim por diante.

Matriz de Direitos de Decisão

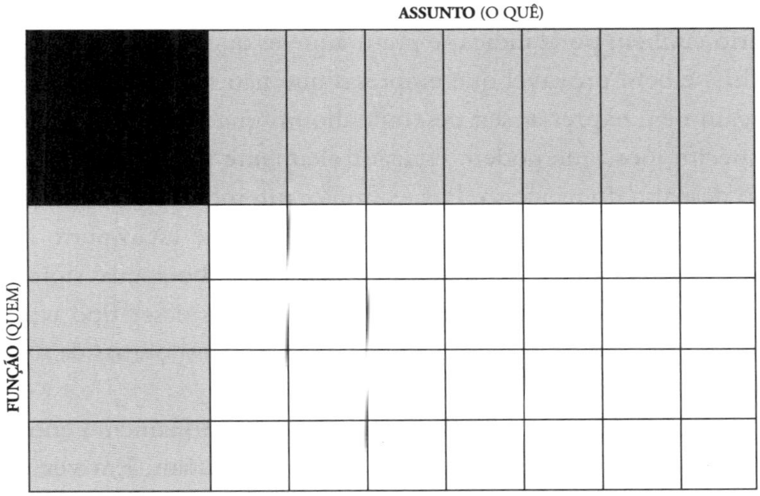

R = RESPONSÁVEL A = APROVA C = CONSULTADO I = INFORMADO X = SEM FUNÇÃO

Na Duke Energy, os assuntos incluíam alocação de pessoal, programação de trabalho, alocação de recursos, alterações de processos e orçamento. Encerrar o debate dessas questões de uma vez por todas, embora estressante, previne muitas discussões mais à frente.

Benny fez uso do poder com rigor no controle orçamentário, mas há maneiras menos dramáticas, embora um pouco menos eficazes, de dar ao proprietário do processo poder na empresa. Uma delas é lhe dar controle exclusivo das despesas de TI. Isso significa que somente o proprietário do processo tem um orçamento de TI e pode solicitar desenvolvimento ou modificação de sistemas do setor de TI. Isso deixa de mãos atadas os gerentes operacionais, que pensam na possibilidade de desafiar o processo e seu proprietário. Os rebeldes ficam impossibilitados de obter um sistema para apoiar da forma como querem que o trabalho seja feito.

Outra é dar ao proprietário do processo autoridade para especificar os indicadores de desempenho que os setores operacionais devem usar ao informar os resultados de seu desempenho. Desempenho inadequado no que se refere a esses indicadores atrairá a atenção do proprietário do processo. Se a organização se mantiver fiel ao processo e apresentar indicadores abaixo do padrão, o proprietário talvez precise alterar algum aspecto do processo ou até recorrer à sua redefinição. Mas desempenho precário também pode indicar e punir aqueles que não seguem o processo. Aliás, é bem provável que empresas que não seguem o processo não consigam nem expressar seu desempenho no que se refere aos indicadores especificados, que podem estar estreitamente ligados a particularidades do desenho do processo. Por exemplo, um indicador de um processo de vendas pode ser o percentual de transações que estão perto da etapa dois do processo, que é um descritor de desempenho apenas significativo para aqueles que o acompanham. Tomar decisões desse tipo equivale a dar ao proprietário do processo controle sobre mais colunas da matriz de direitos de decisão.

O diálogo é um modo simples de facilitar o relacionamento entre aqueles que projetam processos e aqueles que os executam. Em vez de fixar metas e aprovar sozinho o desenho, o proprietário do processo deve convidar os gerentes funcionais a fazer críticas e comentários sobre um desenho de processo, antes que ele seja aprovado. Obviamente, isso presume que todos estejam agindo de boa-fé, e não tentando sabotar o processo. É nesse ponto que o apoio da alta liderança da empresa é decisivo. Os gerentes funcionais têm de saber que irão trabalhar no processo e que seu futuro depende de trabalhar nele de boa vontade.

Algumas empresas estão criando grupos consultivos, compostos de gerentes e/ou pessoal da linha de frente que executam o processo, para fornecer informações ao proprietário do processo. Eles são os olhos e os ouvidos do proprietário do processo, alertando-o sobre dificuldades e problemas mesmo antes de eles aparecerem nos indicadores formais. Os grupos consultivos também possibilitam um teste de racionalidade, fornecendo avaliações francas sobre mudanças previstas no desenho ou sobre outras iniciativas, antes que o proprietário do processo se envolva nelas. Talvez o mais importante: esses grupos representam um mecanismo para assegurar que os gerentes operacionais e o conjunto de funcionários percebam que suas vozes estão sendo ouvidas pelos proprietários de processos e que eles não são suas vítimas.

VISUALIZANDO O PROCESSO

O tempo de implementação completa de um processo é medido não apenas em semanas, mas em meses e, às vezes, até em anos. Para manter o rumo, um proprietário do processo deve ter uma visão do processo e um plano para concretizá-la. Em 2001, quando Rick Magoun tornou-se o primeiro proprietário de processos da Clorox, criou um diagrama de uma jornada de três anos, para o processo *order-to-cash* (OTC), sob sua responsabilidade. O processo OTC abrange basicamente uma transação completa, a partir da colocação do pedido pelo cliente até o pagamento pela entrega das mercadorias. O diagrama de jornada de Rick especificava o nível de desempenho dos indicadores que o processo OTC precisava alcançar, em cada um dos três anos vindouros, incluindo entrega pontual, recebimento de pedidos sem erros e exatidão de previsão. O diagrama tornou-se a base de um plano de ação anual e de um conjunto de indicadores de desempenho mensal. Usando essas ferramentas, Rick sabia para onde queria ir, de que forma chegaria lá e o progresso que estava fazendo. Como proprietário do processo, Rick tinha de organizar e supervisionar as várias equipes, quer alterando as etapas do desenho do processo, quer corrigindo seu desempenho. Seu conjunto de indicadores mensais indicava se as coisas estavam no rumo, e seu plano de ação anual fornecia-lhe uma estrutura para gerenciar os projetos em geral. Sob a liderança de Rick, o processo OTC atingiu resultados realmente revolucionários: o percentual de pedidos perfeitos (pedidos atendidos completa e pontualmente, e pelos quais o cliente pagara no prazo) aumentou mais de 300%, mesmo com a redução de custos.

Todo proprietário do processo deveria ter um plano como o de Rick. Todavia, ele é inútil sem os recursos necessários para sua execução. Obter tais recursos é uma verdadeira prova do poder de persuasão do proprietário do processo. Ele precisa defender o processo, a fim de conseguir a atenção e os recursos necessários. Um proprietário do processo terá, na melhor das hipóteses, uma pequena equipe. Quase todas as pessoas que trabalham em iniciativas do processo terão de ser fornecidas por outros departamentos, e pessoal como esse é escasso e muito valorizado onde se encontra. Então, o proprietário do processo é uma mistura incomum de engenheiro e homem de venda, exímio em análise e planejamento, mas também um porta-voz contundente.

Muitas empresas acham que uma só pessoa é pouco para desempenhar o papel de proprietário de processo, especialmente quando o processo se estende por toda a empresa e o proprietário é um alto executivo. Uma solução comum é dividir a função em duas partes: um proprietário executivo do processo, às vezes chamado líder do processo, e um proprietário operacional do processo, às vezes chamado gerente do processo. Na Rich Products, a função de proprietário executivo do processo é desempenhada por profissionais como o presidente da divisão de marcas de consumo e o vice-presidente sênior de operações. Embora o trabalho diário para administrar cada processo já os mantenha sobrecarregados, os resultados financeiros dos processos também são sua responsabilidade. Eles são seus defensores, elaboram o plano anual para alcançar suas metas, obtêm os recursos necessários para executar o projeto e assumem a responsabilidade pelos resultados. Em outras palavras, são eles os responsáveis por esses processos. O proprietário operacional do processo está num escalão inferior e atua como general de campo, mais próximo da ação, que leva a cabo os projetos de redesenho e melhorias.

PROPRIEDADE DE PROCESSOS EM EMPRESAS GRANDES OU COMPLEXAS

A propriedade de processos é, em essência, uma ideia muito simples: ter alguém que gerencie o trabalho de ponta a ponta, através das fronteiras organizacionais. Pode ser complexo, como veremos em seguida, porque empresas maiores precisam criar várias camadas de proprietários de processos. A Merck, por exemplo, tem três grandes processos de negócios de ponta a ponta, que captam a essência do que uma empresa farmacêutica deve fazer: produzir novos remédios (processo de Descoberta e Desenvolvimento), lidar com clientes (processo de Gerenciamento das Necessidades de Clientes) e distribuir o produto (processo de Fornecimento de Produtos).

Cada um desses processos tem o próprio proprietário. E, como são tão amplos, eles são subdivididos em subprocessos. Um subprocesso de Descoberta e Desenvolvimento é chamado Condução de Ensaios e Atividades Regulatórias para Suporte do Ciclo de Vida do Produto. Para simplificar, nós o chamaremos de "Condução de Ensaios".

A Realização de Testes é parte do esforço da Merck para desenvolver novos medicamentos e conduzir estudos que reúnam dados para provar à FDA (Food and Drug Administration) e aos médicos que o remédio deve ser aprovado e usado. A Realização de Testes é um processo de ponta a ponta, que inclui tarefas desempenhadas em diferentes partes da empresa Merck.

A proprietária do processo de Condução de Ensaios é Janet Keyser, uma veterana com muitos anos de serviço na Merck. Ela começou como bióloga, na área de toxicologia, processava dados de ensaios clínicos, desenvolvia protocolos de ensaios e chefiava o setor que fornece material para os pesquisadores que conduzem ensaios dos medicamentos da Merck. Ela vivenciou grande parte do processo de Condução de Ensaios, e sua responsabilidade como proprietária do processo é garantir que ele seja desempenhado da melhor forma possível.

As quatro mil pessoas envolvidas no processo não trabalham "para" Janet, no sentido tradicional de se reportar a ela, mas devem, contudo, seguir seu processo. Ela não é dona de nenhum dos recursos, então só é capaz de fazer as coisas certas por meio de influência e do uso de indicadores de processos. As reuniões que realiza com os gerentes funcionais que executam o trabalho de seu processo, nas quais reexaminam indicadores de processo, são, em suas palavras, "tensas e não divertidas". Ela trabalha com afinco para que esses gerentes funcionais enxerguem além de seus próprios silos, concentrando-se no processo como um todo e obtendo resultados – ou seja, conseguindo aprovação de medicamentos de forma mais rápida, mais barata e melhor.

Um dos maiores desafios que ela enfrenta é fazer as pessoas se acostumarem ao fato de que apenas ela, como proprietária do processo, pode alterá-lo. Os chefes funcionais que executam o processo não podem fazer alterações. As áreas funcionais devem aprender a passar de tomadoras de decisão para grupos de pessoas interessadas. Embora todas tenham um interesse – carreira, finanças, ego – no funcionamento do processo, elas não podem controlá-lo, e isso nem sempre é fácil de engolir para um gerente ou mesmo para o pessoal de seu departamento. Como disse Mark Twain: "Não nos libertamos de um hábito atirando-o pela janela: é preciso fazê-lo descer a escada, degrau por degrau."

A Condução de Ensaios, embora seja um subprocesso de Descoberta e Desenvolvimento, tem nove subprocessos próprios, incluindo

Planejamento, Entrega, e Destruição de Suprimentos para Pesquisa Clínica (Planejamento e Entrega). Cada um desses nove subprocessos é um processo completo, interfuncional e conta com um proprietário.

Portanto, Janet é diretora de um circo com nove picadeiros. Ela tem de assegurar que o trabalho correto esteja sendo feito em cada picadeiro e que as cenas não se atropelem. Cada proprietário de subprocesso sugere projetos; a função de Janet é decidir quais são prioritários, obter recursos financeiros e descobrir como encaixá-lo em outros projetos da Condução de Ensaios.

O processo de Planejamento e Entrega consegue os suprimentos necessários para os médicos que estão fazendo ensaios clínicos (no campo) com as drogas da Merck. Além das drogas, também podem precisar de outros suprimentos, como livros de culinária e balanças de banheiro para testar medicamentos de combate à obesidade. No passado, os cientistas que planejavam os ensaios compravam e despachavam esses materiais. Eles não eram bons nisso e não era um bom emprego de seu tempo. Atualmente, esse processo é realizado por um grupo de especialistas em compras. E em vez de despachar os suprimentos para 52 subsidiárias mundo afora, as quais, por sua vez, faziam a remessa para os médicos, a Merck quase sempre despacha os materiais diretamente a eles. Podem ser mudanças óbvias, mas os resultados representaram uma economia de milhões de dólares, melhor emprego do tempo dos funcionários e disponibilidade mais constante dos suprimentos necessários. Até que Planejamento e Entrega fosse reconhecido como processo e fosse munido de um proprietário, não havia ninguém com visão, autoridade e incentivo para fazê-lo funcionar melhor. Era um problema irritante do qual todos tinham conhecimento, mas ninguém fazia nada a respeito.

Na verdade, Janet é uma gerente de programas, coordenando um grande número de projetos e, como era de se esperar, é uma pessoa organizada e disciplinada. Ela utiliza um sistema de pontuação para avaliar as ideias que recebe para os projetos, uma vez que o número de ideias sempre ultrapassa o montante de recursos disponíveis. Projetos que precisam ser compatíveis com as normas vigentes vão para o início da lista, assim como os projetos de pequena escala que podem ser realizados rapidamente e não requerem recursos de TI. Outros critérios de avaliação incluem o impacto sobre os objetivos estratégicos do processo, o custo e risco associados ao projeto e a capacidade de as áreas de negócios afetadas absorverem a mudança que o projeto irá exigir. Todo proprietário de processo precisa desses mecanismos para decidir como alocar recursos que possibilitem a consecução das metas de desempenho do processo. Há verdadeiras semelhanças entre o trabalho de um proprietário de processo e a forma como o desenvolvimento de produtos é realizado atualmente, incluindo gerenciamento de portfólio (decidir em que produtos aplicar esforços, monitorar seu progresso e fazer ajustes necessários) e execução do projeto (fazer o trabalho real de criação do produto).

Só para ter certeza de que você entende a complexidade do processo que Janet supervisiona, vamos relacionar suas principais responsabilidades:

1. Criar e implementar um desenho para o processo
2. Assegurar o cumprimento do processo
3. Avaliar o desempenho do processo por meio dos indicadores selecionados
4. Decidir o nível de desempenho exigido por clientes e a estratégia da empresa
5. Elaborar um plano para alcançar o nível de desempenho requerido através de projetos de redesenho e melhorias
6. Encarregar equipes para conduzir esses projetos, acompanhar seu progresso e intervir quando necessário
7. Rever resultados dos projetos em relação às metas de desempenho e fazer as mudanças que o processo exige

Adotar todas essas medidas de um extremo a outro da estrutura de um processo é mais eficaz – mais rápido, mais barato e melhor – do que a maneira tradicional que a maior parte das empresas utilizaria.

PROPRIETÁRIO LOCAL DO PROCESSO

Como proprietária de processos na Merck, Janet supervisionou milhares de pessoas que trabalham em muitos locais diferentes. Mas processos também se desenrolam em locais específicos e, por essa razão, há mais uma variante da função de proprietário do processo: proprietário local do processo. Imagine uma grande empresa, que opera em muitos locais diferentes, em todo o país ou até mesmo em todo o mundo. Agora escolha um desses locais e pense num dos processos realizados lá. Certamente, ele terá um proprietário como Janet, trabalhando a centenas ou até milhares de quilômetros de distância. Mas quem toma conta do processo, medindo seu desempenho, assegurando que ele seja seguido, respondendo a perguntas sobre ele, reconhecendo seus problemas e levando-os à atenção do distante proprietário do processo? O proprietário local do processo, ou PLP.

O proprietário local do processo é o representante geral do proprietário do processo em um local específico. De modo geral, o PLP não desenha o processo. Permitir que cada proprietário local do processo crie uma versão local do processo é uma boa definição de caos. Mais exatamente, o PLP dedica-se a ajudar os executores do local a executar o processo da forma correta.

Eis algumas das responsabilidades específicas de um proprietário local do processo:

- Assegurar que recursos adequados sejam destinados ao processo
- Garantir que o processo seja seguido e produza os resultados necessários
- Medir o desempenho local
- Identificar e resolver problemas locais de desempenho
- Providenciar para que a documentação do processo e os materiais de treinamento estejam atualizados e disponíveis
- Aprender e trazer as melhores práticas de outros locais
- Orientar o pessoal que executa o processo e responder às suas dúvidas
- Sugerir melhorias para o proprietário geral do processo

Vamos examinar agora como um PLP cumpre essas responsabilidades. O negócio de refino e distribuição da Shell Oil gira em torno de US$100 bilhões de vendas anuais, com 34 refinarias e seis fábricas de produtos químicos em todo mundo e cerca de 70 mil empregados. A Shell está usando ativamente processos de ponta a ponta para transformar seu desempenho. Ela identificou seis processos de alto nível, cada qual com um proprietário global. Esses processos são então implementados em cada refinaria e fábrica por proprietários locais.

Um dos processos de alto nível da Shell é Fabricação. É implementado em níveis locais por um processo chamado Ensure Safe Production (ESP). O processo Ensure Safe Production compreende o trabalho executado pelo pessoal operacional, do momento em que chegam até o momento em que saem, no final do turno. O ESP inclui passagem de turno, desenvolvimento de turno (verificação de como as coisas estão funcionando) e gerenciamento de alarme (entendimento e reação a alarmes disparados quando as coisas saem dos trilhos). A Shell constatou que esse trabalho estava sendo feito de muitas maneiras diferentes, em diferentes refinarias, e, não raro, de forma diferente por turnos diferentes na mesma refinaria. Com materiais altamente inflamáveis sendo processados sob altíssima pressão, uma refinaria não é um lugar em que se quer ver muitas variações na maneira como o trabalho é executado. Então o proprietário do processo Ensure Safe Production, da Shell, criou um desenho padrão, que hoje está implementado em todas as refinarias e fábricas da empresa.

Brett Woltjen é o proprietário local do processo ESP na refinaria de Deer Park, a cerca de 35km a leste de Houston. Deer Park é uma enorme refinaria que se estende por muitos acres; emprega mais de mil pessoas e transforma cerca de 350 mil barris de petróleo em produtos refinados, como gasolina, todos os dias. Uma conta superficial mostra que se trata realmente de um negócio de grande porte. Brett faz parte da equipe de liderança da Deer Park, composta de nove pessoas, e é oficialmente o gerente de produção. Isso significa que o pessoal envolvido na operação do maquinário da Deer Park, e seus gerentes, se reportam a ele. Ele também é o proprietário local do processo ESP. Embora o pessoal que executa o ESP se reporte ao Brett, o mesmo não acontece com quem executa outros processos.

A função de Brett como proprietário local do processo envolve exercer influência, não poder, e tanto dedicar uma parcela específica de tempo a determinada atividade quanto assegurar que o projeto do processo funcione em Deer Park – que o pessoal que o executa e que se reporta a seus gerentes funcionais o compreenda e aceite. Ele também mede e avalia o desempenho do processo e busca meios de melhorá-lo. A implementação de um processo envolve a instalação de sistemas e ferramentas e o treinamento de executores, mas não se limita a isso. Em Deer Park, isso implicou o deslocamento físico de pessoas, para que funcionários de diferentes departamentos, que trabalham juntos no processo, se reúnam no mesmo lugar. Brett também assegura que o pessoal esteja cumprindo o processo e apresentando o comportamento correto. Por exemplo, em muitas instalações fabris, quando há troca de turno, os empregados do turno encerrado correm para as saídas. O desenho do processo ESP exige que eles façam, antes de saírem, uma análise clara da situação das operações para o pessoal do próximo turno. Caso contrário, um problema talvez não seja enfrentado corretamente. Foi uma mudança de "agora é problema deles" para "o problema é nosso", que nem todo trabalhador, em Deer Park, conseguiu fazer facilmente. Brett precisou descrever, em termos bem claros, quais comportamentos ele esperava, verificar se esses comportamentos estavam sendo manifestados e orientar, aconselhar e recompensar para obtê-los. Se houver falta de clareza sobre os requisitos do processo, ou quando há diferenças ou disputas entre seus executores, Brett intervém para auxiliar.

Brett também tem de lidar com o desconforto inevitável de pedir ao pessoal da linha de frente para mudar seu padrão de trabalho e seu comportamento. Por exemplo, o novo processo ESP exigia que os operadores da sala de controle de uma refinaria monitorassem ativamente uma lista de variáveis de desempenho e acompanhassem suas tendências. Um contramestre veterano, que trabalhava na fábrica há 35 anos, não parecia empolgado com o novo processo, até que Brett o ajudou a ver que o processo realmente ajudaria os operadores a readquirir a habilidade de ter uma visão intuitiva do desempenho da refinaria, algo que tinham nos velhos tempos dos instrumentos pneumáticos e que se perdeu, em grande parte, com a introdução dos sistemas informatizados.

Outra tática que Brett usa é gastar menos tempo falando sobre o processo em termos abstratos e mais tempo discutindo as metas concretas que serão alcançadas com o cumprimento do processo, tal como aumento de segurança, que todos defendem. No entanto, Brett teve de transferir de cargo ou demitir alguns funcionários que não podiam ou não queriam adotar o comportamento que o novo processo exigia.

Talvez o aspecto mais importante de se tornar um proprietário local do processo foi a exigência de que Brett mudasse seu próprio foco e estilo de gestão. "Foi uma mudança para dirigir o setor usando processos e indicadores, aproveitando os indicadores e utilizando-os para orientar o setor, em vez de combater o incêndio ou o problema do dia e, em seguida, correr para combater o próximo incêndio", disse ele. Ele também teve de se tornar professor, aprendendo muito bem o processo, para poder ensiná-lo aos demais. Ao longo do caminho, ele descobriu a sabedoria do provérbio japonês "Ensinar é aprender". Ensinar o processo lhe permitiu compreender melhor seu funcionamento.

Tudo bem, nós o bombardeamos com muitos termos novos: proprietário do processo, proprietário de subprocessos, proprietário executivo de processos, proprietário operacional de processos, proprietário local de processos. É compreensível você achar que essa coisa de proprietário do processo é complicada. Na verdade, é apenas tão complicada quanto precisa ser. Lembre-se de que estamos, basicamente, decompondo processos grandes em processos menores. Se você tiver uma pequena empresa que opera principalmente em um único local, poderá se sair bem combinando todos estes papeis em uma única função. Entretanto, se for uma empresa grande e complexa, que opera em muitos locais, como a Merck ou a Shell Downstream, você precisará de todas essas funções. Porém, quer a função seja ocupada por muitas pessoas ou apenas uma, o valor que o proprietário do processo leva para a empresa é o mesmo: desenhar um processo, implementá-lo, ensiná-lo, zelar pela sua aplicação, avaliá-lo, corrigir seus problemas, substituí-lo quando necessário e, acima de tudo, assegurar que o processo produza os resultados que a empresa precisa.

PRINCÍPIOS DA PROPRIEDADE DE PROCESSOS

Como este capítulo explica, a definição de proprietário do processo é flexível, mas sempre envolve um processo de ponta a ponta, que cruza duas ou mais áreas funcionais de responsabilidade administrativa. Num sentido mais amplo, o proprietário do processo faz seu desenho ou redesenho, conduz o planejamento operacional do processo, lidera iniciativas de melhorias e resolve problemas com o processo, enquanto o gerente operacional gerencia os executores e conduz o desempenho do processo. A forma de lidar com o cruzamento de processo e função é importante para determinar os benefícios que a empresa obtém da abordagem processual do trabalho. Com isso em mente, a lista seguinte mostra algumas das responsabilidades e obrigações dos proprietários de processos e dos gerentes funcionais.

Responsabilidades e autoridade do proprietário do processo

- Ser responsável pelo desenho do processo, por assegurar sua execução bem-sucedida e sua melhoria contínua.
- Criar, documentar, publicar e desenvolver material de treinamento, ferramentas de apoio e/ou modelos do processo.
- Identificar e monitorar indicadores em relação aos quais o desempenho do processo pode ser medido.
- Usar indicadores e resultados de auditoria para avaliar o cumprimento e melhorar continuamente o processo.
- Entender os padrões de referência internos e externos relevantes e usá-los para identificar e promover melhorias no processo.
- Assegurar que todos os participantes do processo compreendam sua função e como ela se enquadra no desenho do início ao fim.
- Identificar, priorizar e administrar as mudanças do processo.
- Criar e avaliar indicadores para monitorar a saúde do processo.
- Avaliar padrões de referência externos.
- Assegurar a adesão da empresa ao processo.
- Resolver problemas do processo para garantir que ele seja executado como programado.

Responsabilidades e autoridade do gerente operacional

- Conhecer o processo e seus efeitos do início ao fim.
- Promover o treinamento de funcionários, para que entendam e executem o processo.
- Assegurar a execução uniforme do processo.
- Destinar recursos apropriados à execução.
- Fornecer a avaliação dos problemas de processo ou execução com apoio local.

Obrigações da alta direção

- Posicionar a propriedade de processos como uma função do alto escalão da empresa.
- Preencher o cargo de proprietário do processo com um profissional influente e respeitado.
- Fornecer aos proprietários de processos todo o apoio da alta direção.
- Ajudar o proprietário do processo a se adaptar a um novo estilo de gestão.
- Ser totalmente clara sobre relacionamentos e divisão de responsabilidades e autoridade entre proprietários de processos e gerentes operacionais.
- Conceder aos proprietários de processos verdadeiro poder e ferramentas para exercer sua autoridade.

PROPRIEDADE DE PROCESSOS – O QUE SE PODE E O QUE NÃO SE PODE FAZER

- Contar com a aprovação da liderança, legitimar e comunicar a criação da função de proprietário do processo e a autoridade que ela terá.
- Escolher líderes para a função de proprietário do processo que tenham prestígio na empresa, não apenas na esfera de controle, mas também na esfera de influência.
- Outorgar ao proprietário do processo total autoridade sobre o desenho, incluindo a escolha da equipe de desenho e a fixação de metas de desempenho.
- Assegurar que os indicadores usados para avaliar o desempenho do proprietário do processo estejam alinhados com os principais indicadores de desempenho da empresa e equilibrados entre a voz do cliente e a voz da empresa.

- Não permitir que o proprietário do processo delegue a função a proprietários de subprocessos ou subordinados diretos.
- Não pressupor que a função de proprietário do processo tem de ser exercida em tempo integral e constar do organograma como um novo cargo, embora seja uma opção.
- Não esquecer que os gerentes funcionais dispõem dos recursos e, portanto, são fundamentais para a implementação do projeto do proprietário do processo e não devem ser negligenciados.
- Não esquecer de alinhar os indicadores dos gerentes funcionais com os indicadores do proprietário do processo, de modo a garantir que estejam estreitamente integrados para obter um ótimo desempenho.
- Não manter a mesma estrutura e chamar gerentes funcionais de proprietários de processos.

Capítulo 4

Executores e infraestrutura

FAZENDO O TRABALHO DE PONTA A PONTA

Lembram-se de Bob, o herói empresarial, cujo perfil traçamos na Introdução? Bom sujeito, mas, em empresas em que os processos são planejados corretamente, não há espaço para heróis como ele. Ao contrário, essas empresas transbordam de profissionais. Bem, há muitas definições da palavra *profissional*, algumas das quais requerem qualificações acadêmicas e até licenças. Mas a definição de profissional que se aplica mais adequadamente ao mundo dos processos vem do local menos provável: Hollywood. Vocês não devem ter assistido ao filme *Corpos ardentes*, de 1984, estrelado por Kathleen Turner, William Hurt e Richard Crenna e, mesmo que o tenham visto, provavelmente não o considerariam um clássico. No entanto, no filme, William Hurt e Richard Crenna iniciam uma discussão sobre o que significa ser profissional. Por fim, concluem que um profissional é alguém que faz o que é preciso, em contraste com o trabalhador comum, que faz o que lhe mandam.

Perfeito! Um trabalhador preocupa-se mais com o que o chefe pensa, concentra-se em tarefas limitadas e tem pouca autoridade para mudar o que é feito ou a forma como é feito. Sua renda e estabilidade no emprego dependem da aprovação do chefe. Um profissional, em contrapartida, foca resultados e clientes e tem ampla liberdade de fazer o que precisa ser feito para que a empresa conquiste e mantenha clientes satisfeitos. Um profissional entende o conceito de que o bem-estar da empresa e a estabilidade no emprego do funcionário estão nas mãos dos clientes, não dos chefes.

Este capítulo trata da criação de um quadro de profissionais em cada escalão da empresa. Grande parte desse processo depende, é óbvio, da seleção das pessoas certas. Porém, é igualmente importante que essas pessoas recebam ferramentas para trabalhar com processos e tenham seu desempenho medido de maneira a assegurar que o processo funcione. O trabalho com processos é muito diferente de como a maioria das pessoas desempenha suas atividades. Você irá retirar pessoas de um ambiente no qual executavam tarefas. Não é preciso saber muito para executar uma tarefa – não há preocupação com resultados, com o clima empresarial ou com a maneira pela qual o sujeito que trabalha na sala ao lado é avaliado. Certamente, muitas empresas falam sobre trabalho em equipe, mas geralmente confundem o verdadeiro trabalho em equipe com a realização de muitas reuniões e com pessoas que trabalham bem com os colegas. No verdadeiro trabalho em equipe, o cruzamento de atividades e responsabilidades tende a se sobrepor, visto que estão todos alinhados com o mesmo objetivo: deixar o cliente satisfeito. No trabalho com processos, não é nem um pouco incomum que equipes autodirigidas surjam de repente para executar algum trabalho. Mas para que isso aconteça, o pessoal que trabalha com processos precisa de um desenho correto, que automaticamente transponha barreiras. Provavelmente, a barreira mais ameaçadora é a orçamentária. Orçamentos fazem as pessoas cometerem loucuras, uma vez que constituem um indicador-chave de desempenho.

Imagine uma empresa de utilidade pública com um departamento de planejamento que calcula como conectar novas empresas ou casas à rede elétrica e um departamento de direitos de passagem que negocia com outras empresas ou proprietários de casas o acesso para que os cabos necessários cheguem aos novos clientes. Em uma empresa tradicional, cada departamento trabalha separadamente e tem um orçamento separado. Gerentes são recompensados ou punidos, até certo ponto, se ficarem abaixo ou acima de seus orçamentos e fazem qualquer coisa para se enquadrar na primeira opção. Mas em uma organização baseada em processos, como veremos a seguir, haverá uma pessoa, um trabalhador de caso, que gerencia tanto o planejamento quanto as negociações de direitos de passagem. Quem paga pelo trabalho dessa pessoa? A resposta normalmente é ambos os departamentos, mas alguém na liderança da empresa, um alto executivo, tem de decidir quanto do salário e dos benefícios do trabalhador de caso sai de cada departamento. Quase certamente, um dos departamentos acreditará que está arcando com a maior parte do custo, porém, num ambiente de processos, todos reconhecem que, para o bem da empresa, alguns departamentos devem arcar com um encargo maior que outros. E, a propósito, os gerentes são recompensados ou punidos não tanto por ficarem abaixo ou acima do orçamento (embora isso também possa ser um fator), mas pelo desempenho global da empresa. Isso é o que queremos dizer com infraestrutura. É a soma final de vários sistemas – orçamento, ferramentas de treinamento e desenvolvimento, avaliação, remuneração e tecnologia da informação, entre outros – necessários para que o trabalho processual transcorra sem problemas. E, sim, as mudanças na estrutura de sua empresa, que você fará para implementar o processo, são enormes. Porém, deixar de fazê-las como necessário não logrará os ótimos benefícios que o processo pode fornecer.

ENERGIA ELÉTRICA PARA A POPULAÇÃO

Antes de entrarmos nos detalhes de uma empresa composta inteiramente de profissionais e mostrarmos como criar o ambiente para apoiá-los, vamos examinar a diferença que isso pode fazer no desempenho de uma organização em prol de seus clientes. Usaremos uma concessionária de energia elétrica da Grã-Bretanha, que estava tendo dificuldade para conectar à rede elétrica, em tempo hábil, novas casas de um condomínio de classe média. O antigo processo tinha início quando o incorporador ou construtor telefonava para a concessionária de energia e era encaminhado para o serviço de atendimento ao cliente. O atendente de clientes preenchia a solicitação de ligação elétrica, especificando local e outros detalhes. Em seguida, o formulário passava para o gerente do departamento de planejamento, que designava pessoal para elaborar um projeto que levasse linhas de transmissão de força da subestação de energia mais próxima até o local da construção. Esse projeto, então, seguia para o gerente do departamento de direitos de passagem, que designava um dos membros de sua equipe para negociar com os proprietários das terras entre a subestação e a obra a permissão para passar os cabos por suas propriedades. Quando as necessárias permissões haviam sido concedidas, o projeto passava para o gerente do departamento de instalação, que encarregava um chefe de turma para formar uma equipe de instalação, com a combinação certa de habilidades para fazer o trabalho. O chefe de turma também era responsável por supervisionar a execução do projeto, da compra dos cabos necessários à instalação dos fios elétricos nas novas casas. Só então o projeto era enviado para o departamento de medição, que enviava uma equipe à obra com o objetivo de ligar os cabos a cada casa e instalar um medidor para registrar o consumo de energia. Uma instalação normal levava cerca de seis meses.

Um período de seis meses era razoável para um projeto como esse? Os construtores, que tinham de esperar todo esse tempo para que a luz fosse ligada, certamente não concordavam. Mas eles estavam certos? Uma equação muito simples – tempo de valor (TV) dividido por tempo decorrido (TD) – responde a essa pergunta. Se numa instalação normal o tempo total decorrido (TD) foi 180 dias, e 178 desses dias foram gastos em trabalho árduo que contribui para o resultado final (TV), a equação produziria um quociente próximo de 1, que é o ideal. Os construtores não teriam razão de reclamar. Mas não era isso que acontecia com nossa concessionária de energia elétrica. O tempo de valor normalmente correspondia a cerca de 20 dias. Em outras palavras, a concessionária levava 180 dias para realizar 20 dias de trabalho. O restante do tempo era consumido por solicitações que repousavam nas mesas de alguns gerentes antes de serem destinadas a equipes, que tinham outros projetos em andamento; então, as solicitações repousavam um pouco mais. Depois que cada departamento finalmente fazia sua parte do trabalho, a solicitação era devolvida e aguardava até que o gerente pertinente a aprovasse e despachasse. E se alguém cometesse um erro? O processo tinha de ser reiniciado. É fácil perceber como a equação TV/TD produzia um quociente de apenas 0,11, péssimo em qualquer medida e justificadamente alvo da raiva e reclamações dos construtores.

Obviamente, a empresa estava consciente de que tinha um problema. Ela fez o que quase todas as empresas fazem nessas circunstâncias: colocar mais gente para executar o projeto. Ótimo. Temos agora ainda mais pessoas para supervisionar, revisar os planos e, via de regra, atrasar ainda mais o processo de ligação. Como as coisas pioraram, ao invés de melhorar, os superiores deram uma ordem a cada departamento: corrijam isso senão...! Alguns meses depois, todos os chefes de departamento afirmaram que haviam corrigido sua parte do processo. Mas ainda levava seis meses para fazer a ligação nas novas casas!

Por fim, os executivos da concessionária de energia perceberam que algo estava muito errado e decidiram começar do zero e revisar todo o processo de ligação, desde o contato do incorporador com a empresa até a força ligada. Quando uma equipe de desenho mapeou o processo de novas ligações pela concessionária, ficou evidente que ele era complicado demais. Havia uma falta gritante de coordenação. Havia muitos ciclos de retrabalho, atividades desnecessárias e dias e mais dias de espera por aprovação de cada um dos chefes dos vários silos funcionais. Ficou muito claro por que os clientes reclamavam. Cada cliente era passado para tantas pessoas que não havia progressão e, portanto, ninguém que entendia completamente o que eles precisavam. Eis o aspecto do processo incorreto:

Desenho do antigo processo

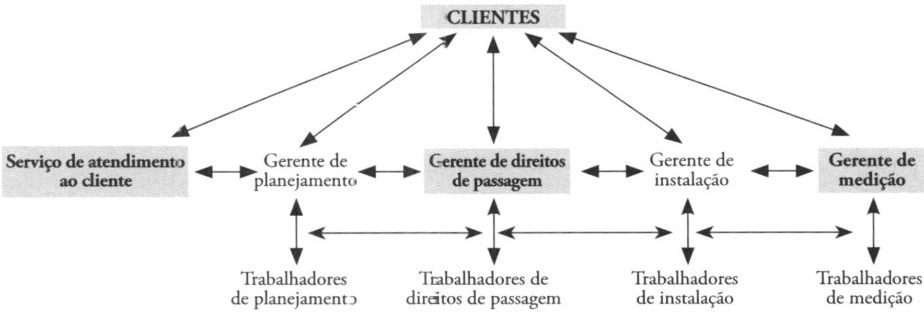

Agora que a concessionária de energia tinha uma visão clara do que estava errado, começou a corrigir o problema, redefinindo o processo de ponta a ponta. Dessa reengenharia, surgiu um novo cargo, o de "trabalhador de caso". A função de trabalhador de caso originou-se da exigência de clientes de ter uma única pessoa de contato e do reconhecimento da concessionária de que todas as tarefas do processo estavam intensamente interligadas. Ao contrário de um proprietário do processo, um executivo com supervisão estratégica de um processo de grande porte, a função do trabalhador de caso é tática e interativa, voltada para um processo pequeno ou subprocesso. Na concessionária, o trabalhador de caso é a única pessoa responsável por acompanhar um novo pedido de ligação elétrica do cliente durante todo o processo, até que a luz seja ligada. O trabalhador de caso elabora o plano, negocia os direitos de passagem, monta a equipe e assegura que o trabalho seja executado. O resultado é muito menos tempo perdido, uma vez que o pedido não fica mofando em várias mesas, aguardando uma medida ou aprovação. Mas, sobretudo, o trabalhador de caso entende as necessidades da equipe de instalação, bem como o que é necessário para negociação. Em outras palavras, o trabalhador de caso tem uma visão de ponta a ponta. Como resultado, o plano desenvolvido é mais preciso desde o primeiro esboço. O trabalhador de caso, com o apoio de altos executivos e do proprietário do processo, também tem autoridade para pedir a ajuda de especialistas no assunto, tais como advogados, a fim de auxiliar em situações complicadas. O trabalhador de caso tem também a função de técnico de operações de campo, que combina as tarefas de construção do sistema e instalação de medidores. Focar o tempo de valor e dar mais autoridade e responsabilidade aos trabalhadores, reduziu o tempo de processamento de 180 dias para aproximadamente 23 dias. O número de pessoas necessárias para fazer uma instalação normal caiu dois terços, dando à empresa flexibilidade e escalabilidade para assumir trabalho adicional sem contratar novos trabalhadores. Em vez disso, eles reciclaram e adaptaram aqueles que anteriormente se dedicavam a uma só tarefa.

Obviamente, a descrição do cargo de um trabalhador de caso não é mais aquela de uma simples peça de engrenagem do processo anterior. O trabalhador de caso tem mais autonomia e responsabilidade, bem como o dever de prestar contas. O trabalho é mais complexo, envolvendo planejamento, seleção e gerenciamento de equipe. A meta é clara: satisfação dos clientes. O trabalhador de caso não desempenha uma função de cada vez; ao contrário, desempenha várias funções simultaneamente. O número de transferência de tarefas é bem menor. Os técnicos de operações de campo, que eram considerados trabalhadores de instalação na antiga estrutura e desempenhavam uma ou duas tarefas repetitivamente, hoje desempenham diversas tarefas em trabalhos que são mais amplos, mais complexos, mais desafiantes e muito mais interessantes. No antigo sistema, havia tantas transferências de tarefas e pessoas envolvidas que, se alguém cometesse um erro, ele poderia passar despercebido. Hoje um erro é visível quase num piscar de olhos, e é fácil identificar o responsável. Mas em vez de se fazer o jogo inútil de atribuição de culpa, o erro é corrigido, uma lição é aprendida e os resultados futuros serão melhores.

Isso não quer dizer que o redesenho foi tranquilo. Candidatos ao novo cargo de trabalhadores de caso foram, em grande medida, identificados por seus chefes, com base no que clientes tinham a dizer sobre pessoas com quem gostavam de trabalhar. Grande parte da seleção baseou-se em quem mostrou aptidão de aprender diferentes conhecimentos básicos do negócio no passado. A maioria trabalhava em atividades externas, mas havia alguns que não gostavam de trabalhar diretamente com clientes e preferiam ficar nos bastidores.

Como se tratava de um novo cargo, o treinamento do trabalhador de caso foi assistemático no início, uma combinação de treinamento em sala de aula e no trabalho. Mas à medida que os trabalhadores de caso se desenvolveram no cargo e a empresa começou a entender verdadeiramente seu valor na aceleração do processo, eles próprios começaram a indicar colegas para a função e ajudaram a treiná-los. Não demorou muito para o departamento de recursos humanos, disposto a não ficar para trás, envolver-se e começar a traçar um perfil do que tornava um trabalhador de caso bem-sucedido e a criar cursos de treinamento formal sobre os vários aspectos do processo de ligação, incluindo desenho técnico e negociação.

Uma das mudanças mais fundamentais para os trabalhadores de caso foi o sistema de avaliação e remuneração. Eles não eram mais avaliados e remunerados com base apenas em suas tarefas. O maior percentual de sua remuneração resultava da pontualidade de conclusão e satisfação dos clientes. E não era somente o chefe direto que avaliava o trabalhador de caso, mas outros funcionários da empresa que interagiam com ele direta e indiretamente.

Os gerentes também tiveram de lidar com um mundo novo. Alguns dos mais tradicionais e autoritários não conseguiam adaptar-se ao trabalho de equipe interdepartmental mais amistoso ou à ideia de que os trabalhadores de caso agora estavam fazendo um trabalho que eles acreditavam ser de sua alçada. Mas, a bem da verdade, os gerentes não estavam realmente *fazendo* o trabalho; mandavam outras pessoas fazerem. Agora o trabalhador de caso dispunha de todas as informações necessárias e podia trabalhar em conjunto com todo o pessoal para alcançar a meta. Em vez de gerentes dizendo aos funcionários o que fazer, havia uma equipe de profissionais executando o trabalho. As antigas funções dos gerentes não eram mais necessárias. Alguns deixaram a empresa por vontade própria, e outros foram demitidos. Os gerentes que se adaptaram passaram a ter uma nova função: orientar as equipes de profissionais. Eles eliminavam entraves, auxiliavam os profissionais a desenvolver o conjunto certo de habilidades e atitudes, a estabelecer indicadores e a assegurar que a empresa se apegasse à implementação do desenho. Os gerentes que viam e entendiam os resultados das mudanças tornaram-se defensores empolgados. Alguns tornaram-se trabalhadores de caso e, em reconhecimento pelo tempo de serviço e pelas realizações anteriores sob o antigo sistema, eram designados para clientes maiores e mais importantes. Outros optaram por voltar a especialidades como contabilidade ou engenharia e fornecer expertise aos trabalhadores de caso.

Eis o aspecto do novo processo:

Desenho do novo processo

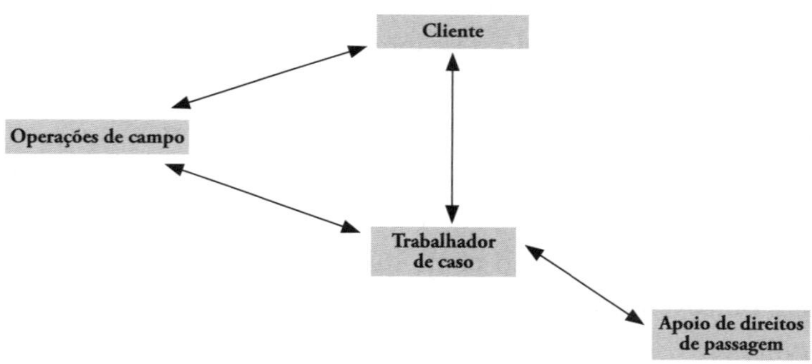

Isso é o que queremos dizer quando falamos sobre converter simples trabalhadores em profissionais, uma espécie híbrida de funcionário que não apenas faz o trabalho, mas também o gerencia, com toda a necessária autoridade de tomar decisões, responsabilidade e dever de prestar contas que isso implica.

Mais rápido, mais barato e melhor.

UM NOVO TIPO DE PESSOA

Já deve ter ficado claro que escalar uma equipe de processos projetados para alcançar alto desempenho com trabalhadores que executam tarefas convencionais não será de grande auxílio. Isso ocorre não porque os funcionários sejam incapazes ou não estejam dispostos a fazer um bom trabalho. Ao contrário, a forma como a maioria dos sistemas é projetada e a maneira como a maior parte dos trabalhadores é avaliada os impedem de fazer qualquer coisa que não as tarefas mais simplistas e específicas. Empresas que redesenham seus processos, para satisfazer a necessidade de alto desempenho, precisam de um novo tipo de pessoa, com novas capacidades para levar a cabo as tarefas mais complexas de uma empresa centrada em processos. O tipo certo de pessoa não estará focada no chefe, mas nos clientes; não na tarefa, mas no resultado. Muitos de nós não podem se dar ao luxo de criar do zero uma força-tarefa, escolhendo apenas aquelas pessoas que entenderão facilmente e se adaptarão às exigências de uma empresa de processos de alto desempenho. Mas isso acontece ocasionalmente, e os resultados demonstram o enorme potencial de contratar ou formar profissionais.

O método tradicional de contratação é identificar uma necessidade e contratar alguém com as habilidades e experiência para fazer o trabalho, de preferência ao menor custo possível. Uma empresa voltada para processos não se preocupa muito com habilidades e experiência. Em vez disso, adota a filosofia "selecione o atleta e ensine o jogo". Em outras palavras, contratar pela *atitude* e *aptidão* torna-se uma maneira estratégica de encontrar as pessoas certas para uma empresa. Os mecanismos dos vários serviços podem ser ensinados facilmente para pessoas com o comportamento e a aptidão certas.

Dos dois critérios, encontrar pessoas com a atitude certa é o mais difícil de preencher. Atitude não é um fator normalmente considerado nas entrevistas tradicionais de emprego. Contanto que o candidato seja educado, preparado e profissional, não se avalia muito o comportamento. Também é difícil testar atitude, e praticamente todas as empresas desconhecem a verdade sobre os novos contratados talvez nos primeiros seis meses de emprego.

Mas numa empresa voltada para processos, identificar a atitude é parte importante da contratação. É de grande ajuda o fato de organizações centradas em processos geralmente submeterem o candidato a entrevistas com várias pessoas envolvidas em um processo específico. O candidato ideal deve ter duas qualidades importantes – saber trabalhar em equipe e pensar fora dos padrões – e cruciais, mas infelizmente escassas. Funcionários de empresas com mentalidade de silo estão condicionados a querer sobressair, desempenhar e ser notados. Eles buscam a satisfação do ego e promoção, não raro para o cargo do chefe. Raramente esses funcionários passam para outros departamentos, nos quais talvez não consigam se destacar. Mas aqueles que fazem a passagem podem ser exatamente o tipo de pessoa de que você precisa. Eles quase sempre têm uma visão abrangente e são competentes para trabalhar além das fronteiras funcionais. Adquirem uma reputação, na empresa, por suas realizações, visão e execução. São os proprietários de processos ideais.

A maior parte das empresas promove os benefícios do trabalho em equipe para seus funcionários. Mas empresas que se baseiam em processos muitas vezes ficam chocadas quando descobrem que muitos de seus funcionários *não* sabem trabalhar em equipe. Isso não significa que eles não trabalhem bem com outras pessoas, mas é difícil convencê-los a deixar de lado reconhecimento pessoal e promoções, visto que estarão trabalhando em equipe e serão avaliados e recompensados como equipe. Se tivéssemos de citar as características dessas pessoas, a lista incluiria trabalhar em conjunto, ajudar os demais, focar em resultados, ser trabalhador, trabalhar para o bem comum, desejar aprender e se distinguir, ter interesse em resolver problemas, ser capaz de enfrentar críticas construtivas, ser bom ouvinte e comunicador, estar disposto a ser um "herói desconhecido", ser ambicioso, mas não em detrimento de outros, e ser ousado, mas não agressivo. Que tal esse funcionário dos sonhos?

Aptidão consiste mais em ter habilidade de aprender e tende a variar entre as empresas. Um cargo na área de finanças requer aptidão de entender matemática, contabilidade, balanços e demonstrações financeiras, enquanto um cargo em uma empresa de utilidade pública ou da área científica exige capacidade técnica pertinente. Mas aptidão também inclui a habilidade de entender o que fazem os outros funcionários da empresa. Um profissional talvez não precise ser capaz de analisar uma demonstração financeira, mas precisa saber como o pessoal financeiro trabalha e o papel que desempenha no sucesso da empresa.

A Hills Pet Nutrition, fabricante da ração animal Science Diet, é uma empresa centrada em processos, com resultados financeiros que comprovam o valor de processos. Quando a empresa construiu uma nova fábrica em Richmond, Indiana, adotou a estratégia de aptidão/atitude para preencher 300 cargos. Os anúncios dos novos empregos provavelmente pareceram um pouco confusos para o pessoal de Richmond, porque enfatizavam o trabalho em equipe e declaravam explicitamente que não era necessário ter experiência fabril. Com mais de mil currículos, o gerente da fábrica e o pessoal de recursos humanos examinaram a pilha, procurando pessoas com o tipo de histórico que indicasse que elas eram muito motivadas e tinham habilidade de aprender novas maneiras de fazer as coisas. Entre os novos empregados, havia professores, que estão acostumados, afinal de contas, a transitar em um ambiente de aprendizado e ajudar seus alunos a trabalhar bem em conjunto. Policiais também foram contratados. Eles sabem tudo sobre regras (que é no que consistem os processos), pensam rápido e são peritos em trabalhar juntos para proteger uns aos outros em situações perigosas. Mas talvez o histórico mais invulgar entre os novos empregados pertencesse a pessoas com experiência militar, e não qualquer experiência militar. Vários novos empregados haviam servido em submarinos da Marinha dos Estados Unidos e revelaram-se ótimos funcionários. Afinal, se você trabalhou num submarino, envolveu-se intensamente em processos, recebeu treinamento multifuncional para realizar outras tarefas, caso um tripulante ficasse doente ou ferido, conscientizou-se da necessidade e benefícios do trabalho em equipe e tornou-se hábil na solução rápida e eficaz de problemas. Afinal de contas, se surgir uma discordância num submarino, ninguém vai sair para resolver as diferenças.

Não estamos dizendo que toda empresa que adota um sistema centrado em processos deve sair por aí contratando professores, policiais e tripulantes de submarino. O que queremos dizer é que, quando se procuram atitude e aptidão, nunca se sabe onde iremos encontrá-las.

A REGRA 20-60-20

A maioria das empresas a caminho de se tornar centradas em processos não poderá se dar ao luxo de contratar uma força de trabalho inteiramente nova. Não se preocupe, isso não é um problema. Quando iniciar a abordagem processual do trabalho, você ficará impressionado com o número de diamantes brutos entre seus funcionários. É verdade que muitos resistem à mudança e que reformular o processo de uma empresa representa uma mudança enorme. O organograma muda, cargos e descrições de cargo mudam, responsabilidades e o dever de prestar contas mudam e os sistemas de remuneração e recompensa são diferentes. Todavia, as pessoas certas entre seus funcionários encontrarão oportunidades estimulantes para si próprios, quando perceberem os enormes benefícios decorrentes do redesenho de processos. Elas se darão conta de que desempenhar uma função que é mais complexa, mais ampla, flexível e capaz de acrescentar grande valor não apenas será estimulante, mas também contribuirá mais do que qualquer outra coisa para garantir seus empregos. Eles não serão mais uma simples peça da engrenagem, mas sim a própria engrenagem. Eles se verão fazendo uma substancial diferença, tanto na empresa quanto para os clientes.

Ao longo dos anos, constatamos que, quando uma empresa inicia a transformação para uma estrutura central baseada em processos, descobre a regra 20-60-20. Cerca de 20% de seus funcionários adorarão a abordagem processual do trabalho. São aqueles que gostam de mudanças e prosperam em um ambiente inovador. Normalmente, são voluntários para novas iniciativas e são promovidos ou considerados para novas tarefas com frequência, desempenhando bem cada uma delas. Ficam empolgados com mudanças e geralmente frustrados com o *status quo*, não têm receio de se manifestar em reuniões e têm um fluxo constante de ideias novas e criativas, mesmo quando suas ideias passadas foram rejeitadas. Normalmente empenham-se em conhecer muita gente fora da empresa, porque querem conseguir apoio do maior número possível de pessoas para suas ideias ou mudança. Aqueles que têm muitos contatos na empresa e cujas ideias e opiniões são respeitadas podem tornar-se líderes da transformação se ocuparem altos cargos, ou trabalhadores de caso, se estiverem num escalão inferior. Nem todos na empresa estarão de acordo, e uma pessoa que pode influenciar outras a se empolgar e a entrar para a equipe tem um valor inestimável. Agarre-as. Elas geralmente dão excelentes projetistas nas equipes de desenho ou ótimos consultores internos. Mas atenção: se não aproveitar seu entusiasmo e habilidades e recompensá-las e reconhecê-las adequadamente, elas ficarão desanimadas. E se a empresa, por algum motivo, abandonar a iniciativa de reformulação de processos, elas começarão a procurar uma situação melhor em outro lugar. Circunstâncias econômicas serão motivo da saída de muitas delas. Obviamente, se a economia está estagnada, será mais difícil encontrar outras oportunidades, mas sabemos, por experiência própria, que, em uma economia em crescimento ou em um setor próspero, esses ativistas idealistas conseguem empregos em empresas mais bem preparadas para aproveitar seu talento e entusiasmo.

No início, outros 20% irão odiar a transformação baseada em processos, por mais que você explique os benefícios ou demonstre os resultados. Ou não entendem e temem o impacto que terá em seus empregos, ou detestam a ideia de mudança. Muitos suportarão e, com o tempo, se tornarão trabalhadores eficazes em um ambiente de processos. Com o tempo, parte daqueles que têm uma atitude negativa deixará a empresa voluntariamente, devido ao próprio desconforto, à falta de habilidades ou à falta de interesse em trabalhar em um ambiente de processos, que exige trabalho em equipe, responsabilidade e dever de prestar contas. Isso é bom. Você pode substituí-los por pessoas mais propensas a se desenvolver em um ambiente de processos.

Aqueles com quem você realmente precisa se preocupar são a pequena parcela entre os de má vontade que se tornam sabotadores. Alguns sabotadores são óbvios. Vivem se queixando ou enfatizando que as coisas eram melhores da forma antiga. Mas outros são dissimulados. Dizem as coisas certas nas reuniões, na frente do chefe, ou em público, mas, na realidade, trabalham para sabotar a iniciativa. Por mais incrível que pareça, às vezes você encontra esses "terroristas infiltrados" entre pessoas que foram identificadas, no ambiente tradicional, como de alto potencial e que exercem certo grau de influência. Para eles, trabalho em equipe significa que talvez tenham de dividir o centro das atenções. Eles temem se perder na multidão e não ser reconhecidos, recompensados ou promovidos com base em seu desempenho. Eles conhecem bem os processos e indicadores vigentes e os dominam, o que, em parte, os torna bem-sucedidos no ambiente tradicional. Mudança significa uma ruptura no que creem que se esforçaram tanto para conseguir. Um bom exemplo é Gary, vice-presidente de produção de um fabricante de produtos eletrônicos. Gary era uma pessoa verdadeiramente agradável, tranquilo e atencioso. Foi admitido pela empresa para recuperar uma fábrica em declínio, e teve êxito, o que lhe granjeou o cargo que ocupava. Quando a empresa decidiu partir para a transformação baseada em processos, como uma forma de revigorar o crescimento, Gary parecia ter aderido à iniciativa. Em reuniões, quase sempre fazia comentários positivos, mas geralmente também expressava certa "preocupação" com alguma faceta do trabalho processual. Levou muitos meses, mas acabou ficando evidente que Gary estava protegendo funcionários leais a ele, que não eram bons executores. Em vez de se tornar parte da equipe de processos, queriam fazer as coisas à sua maneira, e as "preocupações" de Gary davam cobertura a essa rebelião silenciosa. Somente quando o CEO começou a perceber que a produção estava se tornando um obstáculo à transformação por processos é que a empresa examinou com cuidado o desempenho de Gary no contexto do processo. Ele logo deixou a empresa, e um engenheiro que se tornara um defensor incrível do processo assumiu a vice-presidência de produção.

Como esse exemplo ilustra, terroristas infiltrados podem ser muito sutis em seus esforços para sabotar a mudança do processo. É preciso ficar alerta para perceber os indícios. Cuidado com alguém que quase sempre traz à baila uma opinião antagônica, alegando: "É o que estou ouvindo do pessoal." O que eles realmente estão fazendo é avaliar a reação à sua própria opinião. Outras táticas incluem atrasar o desenho ou implementação, inventando milhares de "e se isso, e se aquilo" e tentando encontrar argumentos adversos; encontrar outras pessoas que concordem com suas preocupações e falem abertamente, para que eles não tenham de fazê-lo; focar erros e criar um clima de medo e risco, como resultado de quaisquer erros cometidos. Todas essas coisas ficam comumente ocultas por trás de seus esforços para "proteger a empresa" ou "proteger o cliente". Quando encontrar uma dessas pessoas, dispense-a. Imediatamente. A única coisa que conseguem fazer é prejudicar seus esforços.

Seu verdadeiro desafio são os 60% que estão em cima do muro. Costumam ter a mente aberta, mas são indecisos e examinarão ambos os grupos de 20% para decidir de que "lado" ficar. Você precisará explicar repetidas vezes como e por que a reengenharia de processos melhorará as perspectivas da empresa e sua própria estabilidade no emprego. Faça isso através de treinamento constante e consistente, interações informais e, principalmente, envolvendo-os no processo. E não confunda alguém que se põe a fazer perguntas com um sabotador. Você não quer robôs; quer pessoas que pensem, que possam ressaltar ou descobrir alguns "e se isso ou aquilo" é importante, algo que os outros talvez não tenham percebido. Conversas face a face com essas mentes curiosas podem ser de grande auxílio, especialmente se lhes fizer perguntas como: "O que você tem ouvido falar sobre esta iniciativa?" Você pode lhes dar a cobertura necessária para exprimir suas outras preocupações. Depois, pode-lhes pedir ideias novas. "Como você sugere que lidemos com as preocupações deles?", essa é uma boa forma de cooptá-los e torná-los parte da solução. Eles também são ótimos em prever problemas no projeto, portanto envolva-os na revisão. Por último, devem participar do grupo de testes de comunicação e transmissão de mensagens. Obviamente, você deve reconhecê-los por sua participação e contribuição valiosa. Se forem influentes, outros verão seu profundo envolvimento, e isso transmite uma mensagem poderosa. Você também poderá enviá-los para examinar o que outras empresas estão fazendo pelo processo. Dessa forma, eles poderão apreender o que quiserem, apropriar-se das ideias e se tornar heróis.

É provável que você fique surpreso com o resultado dessas iniciativas, especialmente quando observa funcionários pacatos, que não são conhecidos por sua participação em momentos de inspiração, saírem da casca e tornarem-se contribuintes importantes. Isso aconteceu na Michelin. No antigo sistema, os funcionários nunca se manifestavam, mas hoje têm indicadores específicos e autoridade. A empresa estava tendo muitos problemas no final de cada mês, quando os vendedores se apressavam para cumprir metas, muitas vezes cotando preços aos clientes que não constavam das tabelas de preços da Michelin. O resultado era o caos. As faturas exibiam os preços da Michelin, não os preços que os vendedores haviam cotado. Clientes revoltados queixavam-se e recusavam-se a pagar. As contas a receber cresciam num ritmo alarmente. Quando a empresa adotou o processo *demand-to-cash* (DTC), o executivo encarregado do processamento de pedidos autorizou seu pessoal a rejeitar qualquer pedido do departamento de vendas que não exibisse os preços oficiais da Michelin. A princípio, o pessoal de recebimento de pedidos hesitava muito em dizer a um vendedor impetuoso que seu pedido estava sendo rejeitado. Porém, quando o processo começou a facilitar o fluxo e o faturamento de pedidos, o pessoal do recebimento percebeu seu valor e ficou mais confiante em dizer não. Com o tempo, até a força de vendas, não raro um dos ossos mais duros de roer, quando se trata de processo, passou a respeitar sua sensatez e autoridade, e os problemas de faturamento no final do mês basicamente desapareceram.

MEÇA, RECOMPENSE

Embora as empresas tenham centenas ou até milhares de medições sobre seu desempenho, muitas não desempenham muito bem. Paradoxalmente, todas essas medições são parte do motivo de seu fraco desempenho. Empresas que não têm bom desempenho muitas vezes estão medindo as coisas erradas e, portanto, promovendo o comportamento errado. É muito comum uma empresa avaliar atividades individuais e achar que cada atividade está sendo bem desempenhada. "Mas, se isso acontece, por que não estamos nos saindo melhor?", perguntam. Pense como se a empresa fosse uma pessoa de dieta. Se ela medir a quantidade de verduras que ingere diariamente, o quadro pode ser animador: pelo menos seis porções de verduras todos os dias. Isso é ótimo. Mas se ela estiver medindo apenas a ingestão de verduras e não prestar atenção a sobremesas, bebidas alcoólicas ou carne vermelha, é de admirar que ela não esteja perdendo peso?

O sistema de medição e recompensa tem o propósito de promover novos comportamentos, os comportamentos certos. Em resumo, ele mede colaboração e resultados do início ao fim, o desempenho total da organização, e não a soma total de todos os desempenhos parciais que ocorrem numa empresa tradicional. A diferença pode ser espantosa, como mostra o exemplo a seguir.

A Argent, Inc. tinha um sistema comum de medição e recompensa, o qual vinha sendo usado há anos. Os receptores de pedidos eram medidos pela exatidão do pedido. Afinal, um pedido incorreto pode causar todo tipo de dor de cabeça: devoluções, problemas de faturamento e clientes insatisfeitos. O problema era que os receptores de pedidos, que eram recompensados por pedidos corretos, checavam e rechecavam os pedidos. Isso levava tempo e várias ligações telefônicas, o que resultava em atrasos significativos para que o pedido entrasse em processo de produção. Em consequência, os pedidos eram exatos, mas os clientes ficavam muito descontentes por receberem seus pedidos com atraso. Quando a Argent tornou-se uma empresa baseada em processos, mudou a forma como os receptores de pedidos eram recompensados. Além da exatidão do pedido, eles, juntamente com outros no processo de atendimento de pedidos, também eram recompensados por fornecimentos pontuais. Os receptores de pedidos conservaram a preocupação de fazer as coisas da maneira certa, só que já não demoravam tanto.

Como mostra o exemplo da Argent, a maioria dos departamentos em uma empresa tradicional tem o próprio conjunto de indicadores, e o pessoal de cada um é avaliado de uma forma geralmente não vinculada ou alinhada com outros departamentos. Uma empresa voltada para processos, em contrapartida, avalia coisas que incentivam alinhamento e colaboração entre departamentos. Em geral, os indicadores de desempenho atingem um equilíbrio entre a voz da empresa (o que a empresa precisa para operar com eficiência) e a voz do cliente (o que o cliente quer e pagará para obter). Isso não significa que departamentos distintos não possam manter os próprios indicadores, só que, na hierarquia de mensuração, os indicadores de processos têm prioridade sobre os indicadores de departamentos. Os critérios certos de medição podem promover mudanças enormes no comportamento se os indicadores estiverem corretos, como podemos ver em uma empresa de alta tecnologia, com sede nos Estados Unidos, a Helseth Industries.

A Helseth tinha três processos básicos: Aquisição de Clientes, Cadeia de Abastecimento e Atendimento de Pedidos. Os departamentos de vendas e marketing faziam parte do processo de Aquisição de Clientes, os departamentos de materiais e estoque faziam parte do processo da Cadeia de Abastecimento e os departamentos de operações e logística faziam parte do processo de Atendimento de Pedidos. Embora cada um conservasse os próprios indicadores, todos os executores dos três processos também recebiam um indicador de voz do cliente (entrega pontual) e um indicador de voz da empresa (custo total para entregar o produto ao cliente) como parte de seu plano de remuneração. A política determinava que os indicadores de processos tinham prioridade sobre os indicadores funcionais. Como resultado da implantação de indicadores de ponta a ponta, juntamente com uma política de fixação de prioridades, a empresa conseguiu melhorar a entrega pontual em 84,6%.

Antes de se tornar uma organização centrada em processos, a Helseth tinha uma estrutura de departamentos tradicional, e cada departamento tinha os próprios indicadores de medição e recompensa. Como o pessoal de vendas da maioria das empresas, o da Helseth era avaliado com base em receitas, margens brutas e lucros, os indicadores financeiros padrão. O pessoal da cadeia de abastecimento era avaliado com base em níveis de estoque e custo do frete de retorno. Os funcionários de atendimento de pedidos eram avaliados com base em qualidade, entrega pontual e custo de mão de obra.

Na proposta para o cliente, o vendedor normalmente especificava uma data de entrega de 60 dias. Ele sabia que demorava um máximo de 25 dias para obter os vários componentes dos produtos da Helseth e que o departamento de produção levava 25 dias para produzir o sistema. Isso dava à Helseth 10 dias adicionais de folga, tempo suficiente na maioria das situações. Mas como o pessoal de vendas era avaliado parcialmente com base na margem bruta, eles se mantinham bem informados sobre o preço dos componentes que integravam os produtos da Helseth. Se a força de vendas ficasse sabendo de uma próxima redução no preço de um componente com duas semanas de antecedência, eles faziam o que seus incentivos mandavam que fizessem: seguravam o pedido por 15 dias, de modo que, quando o setor de compras encomendasse os materiais necessários, o custo refletiria a redução de preço sobre o componente e a margem bruta, sobre a qual a força de vendas era avaliada, aumentaria. Isso era ótimo para a força de vendas, mas não tão ótimo para o pessoal da cadeia de abastecimento. "Ah, não, temos de fazer isso rápido se quisermos despachar no prazo", essa era a reação típica. As peças eram encomendadas para entrega expressa (muito mais dispendiosa). Mesmo assim, o departamento de produção não tinha os 25 dias completos de que precisava para montar o sistema e entrava em pânico. Com pressa, o pessoal da produção fazia horas extras, a montagem era malfeita ou as peças ficavam danificadas, e o pedido tinha de aguardar a chegada de peças de reposição. Às vezes, a Helseth conseguia entregar no prazo, mas com frequência não conseguia. Seja como for, os custos de frete de recebimento e custos de mão de obra subiam vertiginosamente. A cadeia de abastecimento recebia bônus menores, da mesma maneira que o pessoal da produção, enquanto a força de vendas ganhava mais, porque aumentara a margem bruta.

Por fim, a Helseth decidiu redesenhar todo o processo do pedido e aplicar indicadores de ponta a ponta. Um dele era o indicador voz do cliente: entrega pontual. O outro era o indicador voz da empresa: custo total de produção e entrega do pedido. Ninguém medira o custo total antes e, no início, isso teve de ser feito manualmente, porque o sistema de TI da Helseth não dispunha do software para capturar esses dados. Ele não era preciso, mas era fiel o suficiente para dar à empresa uma noção do custo. Os resultados foram surpreendentes. Pela primeira vez, a força de vendas deu-se conta das implicações prejudiciais de reter um pedido para tentar incrementar seus ganhos. À semelhança da cadeia de abastecimento e das operações de produção, a força de vendas agora também era responsável pela entrega no prazo e mudou seu comportamento. Os pedidos eram apresentados logo que eram recebidos. As peças, enviadas por frete normal, chegavam com antecedência suficiente, e a produção conseguia fazer um trabalho de montagem cuidadoso, para assegurar que os clientes ficassem satisfeitos. E quase 90% dos pedidos eram atendidos no prazo ou antes da data prometida.

Os indicadores do processo não significaram o fim dos vários indicadores departamentais da Helseth. Os indicadores departamentais revelaram que tipos de negócio o pessoal de vendas estava fazendo, impediram o pessoal do estoque de exagerar no número de encomendas e fazer um estoque dispendioso, apenas para garantir que tivessem a peça certa quando fosse necessário, e ainda permitiram à produção programar horas extras se houvesse excesso de trabalho. Mas os indicadores do processo fizeram todos pensarem em servir o cliente enquanto conduziam as atividades da Helseth da forma mais eficiente possível. Para sustentar a mudança, a remuneração dos funcionários da empresa foi alterada para se alinhar aos indicadores.

Alterar sistemas de remuneração pode ser algo traumático, razão pela qual as mudanças com frequência são feitas gradualmente, com o tempo, muitas vezes em meses e, às vezes, até mesmo em anos. Uma boa oportunidade para se começar é na implementação de um desenho de processo. Durante simulações e fases piloto, as novas descrições de cargo e plano de remuneração também podem ser testados. Nos estágios preliminares da transformação, as novas descrições de cargo e o plano de remuneração são usados no novo processo, mesmo quando o restante da empresa ainda está usando recompensas e indicadores tradicionais. O objetivo é que o plano de remuneração passe a ter uma taxa básica especificada, suplementada por uma remuneração adicional que reflita os resultados do processo, a contribuição pessoal de um executor, o resultado geral da empresa, além de certo valor para recompensar a pessoa pela iniciativa de buscar evolução profissional. Eis um simples modelo, não desenhado em escala, da estrutura de remuneração em uma empresa baseada em processos:

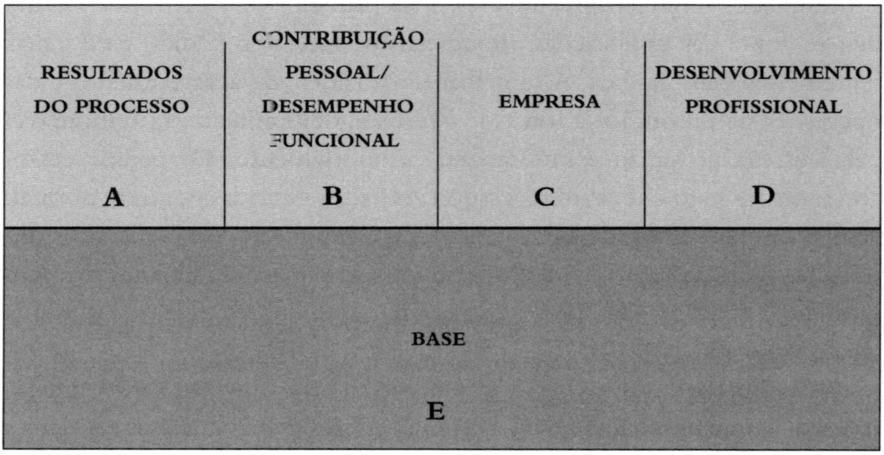

Resultados do processo focam o processo no qual o executor está trabalhando ou para o qual suas tarefas contribuem diretamente. Por exemplo, se alguém estiver trabalhando no subprocesso Gerenciamento de Fornecedores (do processo Cadeia de Abastecimento), o desempenho do processo pode equivaler à forma como se sai o subprocesso, ou também incluir uma parte do desempenho geral do processo Cadeia de Abastecimento.

Contribuição pessoal (desempenho funcional) não deve ser confundida com os resultados de cada indivíduo; em vez disso, é sua contribuição para o resultado final do processo. Isso incluiria de que forma a pessoa contribuiu para os resultados do processo Gerenciamento de Fornecedores.

Resultados da empresa não são questões típicas como um bônus baseado parcialmente no grau de desempenho da organização. Isso porque os bônus tradicionais geralmente estão tão distantes do controle dos funcionários que não conseguem exercer impacto direto sobre eles. Isso resulta em frustração ou desinteresse (deixando que outros os carreguem com eles). Em vez disso, os resultados da empresa avaliam como os vários processos se interconectam e o resultado desses processos interconectados. Por exemplo, de que maneira o processo Gerenciamento de Fornecedores se conectou com o processo Compra de Materiais, e como isso afetou o processo Cadeia de Abastecimento? Além disso, eles podem incluir de que forma o processo Cadeia de Abastecimento conectou-se com o processo Atendimento de Pedidos.

Finalmente, o *desenvolvimento profissional* para levar a empresa a níveis de melhorias contínuas e aumento de maturidade. Por exemplo, este indicador pode medir o entendimento do processo Compra de Materiais, de como o processo Cadeia de Abastecimento afeta o processo Atendimento de Pedidos, ou de como os dois juntos estão afetando os negócios em termos de custo e receita. Ele pode também medir habilidades de comunicação e negociação (necessárias para gerenciar fornecedores eficazmente), ou até como elaborar contratos com fornecedores com eficácia. Finalmente, também pode incluir o grau de desempenho do executor na solução de problemas com outros companheiros de equipe ou outros executores de processos.

Há alguns desafios inerentes à administração deste modelo. Por exemplo, uma pessoa que está ciente de que é avaliada por sua contribuição pessoal pode relutar em se afastar do processo para desenvolver novas habilidades e capacidades. Trata-se de uma preocupação legítima, especialmente se houver estreita ligação entre os vários processos, e qualquer negligência em um deles tiver efeito propagador nas fases inicial e final de outros processos. Equilíbrio é a solução. Assim como CEOs estão constantemente tentando equilibrar os desempenhos presente e futuro de suas empresas, uma organização centrada em processos precisa estabelecer equilíbrio e alinhamento para executar a estratégia empresarial. Portanto, à medida que mudam indicadores e recompensas dos executores de processos, os indicadores dos proprietários de processos e gerente de recursos também devem mudar, para ficar alinhados. Lembre-se: o proprietário do processo é responsável pelo desenho, o gerente de recursos e os executores que trabalham para ele são responsáveis pela implementação, e todos são responsáveis pelos resultados. Sistemas de recompensa aparentemente triviais também precisam ser reavaliados, especialmente o tradicional Funcionário do Mês e prêmios motivacionais semelhantes. Talvez você se lembre do seu tempo de escola, quando os alunos eram recompensados por nunca faltar às aulas. Por incrível que pareça, algumas empresas têm um programa semelhante. Que tipo de comportamento isso promove? As pessoas cambaleiam para o trabalho com gripe quando, para o seu próprio bem e o de colegas, elas deveriam ficar em casa, de cama, em vez de infectar todas as demais. Esses programas de incentivo deveriam ser completamente reformulados e redesenhados, para incentivar comportamentos corretos, e alinhados com o que se está tentando realizar através do processo. A mensuração determina o comportamento. Os sistemas de remuneração são justos, mas com frequência levam a um comportamento oposto ao que desejamos. Em uma empresa funcional tradicional, essas ferramentas motivacionais encorajam o heroísmo, e sabemos que não há lugar para heróis em nosso novo ambiente de processos. Heróis são sintomas de que o processo não está funcionando.

AVALIE, DESENVOLVA

É natural que novos esquemas de compensação levem a um sistema diferente de avaliação de desempenho. Em um verdadeiro ambiente de trabalho em equipe, como o de processos, um funcionário deve ser avaliado não apenas pelo gerente funcional a quem ele se reporta, mas também pelos membros da equipe. São eles que têm conhecimento profundo e pessoal da contribuição do colega para o desempenho da equipe, e eles podem ser tanto mais duros como mais benevolentes que os gerentes funcionais, dependendo de seu conhecimento mais detalhado sobre a situação do companheiro de equipe. Os proprietários de processos também opinarão nas avaliações, especialmente quanto ao cumprimento do processo. Todavia, gerentes funcionais ainda fornecem muitas informações e, em geral, continuarão a administrar as avaliações.

Os planos de desenvolvimento também têm um aspecto diferente em empresas orientadas por processos. Empresas tradicionais têm níveis hierárquicos rígidos, refletidos na frase "subir na hierarquia". O objetivo em uma organização como essa é conquistar promoção para o nível superior seguinte, o que acarreta mais responsabilidade e maior remuneração. Mas os objetivos de carreira em uma organização baseada em processos não são tão direcionados a "subir na hierarquia" como a ampliar o âmbito de influência e assumir funções cada vez mais importantes no trabalho processual. Pense no piloto de uma empresa aérea que começa como co-piloto e depois passa a ser piloto de uma pequena aeronave, geralmente para 19 passageiros. Em geral, seu objetivo de carreira não é se tornar vice-presidente sênior do grupo responsável por pilotos. Ao contrário, ele espera passar de uma aeronave para 19 passageiros, que realiza voos curtos, para voos transcontinentais e, depois, voos transoceânicos, cada qual com extensão, complexidade e responsabilidade crescentes. Ele pilota porque gosta de pilotar e é bom no que faz. Ele não precisa das habilidades de gestão de pessoal ou financeira associadas ao cargo de administrador, e tentar forçá-lo a uma trajetória gerencial não condizente com sua experiência ou aptidão é uma receita para o desastre. Aplique esse mesmo raciocínio a uma companhia de seguros voltada para processos, em que um perito de sinistros de nível básico começa a inspecionar acidentes com pequenas avarias em veículos de baixo preço. À medida que aprende e seu desempenho melhora, o perito pode tornar-se proprietário do processo para decidir questões com veículos de luxo e com avarias maiores. O executor evolui e passa a ter responsabilidades mais amplas e mais importantes, que têm impacto maior no desempenho financeiro da empresa e, portanto, geram aumento de valor. O executor está causando impacto na empresa sem estar na alta direção. Esse é o empoderamento que o processo pode promover.

HABILIDADES, CONHECIMENTO E TREINAMENTO

Profissionais que trabalham com processos precisam de habilidades e conhecimentos diferentes daqueles do trabalhador típico de uma empresa funcional tradicional. Habilidades são aquelas coisas que um trabalhador consegue fazer. Elas não estão limitadas a habilidades práticas, como calibrar um aparelho. De certa forma, elas podem ser definidas mais expansivamente, a fim de abranger tomada de decisões, resolução de problemas, dinâmica de equipe, comunicação, atividades do processo e autogestão. Conhecimento é o componente principal dessas habilidades "práticas", incluindo conhecimento sobre negócios, empresa, clientes, fornecedores e o que está acontecendo no setor.

Muito provavelmente, sua empresa tem um programa de treinamento e formação que fornece esses elementos, geralmente em forma de um currículo de desenvolvimento gerencial. Um currículo de processos é muito semelhante ao que você tem, mas vai além e inclui uma visão geral das mudanças de remuneração, um foco no processo, um entendimento dos processos da empresa e o modelo de processos de negócios, a voz do cliente e a voz da empresa, como os proprietários de processos trabalham, o que significa possuir um processo em contraste com possuir os recursos, e o conceito de redesenho. Esses programas são formidáveis e costumam produzir ótimos resultados, mas também exigem investimento significativo. Nossas pesquisas revelam que empresas que encaram com seriedade o investimento em processos aumentam seus orçamentos de treinamento e formação em 400% ou mais. Esse dinheiro é direcionado a vários objetivos, incluindo novas instalações e equipamentos quando necessários, mas principalmente para trazer instrutores externos e comunicar-se com todos os funcionários da empresa, em vez de ter apenas alguns como alvo. Em termos comparativos, o custo de conceber um novo desenho de processo e estabelecer indicadores é baixo, mas sem o investimento para treinar pessoal e o fornecimento de infraestrutura para que possam executar seu trabalho, o processo não funciona.

Todos nós já ouvimos – e talvez repetimos – o antigo clichê "Nossos funcionários são nosso ativo mais valioso". A recessão de 2008 provou que isso não é verdade, pois vários milhões de "ativos" foram demitidos. Porém, investir no desenvolvimento de funcionários, que trabalham com foco em resultados, é a forma de realmente transformar pessoas em ativos. Um funcionário voltado para resultados é um instrumento de desenvolvimento e retenção de negócios que traz verdadeiro valor para a empresa.

TECNOLOGIA: VIABILIZADORA OU IMPEDITIVA?

Muitas vezes, a infraestrutura tecnológica de uma empresa focada em processos é confundida com a necessidade de automatizar. Certamente, existe uma sinergia incrível entre processo e automação. Mas muitas empresas não entendem bem. É possível ter processos de alto desempenho sem tecnologia, mas combinar tecnologia com processos de alto desempenho pode ser um divisor de águas. Porém, é fundamental acertar na ordem. A tecnologia *segue* o processo, e não o contrário. Se estas duas etapas forem executadas fora de ordem, ou se a etapa do processo for negligenciada ou ignorada, isso causará problemas dispendiosos. Quando se automatizam processos ineficazes, os maus resultados surgem com mais rapidez.

Isso não é falha do setor de TI, mas da infraestrutura que lhe dá suporte. Em empresas funcionais, o chefe de um departamento encomenda ao setor de TI a construção de um novo sistema para solucionar um problema dentro de determinado orçamento. Isso sobrecarrega o departamento de TI, que acaba criando ilhas de automação difíceis de integrar. Assim, muitos dirigentes de TI ficam frustrados porque seus clientes internos pressionam para que seus projetos sejam concluídos rapidamente, depois protestam porque "não era isso que queríamos, vocês estão atrasados e estouraram o orçamento".

Há um modo de acabar com essa frustração: focar o processo de ponta a ponta primeiro, depois aprimorá-lo através da tecnologia. A empresa de alta tecnologia, sobre a qual falamos anteriormente neste capítulo, queria reduzir o tempo de processamento de cotações de 48 horas para 10 minutos. O padrão de desempenho dos concorrentes da empresa era 4 horas. O orçamento permitia alguma automação, mas, a princípio, a equipe de projeto sensatamente redesenhou o processo, para alcançar um tempo de processamento de 30 minutos, sem automação. Somente então a automação foi aplicada, para conseguir os 20 minutos adicionais.

A tecnologia da informação deve estar estreitamente integrada ao processo, para apoiar e dinamizar o projeto de execução de atividades, mas também deve fornecer dados alinhados com novos indicadores, de que executores, gerentes e proprietários de processos precisam para tomar decisões. Com frequência, há o impulso de trabalhar segundo a forma como a tecnologia foi projetada, em vez de focar o desenho, para atingir metas, e a tecnologia, para obter suporte. Isso é comum na implementação de um sistema de planejamento de recursos empresariais, como o SAP ou o Oracle. São ótimos sistemas, que podem levar o desempenho a um patamar superior. Mas primeiro você precisa definir seu desenho, depois configurar o sistema de TI, para que se relacionem com maior adequação e para aprimorar ao máximo o desempenho do desenho do processo.

A FUNÇÃO MUTÁVEL DO GERENTE

Lembre-se do processo de instalação da concessionária de energia, que descrevemos na primeira parte deste capítulo. Imagine como seria se o trabalhador de caso fosse um de seus subordinados diretos. Seria difícil vigiar de perto suas atividades todos os dias, porque cada dia seria diferente, e isso seria algo complexo, vago e até caótico. Em empresas de alto desempenho, os profissionais são mais autônomos, podem tomar decisões e têm alto grau de responsabilidade. Eles não precisam de supervisão atenta, especialmente não o tipo de controle nos mínimos detalhes a que se dedicam muitos gerentes tradicionais. Em lugar disso, precisam que seus gerentes assumam novas funções, como as de proprietários de processos e orientadores. Nós abordamos a função de proprietário do processo em um capítulo anterior, mas vamos nos dedicar um pouco a reexaminar a função de orientador, também conhecida como gerente de recursos.

Em nosso exemplo da concessionária de energia elétrica, a função do trabalhador de caso é uma parte essencial do processo. Pessoas que preenchem funções essenciais são recursos, merecedoras de investimento em treinamento, formação e desenvolvimento. Esse investimento, por sua vez, reduz a necessidade de gerenciamento com participação ativa, já que os trabalhadores são mais autônomos e não precisam de tanta orientação. Isso dá ao gerente tradicional a oportunidade de se dedicar menos à administração de tarefas e mais a funções novas ou diferentes. Algumas delas voltam ao "verdadeiro trabalho" e contribuem diretamente com valor agregado. Com frequência, empresas tradicionais premiam engenheiros ou vendedores fantásticos ao torná-los gerentes de equipes de engenharia ou de vendas, tirando-os do trabalho que realizavam bem e apreciavam. Presumimos que, porque se destacam em uma função, eles deveriam ser capazes de (ou desejariam) liderar uma equipe de engenheiros ou uma força de vendas. Embora isso não faça sentido em termos de resultados, é dessa forma que o sistema interno é projetado para reconhecer contribuição e desempenho. Sem muitas outras opções dentro da empresa, eles aceitam a oportunidade entusiasticamente. Porém, em uma empresa de alto desempenho, orientada por processos, com os sistemas certos funcionando, para possibilitar resultados e reconhecer diferentes meios de contribuição, há novas oportunidades de reconhecimento e remuneração, além da tradicional "luta pela única vaga de vice-presidente", que existe hoje.

EXECUTORES E INFRAESTRUTURA – O QUE SE PODE E O QUE NÃO SE PODE FAZER

- Aproveitar a contribuição daqueles que executarão o processo, incluindo alguns deles na equipe de desenho.
- Criar novos planos de treinamento e desenvolvimento para as novas funções do processo, a fim de aliviar os receios entre pessoas cujos indicadores de desempenho irão mudar.
- Redesenhar o processo primeiro e, em seguida, avaliar como a tecnologia pode aprimorar ainda mais seu desempenho.
- Assegurar que os novos indicadores estejam alinhados com remuneração e premiação, para prevenir confusão entre os executores.

- Não permitir que as fronteiras interdepartamentais e os orçamentos o impeçam de criar a combinação certa de atividades, ou de ter as pessoas certas executando as tarefas do novo processo.
- Não realizar a simulação ou o teste-piloto do novo processo sem também testar as funções dos novos executores, remuneração, organograma e outras mudanças.
- Não permitir que a tecnologia comande o processo.
- Não avaliar desempenho sem pedir que executores, o proprietário do processo e os gerentes funcionais forneçam informações.

Capítulo 5

Liderança e cultura

REALIZANDO MUDANÇAS QUE DÃO CERTO

Se fizermos uma pesquisa sobre da palavra-chave "liderança" no catálogo da Baker Library, da Harvard Business School, aparecem mais de 12 mil itens. A Amazon tem à venda mais de 2 mil livros sobre o tema liderança. Buscar "liderança" no Google produz 188 milhões de resultados em uma fração de segundo. E a correspondência diária contém pelo menos um anúncio de um novo seminário ou conferência ou série de vídeos sobre o tema liderança.

O tópico não carece de falta de atenção.

Então por que este livro precisa de um capítulo sobre liderança? Já não se disse tudo o que poderia ser dito sobre o assunto?

Na verdade, não. Além do fato de que a maior parte do que se escreve sobre alguma coisa com frequência é inútil, nossa preocupação não é com liderança em geral ou na teoria, mas com um tipo muito especial: a liderança da transformação empresarial, que é centrada em processos de negócios completos. Por um lado, isso limita nosso leque de preocupações; por outro, e ainda mais importante, aumenta significativamente o potencial de riscos da liderança e aumenta as exigências sobre os líderes, já que a transformação baseada em processos é a mudança mais ampla e abrangente que a maioria das empresas algum dia irá experimentar. Grande parte da sabedoria convencional sobre liderança é insuficientemente objetiva ou inadequadamente eficaz para os desafios que a transformação por processos apresenta a seus líderes. Então nos prontificamos a ajudar.

Por que liderança é tão crucial e exige tanta perícia e esforço na transformação baseada em processos? Vamos simplificar. A transformação por processos muda toda a cultura de uma empresa. Muda a estrutura do trabalho feito na empresa (o desenho dos processos); muda as tarefas das pessoas; muda a forma como as pessoas e seu trabalho são avaliados e como são remunerados; muda relações e funções gerenciais; e muda os sistemas usados pelos funcionários e por meio dos quais são gerenciados. Em resumo, a transformação por processos muda tudo em uma empresa, e não em pequena medida. São mudanças enormes, uma reordenação fundamental da cultura vigente há anos. E, se isso não for suficiente, todas essas mudanças ocorrem simultaneamente.

Esse tipo de mudança cultural ampla, profunda e radical não acontece de forma orgânica ou por si só. Ela não emana da base. Não é espontânea como os números musicais de um filme com Judy Garland e Mickey Rooney. A transformação baseada em processos normalmente começa com os profissionais abaixo da alta direção, mas a cúpula precisa apoiá-la no devido tempo. Somente altos gerentes têm autoridade para requerer, ordenar, conduzir, financiar uma mudança como essa. Tampouco é suficiente que um líder desses inicie a transformação por processos e, depois, se retire da luta. Mudança em grandes proporções, como a que a transformação por processos acarreta, inevitavelmente provoca ansiedade, medo e resistência, e essa resistência surge sob muito mais formas e aparências do que se pode imaginar. Somente um líder sênior tem influência e poder para enfrentar essa resistência, especialmente porque, não raro, ela é mais acentuada entre outros altos executivos.

Em poucas palavras, o papel do líder é fazer a transformação acontecer, seja o que for que isso implique. O líder é aquele que formula a visão para a iniciativa de transformação; determina objetivos, prioridades e tempo de duração; fornece os recursos necessários; nomeia os proprietários de processos e outros profissionais-chave; convence todos de que a transformação é vital para a empresa; exige e assegura a participação de funcionários em todos os escalões da empresa; elimina barreiras e obstáculos; aplica as consequências àqueles que atrapalham e as recompensas àqueles que contribuem; e mantém a iniciativa em andamento nas inevitáveis horas sombrias da transição. E, a propósito, nas horas vagas, o líder também mantém a empresa funcionando.

Como seria de se esperar, mostrar-se à altura desse desafio não é fácil, mas não há escolha. Sem liderança comprometida, empenhada e forte, a transformação baseada em processos não decolará; se, por acaso, isso acontecer, ela estará fadada ao fracasso. Já vimos muitas empresas iniciarem a transformação de ponta a ponta, e até alcançarem alguns resultados, antes de sair dos trilhos devido a uma liderança fraca e inadequada. Uma breve amostra:

- Um fornecedor da indústria automotiva viu-se, após cinco anos de discussão, ainda na fase de planejamento, porque o grupo de liderança era hesitante e tinha medo de agir.
- Um fabricante de equipamentos pesados abriu mão de uma bem-sucedida iniciativa de transformação por processos, porque o novo CEO não a entendeu e estava interessado em técnicas de melhoria incremental que o satisfizeram bem na empresa anterior.
- Uma empresa de serviços financeiros viu seu programa perder toda a credibilidade porque foi delegado a um gerente incompetente, que fez promessas exageradas, mas não conseguiu cumpri-las.
- Os planos de transformação de uma rede de supermercados deram errado quando o CEO recuou diante de protestos de gerentes divisionais, que temiam que o processo enfraquecesse sua autonomia.
- Um fabricante de bens duráveis abandonou sua iniciativa de transformação por processos para focar em e-business, durante a bolha das empresas pontocom, depois em terceirização, depois na implementação de sistemas integrados de gestão empresarial (ERP) e, por fim, em integração da cadeia de suprimentos, porque os líderes da empresa não entenderam que todas essas questões poderiam ser mais bem compreendidas e abordadas através das lentes de um processo.

Os líderes dessas empresas absolutamente não eram líderes. Eles não sabiam o que significava um processo de ponta a ponta e o que isso envolvia; faltava-lhes propensão para agir e conseguir resultados, mente independente e força de espírito necessárias para se comprometer com um novo sistema, empenho pessoal e acompanhamento para garantir que a iniciativa mantivesse o rumo, determinação para sufocar a resistência e convicções ou autoconfiança. Infelizmente, essas carências são todas preponderantes.

Uma das queixas mais violentas com que deparamos foi em forma de um memorando escrito por um grupo de gerentes de nível médio, de uma grande empresa industrial, cujo nome vocês reconheceriam de imediato. Nós o mencionamos com frequência a nossos clientes e, a cada vez, todos aprendemos com ele. É uma espécie de *samizdat* corporativa, uma daquelas publicações clandestinas de dissidentes dos tempos sombrios da União Soviética, que eram passadas de mão em mão pelos membros do movimento de resistência. Leia e chore.

> Temos sido uma clássica empresa funcional. Estamos evoluindo para uma empresa baseada em processos, mas carecemos de qualquer programa sistemático de mudança organizacional. Cada departamento está tentando efetuar o mínimo possível de mudança, para preservar o departamento e a rotina do dia a dia. Os departamentos dizem: "Nós controlamos esses dados", ou "Não fazemos isso dessa forma", ou "Não há lugar no organograma para isso". Grupos *ad hoc* estão criando novos paliativos. Parece que estamos substituindo um conjunto de procedimentos complexos por outro. A gerência teme o advento de processos e está tentando proteger seu território. Os novos processos estão sendo comprometidos diante da resistência organizacional.
>
> Há relutância da parte da alta direção em tomar uma decisão definitiva. Eles não insistem no verdadeiro progresso e parecem não se interessar. Aprovam as partes conhecidas, mas as menos conhecidas são as mais importantes. Desejamos, sinceramente, que a liderança da empresa mude essa orientação funcional e coíba a resistência à mudança.
>
> Tememos pelo sucesso desse programa.

Não há demonstração mais clara de por que a transformação centrada em processos requer liderança nem uma descrição mais eloquente do que se exige dessa liderança. A transformação por processos inevitavelmente provoca oposição das pessoas, especialmente de chefes de unidades de negócio e funcionais, que se sentem mais à vontade com o jeito antigo de fazer as coisas. Sem a intervenção da liderança, a oposição condenará a iniciativa.

O que talvez seja mais desalentador a respeito dessa declaração é o fato de que, na época em que foi escrita, havia altos executivos nessa empresa que acreditavam estar fazendo um ótimo trabalho na liderança da organização e de seu programa de transformação. Para entender por que eles estavam errados, vamos interpretar um pouco da fraseologia, para ver o que a liderança transformacional verdadeiramente exige.

- *"Carecer de qualquer programa."* Liderança não consiste apenas em carisma pessoal. Consiste em criar um programa disciplinado que nos leve ao nosso objetivo.
- *"Relutância em tomar uma decisão definitiva." Definitiva* é a palavra-chave aqui. Aqueles líderes que contemporizam, que transigem ou que esperam que os problemas se resolvam sozinhos absolutamente não são líderes.
- *"Não insistem no verdadeiro progresso."* Grandes mudanças não podem ser um exercício opcional ou uma atividade voluntária. Líderes verdadeiros não pedem resultados; eles os exigem.
- *"Parecem não se interessar."* Essa talvez seja a acusação mais condenatória de todas. Para promover grandes mudanças em toda uma empresa, o líder precisa estar profundamente interessado. Você não pode contagiar os demais com seu entusiasmo se você mesmo não se sente entusiasmado. *Paixão* é o requisito mais importante de um líder transformacional.
- *"Eles aprovam as partes conhecidas."* Para ser eficaz, um líder deve estar preparado para acompanhar a lógica de uma grande mudança, qualquer que seja seu rumo. Um líder que declara que certas áreas são inacessíveis, ou que não compreende todas as implicações do que está acontecendo, não é líder de maneira alguma.

Considerando o alto grau de exigências da transformação e o insucesso evidenciado por essas histórias desanimadoras, você pode perder a esperança na possibilidade de liderança. Não deixe que isso aconteça. Empresas que têm êxito com a transformação por processos – e são muitas – só conseguem ser bem-sucedidas porque são afortunadas por contar com líderes que se mostram à altura das circunstâncias. Esses líderes se apresentam numa variedade de tipos muito maior do que se pode imaginar, e será muito instrutivo conhecê-los. Com suas histórias e experiências, podemos aprender o que é preciso para ocupar o cargo de líder e cumprir seus deveres.

COMANDANDO A REVOLUÇÃO

Você não precisa ser o principal executivo para fazer as coisas acontecerem, mas precisa pelo menos de aprovação tácita do topo. "O topo" não significa necessariamente a cúpula da empresa; podem ser os superiores de uma parte da empresa, contanto que essa parte tenha verdadeiros processos de ponta a ponta. Tom Purves estava bem distante do CEO da Shell Oil, mas iniciou uma revolução que está transformando a terceira maior empresa do mundo.

Tom Purves não se encaixa no estereótipo de líder empresarial de Hollywood. É natural do Meio-Oeste, corpulento, amigável e comedido, com mestrado em engenharia química pela Iowa State University. Começou na Shell como engenheiro de fábrica, resolvendo problemas em refinarias. Subiu por seus próprios méritos, supervisionando vários aspectos de operações e manutenção em várias refinarias diferentes, até que, em princípios dos anos 1990, viu-se como diretor de produção de uma das refinarias da Shell, nos Estados Unidos, e muito frustrado.

Para compreender o dilema que Tom enfrentava, você precisa conhecer um pouco do funcionamento de uma refinaria de petróleo. Uma refinaria é um vasto complexo químico, que se estende por centenas e até milhares de acres. O petróleo bruto passa por todos os tipos de unidade de processamento, que o decompõem em vários produtos, removem o nitrogênio e o enxofre dos produtos, os misturam de maneiras diferentes, e assim por diante. Essas unidades são máquinas enormes que funcionam a altas temperaturas e sob alta pressão; são ligadas umas às outras e a tanques de armazenagem por milhas e milhas de tubulações, equipadas com um grande número de válvulas, bombas, monitores e medidores.

Há uma velha piada que diz que, na fábrica do futuro, haverá apenas duas criaturas vivas: um homem e um cachorro. A função do homem será alimentar o cachorro, e a do cachorro será garantir que o homem não toque nos equipamentos. Uma refinaria de petróleo ainda não chegou a esse ponto, mas caminha nessa direção. O equipamento da refinaria faz o trabalho; a função do pessoal é assegurar que o equipamento esteja funcionando direito. A maior parte das pessoas que trabalha em uma refinaria pode ser dividida em três categorias. Operadores da sala de controle ficam em um recinto que parece o Centro de Controle de Missões da Nasa e monitoram centenas de instrumentos que indicam a condição de todo o equipamento e o que está fluindo pelo sistema; eles ajustam o fluxo e adotam medidas quando parece haver problemas. Não raro, essas medidas envolvem a chamada de trabalhadores externos, que fazem a manutenção básica do equipamento, como a troca de filtros. Por fim, há o pessoal de manutenção profissional, os mecânicos, os soldadores e os eletricistas, que são chamados para a execução de tarefas complexas, como remover e substituir uma bomba com defeito.

Garantir que o equipamento esteja funcionando é o elemento vital de uma refinaria. E devido ao fato de uma refinaria ter tantos equipamentos que operam sob condições extremas, a manutenção não é uma preocupação ocasional, mas diária. As refinarias são fechadas regularmente para manutenção de grande porte, mas o resto do tempo elas têm de funcionar, com a manutenção corrigindo problemas rapidamente, assim que ocorrerem. A refinaria de Tom tinha um tempo de paralisação não planejado de mais de 10%, um número embaraçosamente alto. Tom conta que gastava muito tempo "espinafrando os caras da manutenção", para que se esforçassem mais, até que percebeu que não era culpa deles. Eles trabalhavam individualmente e executavam suas funções, mas não havia coordenação entre eles. Por exemplo, suponha que um operador da sala de controle perceba que uma bomba precisa ser substituída e paralise uma unidade até que isso ocorra; um trabalhador externo precisa ser avisado para interromper o fluxo para a bomba, drenar o petróleo de seu interior e limpá-la com jatos d'água, a fim de que o mecânico possa fazer sua remoção e conserto. Porém, o trabalho desses três funcionários era tão mal coordenado que podia demorar muito para o trabalhador externo ser informado do problema, ou o mecânico podia aparecer antes que o serviço do trabalhador estivesse concluído. O resultado é que a unidade ficava inativa por muito mais tempo do que deveria.

Intuitivamente, Tom percebeu que o verdadeiro problema era falta de coordenação entre trabalhadores de diferentes silos funcionais, então, quando encontrou o conceito de processo de uma ponta a outra, fez-se a luz. Ele decidiu empregar na manutenção um sistema oriundo do setor aeronáutico, chamado *reliability-centered maintenance* (manutenção centrada na confiabilidade), e assim criou um novo processo de ponta a ponta, chamado RCM. A ideia era que fossem mais proativos e mais disciplinados com referência à manutenção, e não apenas correr de uma crise para a outra. Um aspecto essencial do novo processo é a reunião diária entre engenheiros e trabalhadores externos, para avaliar o que dizem os dados sobre o desempenho do equipamento e elaborar uma lista de atividades do que deve ser feito naquele dia, por quem e quando, que é distribuída a todos os envolvidos.

Tom também aplicou o pensamento voltado para processos a um processo que chamou de Ensure Safe Production (ESP), que levou trabalho em equipe e disciplina aos funcionários da sala de controle. No passado, cada trabalhador tinha uma opinião diferente sobre situações que justificavam atenção. Quando um alarme disparava, trabalhadores distintos reagiam de maneiras distintas, com o resultado de que alarmes graves podiam ser negligenciados. O mantra do ESP era "Conhecemos nossos limites, e tudo sempre funciona dentro desses limites". Havia clareza no que significavam os dados fornecidos pelos aparelhos, e o que exatamente precisava ser feito em que circunstâncias. O novo processo também formalizou a passagem de um turno para outro. O turno de saída tem a responsabilidade de examinar aspectos específicos de desempenho dos equipamentos com o turno que está entrando. O processo também englobou uma reunião formal diária na sala de controle, entre trabalhadores e engenheiros, supervisores, pessoal da manutenção e outros, que proporcionava uma avaliação estruturada de desempenho dos equipamentos. Em outras palavras, o que antes era assistemático tornou-se disciplinado. O novo processo também conferia mais responsabilidade aos trabalhadores, de seguir o processo e de prestar contas de seu desempenho; as outras disciplinas funcionais foram posicionadas para apoiar os trabalhadores, que arcavam com a responsabilidade.

A implementação dos processos RCM e ESP teve resultados excepcionais: as paralisações não planejadas tiveram uma queda abrupta: de 10% para 3%. Tom não era CEO da Shell quando fez isso acontecer; ele não era nem dirigente da refinaria. Mas estava determinado a fazer alguma coisa sobre o desempenho da refinaria, tinha uma visão do que podia ser conseguido e entusiasmo para tornar isso realidade. Ele não tinha autoridade suficiente sobre os vários departamentos envolvidos no processo, para fazer que o seguissem. Os funcionários estavam dispostos a levar a sério as ideias de Tom, embora fossem radicais, porque sua experiência e sua postura realista conquistaram o respeito deles. Ele também contava com o apoio de seu chefe, o dirigente da refinaria, e os resultados que ele conseguira com a implementação do RCM e do ESP deram a ele e aos processos muita credibilidade na empresa.

Os resultados conquistados por Tom chamaram a atenção de outras refinarias, que também adotaram o RCM e o ESP. Nós definimos o líder da transformação como a pessoa que faz acontecer. Tom certamente merece essa definição. A princípio, ele fez acontecer não por meio de força e autoridade, mas através de influência e do poder de uma ideia. Tom é o Johnny Appleseed da transformação na Shell, expandindo o poder do processo de ponta a ponta em toda a empresa. Ele usou a força de fatos irrefutáveis para ajudar líderes de outras refinarias a engolir a pílula de processos; ele organizava reuniões com representantes de diferentes refinarias, para que pudessem ouvir em primeira mão o que estava sendo realizado em outros locais e se equipassem para poder divulgar as informações. Tom não se deixava desanimar, apesar da reação apática (na melhor das hipóteses) de alguns colegas e superiores. Ele era um homem com uma missão.

Há um provérbio sábio, mas sarcástico, que diz: "Para toda boa ação, existe uma punição." Em pouco tempo, Tom foi promovido ao cargo de principal executivo da refinaria Port Arthur, da Shell, uma das maiores refinarias de petróleo dos Estados Unidos. Era sua oportunidade de aplicar a transformação baseada em processos em escala ampla, porém ela veio acompanhada de novos desafios. A Shell adquirira a Port Arthur de outra empresa, e tanto a equipe administrativa como o pessoal da linha de frente eram céticos em relação a toda essa coisa de processos. Além disso, Port Arthur era muito maior que as instalações anteriores, onde ele introduzira processos com sucesso. O desafio de Tom era fazer todos os 1.200 funcionários da refinaria entenderem que se tratava dessa coisa de processos e a aceitarem.

Uma de suas primeiras medidas foi livrar-se dos indesejáveis gerentes teimosos. Citando uma conhecida máxima no mundo de transformação por processos, Tom disse a seus gerentes: "Vamos empreender uma jornada. Nessa jornada, carregaremos os feridos e mataremos os retardatários." Em outras palavras: *Se precisar de ajuda, você a terá, mas, se tentar retardar nosso progresso, nos livraremos de você.* E foi o que ele fez.

Mas isso não daria certo com os mil funcionários de linha de frente. Tom teve de convencê-los a acompanhá-lo na jornada. A tática de Tom foi martelar continuamente na tecla de processos, até perceberem que ele falava sério. Tom entrava na refinaria, nas salas de controle e saía em campo para conversar pessoalmente com os trabalhadores e o pessoal da manutenção. Ele lhes explicava continuamente não apenas o que estava tentando realizar, mas a razão – o objetivo da transformação baseada em processos não era somente ganhar mais dinheiro para os acionistas da Shell, mas capacitar a Port Arthur a permanecer uma refinaria viável, com empregos para seu pessoal, e a ser um lugar seguro para trabalhar. É clichê dizer que um líder tem de se comunicar, se comunicar, se comunicar. A experiência de Tom mostra que isso é uma meia verdade. Ele calcula que, em cinco anos, repetiu "cinco milhões de vezes" seu mantra básico dos cinco objetivos da transformação baseada em processos:

- Não prejudicar ninguém
- Cumprir 100% de todas as regras e regulamentos
- Executar completamente o processo
- Proporcionar melhores resultados financeiros
- Trabalhar com o menor custo sustentável

Tom reunia-se em pequenos grupos com todo o pessoal da linha de frente, explicando as ideias dos novos processos, quais seriam suas funções pessoais e o que se esperava deles. Mesmo depois de todos terem ouvido a mensagem, ele sempre a repetia, com receio de que, se parasse, o pessoal poderia pensar que ele não falava mais a sério. Tom também recrutou seus gerentes para esse esforço de comunicação, certificando-se de que eles entendiam a história dos processos tão bem que poderiam ensiná-la aos outros.

Tom também precisou mudar a forma como o pessoal pensava e se comportava em Port Arthur. Percebeu que tinha de usar seus gerentes para entrar em contato com os trabalhadores e moldá-los, mas primeiro ele precisava transformar os gerentes. Com esse objetivo, instituiu uma reunião gerencial diária, realizada 365 dias por ano, visto que refinarias de petróleo não fecham nos fins de semana e feriados. Essa reunião é, em essência, uma contrapartida da gerência às reuniões com equipes de trabalhadores, que são fundamentais para os processos ESP e RCM. Na reunião gerencial, os chefes de turma mais próximos da linha de frente sentam-se no centro, e os gerentes de nível mais elevado enfileiram-se ao redor deles, para reforçar a ideia, incorporada nos processos RCM e ESP, de que na linha de frente estão as pessoas mais importantes da refinaria, e que a função de todos os outros é apoiá-las. Essa reunião gira em torno da análise de processos e de seus indicadores. Os gerentes apresentam dados de desempenho dos processos, os explicam, interpretam e descrevem o que fizeram em decorrência desses dados.

Tom usava as reuniões para forçar seus gerentes a internalizar os processos e a pensar em termos de processos. Ele comparecia a elas sempre que estava na refinaria. Se não comparecesse, estaria dando a entender que não eram importantes. Quando um gerente exibia o tipo de pensamento e comportamento que Tom desejava, era reforçado. Quando um gerente se limitava a apresentar dados, Tom desafiava o profissional, exigindo que os dados fossem explicados, e perguntava o que fora feito a respeito deles.

Liderança não é algo que se pode exercer por controle remoto. Altos líderes precisam ser empenhados, diariamente, ou as pessoas voltarão à velha e arraigada maneira de pensar e se comportar. Como resultado da participação ativa de Tom, o pensamento voltado para processos foi institucionalizado na Port Arthur. Os instrumentos que ele usou para transformar Port Arthur também foram reproduzidos em toda a Shell.

A liderança de Tom trouxe enormes benefícios. O tempo de paralisação não planejado, que superava 8% quando ele chegou, entrou em queda livre, atingindo 2,8%, o melhor do mundo. Talvez o fato mais importante é que o exemplo de Tom fez todas as outras refinarias da Shell adotarem a transformação voltada para processos e os processos que ele criou. Atualmente, Tom está conduzindo transformações em todas as refinarias da Shell no Golfo do México. Sua experiência nos lembra que uma única pessoa decidida, munida da força de uma ideia poderosa e do entusiasmo para concretizá-la, pode mudar o mundo.

AS PARTES DIFÍCEIS

Liderança é visão e empenho, mas também consiste em tomar medidas difíceis e até mesmo penosas para garantir que sua empresa chegue aonde precisa estar. Jim O'Brien demonstrou isso quando liderou a transformação da Ashland.

Se você pensa que tem problemas, imagine se estivesse às voltas com as dificuldades que Jim estava enfrentando em 2002. Aos 47 anos, ele acabara de ser nomeado CEO da Ashland, um conglomerado de US$5 bilhões de empresas de produtos químicos e derivados de petróleo. Sua unidade mais conhecida é a Valvoline, fabricante de grande número de produtos para manutenção de veículos. Infelizmente, ela estava prestes a perder sua unidade de refinação e comercialização de petróleo, que era responsável por cerca de metade das vendas da empresa e de todo o lucro. Essa unidade estava para ser comprada por outra empresa petrolífera, segundo as condições de um complexo acordo de joint venture firmado entre as duas empresas alguns anos antes. Para Jim, sobraria uma miscelânea de empresas, desde pavimentação de estradas até tratamento de água, a maioria lutando para sobreviver, tanto operacional como financeiramente. É provável que ele tenha se perguntado por que aceitara o cargo de CEO.

Outros funcionários da empresa imaginavam se Jim, um veterano com 22 anos de serviço na Ashland, se mostraria à altura do desafio. Mas Jim não era o típico CEO. Ele cresceu numa cidade pequena e avançou com esforço e dificuldade, carregando caixas em um armazém, misturando ingredientes na linha de produção de uma empresa de alimentos, assentando trilhos de trem e vivendo numa barraca ao lado da ferrovia. Ele se formou na faculdade na sexta-feira, casou-se no domingo e começou a trabalhar na Ashland na segunda-feira. Trabalhou como controller, passou por marketing e vendas, enquanto fazia um curso de MBA à noite. Ele construiu a marca Ashland de postos de gasolina, passou seis anos como presidente da Valvoline e, em seguida, foi nomeado CEO, com a idade de 47 anos. Em outras palavras, não era alguém que recuasse diante de um desafio.

Em vez de perder tempo com o passado, Jim dedicou-se a construir o futuro. Sua visão da Ashland era a de uma empresa integrada de produtos químicos especiais, e não mais uma holding de um grupo de companhias afiliadas de forma indisciplinada. Em outras palavras, variedade de produtos, mas uma única empresa. Isso significava livrar-se de muitas das divisões da Ashland e reconfigurar o restante. Em especial, significava eliminar duplicações e ineficiências em todas as unidades da Ashland, a fim de reduzir custos. Uma tarefa de vulto, mas Jim tinha uma carta escondida na manga: processos de uma ponta a outra.

Ele se familiarizara com a ideia de processos de ponta a ponta quando dirigia a Valvoline, que exibia, em menor escala, o que ele encontraria, mais tarde, na empresa controladora: um conglomerado de feudos mal resolvidos, cada um com seu próprio modo de fazer negócios. Isso dava ao dirigente de cada feudo um forte sentimento de orgulho, propriedade e autonomia, mas não contribuía muito para o desempenho da empresa. Algumas unidades se saíam melhor que outras, o que é uma forma de dizer que outras unidades se saíam pior. Não havia aprendizado, compartilhamento de melhores práticas, economia de escala. Jim deparou com o conceito de transformação por processos em sua leitura e percebeu que era um instrumento que poderia usar para remodelar primeiro a Valvoline e, depois, a Ashland em geral.

A estratégia de Jim era ainda mais ambiciosa do que a maioria das transformações baseadas em processos. Ele não apenas usaria processos de um extremo a outro para integrar departamentos funcionais e eliminar desperdício e atividades que não adicionam valor, mas também padronizaria esses processos em todas as unidades de negócio, de modo que elas trabalhassem de maneira comum. Para garantir a adesão de todos a esses processos comuns, ele resolveu apoiá-los com uma única versão do sistema SAP – ou seja, o mesmo sistema de software seria usado por todas as unidades. Os benefícios de padronização de processos podem ser extraordinários. Há enorme economia de custo em contar com um único sistema informatizado e um único conjunto de ferramentas de treinamento e apoio para um processo comum; isso também permite que a empresa apresente uma imagem uniforme para seus clientes. Mas Jim queria ir mais longe. Depois que os processos fossem padronizados em todas as unidades de negócio, os processos individuais seriam retirados dessas unidades e integrados a um centro de serviços compartilhados, que poderia operá-los em prol de todas as unidades de negócio. Isso gera economias de escala significativas.

Atualmente, muitas empresas estão trabalhando na padronização e centralização de processos, mas a Ashland esteve entre as primeiras a perceber esse potencial e a se guiar por ele. O foco inicial de Jim recaiu sobre os processos da cadeia de suprimentos da empresa, incluindo os processos *order-to-cash*, *procure-to-pay* e *plan-to-deliver* (produção). Juntos, representavam mais de 50% dos custos da Ashland e eram, portanto, um importante alvo de oportunidade. Porém, quanto mais ambicioso o objetivo, maior a mudança e maior a inevitável oposição daqueles que se sentem ameaçados por ela. Há uma crença errônea muito difundida de que a maior resistência à transformação centrada em processos provém das linhas de frente da organização. Na verdade, a maior oposição vem dos mais altos escalões da empresa, porque são seus ocupantes que têm mais a perder e maior oportunidade de fazer o plano malograr. Presidentes de divisão da Ashland objetaram ao que consideravam ser uma intromissão em sua autonomia. Parecia que eram primeiramente leais ao poder, à supervisão e ao controle que estavam acostumados a exercer. Gerentes funcionais que receberam tarefas novas e até mais amplas no processo centralizado da cadeia de abastecimento achavam que estavam perdendo poder; um alto cargo e seus privilégios pareciam ser mais importantes para eles do que a essência de seu trabalho e a contribuição que podiam dar à empresa. Jim compara corretamente o desafio que enfrentava à unificação da Itália no século XIX, em que era necessário convencer os governantes a renunciarem a seus pequenos domínios, remanescentes dos reinos medievais, em favor da criação de uma entidade maior.

Jim primeiro tentou persuadir os altos gerentes a acompanhá-lo na iniciativa. Ele os envolveu no desenho de processos, para que pudessem internalizar o conceito. Mostrou-lhes os benefícios que resultariam para a empresa. Tentou fazê-los focar "não no que eram, mas em quem eram", em suas contribuições, e não em seus cargos. Embora tenha dado certo com alguns, não deu certo com todos.

Jim disse à sua equipe sênior que daria a todos duas chances. Quando alguém objetasse pela primeira vez ao que ele estava fazendo, Jim escutaria a pessoa até o fim – mas depois esperaria que ela se juntasse a ele. Se, depois disso, o funcionário tivesse dificuldade em se adaptar e parecesse perdido, Jim forneceria ajuda e apoio. Mas, depois disso, Jim esperava empenho e resultados, ou haveria consequências.

O escritor Samuel Johnson, do século XVIII, disse, de forma memorável, que o patriotismo é o último refúgio de um canalha, mas ele estava errado. Dizer "Nós somos diferentes" é o último refúgio de um canalha. Alguns gerentes de divisão defendiam da boca para fora o plano da padronização de processos de Jim, mas pediam dispensa de seu cumprimento devido às suas características "singulares". Jim reagiu anunciando que estava desligando todos os sistemas informatizados da empresa, exceto o novo sistema SAP, de modo que todos teriam de respeitar os novos processos ou se arranjar com um ábaco. Outros alegavam que era injusto responsabilizá-los pelos resultados financeiros, se eles dependiam de outra pessoa no que dizia respeito a seus processos da cadeia de suprimentos. Jim disse-lhes que não se preocupava com o que achavam que era justo, que ele estava impondo novas regras e esperava que eles trabalhassem com os proprietários de processos da cadeia de suprimentos, para alcançar o desempenho pelo qual todos eles estavam sendo responsabilizados.

Um ano depois que Jim se tornou CEO, apenas 15 dos 50 altos executivos ainda permaneciam na empresa. O restante não conseguiu adaptar-se à visão de Jim e saiu, alguns voluntariamente, mas a maioria não. Jim afirma que isso não lhe deu prazer e que foi, na verdade, a coisa mais difícil que ele teve de fazer como líder. Ele conhecia essas pessoas há muitos anos, e trabalhara para muitas delas; quase todos eram seus amigos. Mas sua primeira responsabilidade era para com a empresa. A transformação da empresa era algo que ele devia aos funcionários da Ashland e a seus acionistas, e não havia lugar nela para quem não quisesse ajudá-lo em seu empreendimento.

A experiência de Jim está longe de ser incomum, e a disposição de enfrentar altos executivos rebeldes é a característica inconfundível de um verdadeiro líder. Muitos dos altos executivos de uma empresa que passam pela transformação baseada em processos não sobreviverão; é extremamente desagradável para a consciência do seu eu. Em geral, calculamos que metade da equipe sênior não vai conseguir. Infelizmente, esse dado estatístico ajuda pouco, devido ao seu desvio-padrão elevado. Em alguns casos, a fração é bem menor e, em outros, é até superior à de Ashland.

À semelhança de praticamente todas as outras empresas que passam por transformação, a Ashland deparou com momentos difíceis, quando parecia que as coisas não estavam dando certo. Alguns pedidos não eram processados da forma correta pelos novos processos, os custos de frete estavam aumentando e alguns dos profissionais do círculo de Jim foram até ele para dizer que isso provava que a iniciativa precisava ser abandonada, que ele cometera um engano e que acabaria destruindo a empresa. Embora Jim confesse ter ficado noites sem dormir, não deixou que os outros percebessem quaisquer dúvidas que pudesse ter tido. Afinal, ele estava intimamente envolvido nos detalhes dos novos processos e não precisava depender de outras pessoas para avaliar seu potencial. Então decidiu que, apesar das dificuldades, o sistema daria certo e acabaria compensando, e seguiu em frente. Ele previne outros que seguem seu caminho que "as coisas ficarão piores antes de melhorar", e que eles deverão manter seu empenho quando isso ocorrer.

O interessante é que, tendo em conta a natureza radical das mudanças que a Ashland estava sofrendo, Jim acreditava que deveria ter implementado muitas delas antes. Ele acredita que um líder que está construindo um futuro precisa ajudar as pessoas a se desligar do passado, e quanto mais tempo deixarmos que vivam com um pé nas coisas conhecidas, mais difícil será se adaptarem ao novo. O humorista Finley Peter Dune cunhou a frase "Política não é um saquinho de feijão (para jogo infantil): é um jogo para homens; e mulheres, crianças e proibicionistas devem ficar de fora". A transformação exige autoconfiança, tenacidade e disposição de fazer o que é preciso para ter sucesso – qualidades que Jim O'Brien mostrava ter.

CINCO VALORES BÁSICOS DA CULTURA DE PROCESSOS

As empresas têm muitos valores em sua cultura corporativa, mas há cinco valores básicos que são essenciais para a iniciativa de transformação por processos: trabalho em equipe, foco no cliente, responsabilidade, mudança e disciplina.

TRABALHO EM EQUIPE. Cada profissional deve reconhecer que seu trabalho é apenas uma parte de um plano maior. Se você, como líder, puder ajudá-los a internalizar essa perspectiva, eles desenvolverão um novo conjunto de atitudes em relação a seus colegas de trabalho, valorizando-os como companheiros de equipe com quem partilham um objetivo comum e com quem devem colaborar a fim de ter êxito. Pessoas com esses valores exibem comportamentos específicos, como não criar problemas para outras que trabalham no mesmo processo, até mesmo tentando ajudá-las e colaborando com elas para solucionar problemas que surgirem. Apesar de todos os chavões sobre trabalho em equipe tão predominantes nas empresas modernas, esse comportamento está longe de ser comum na época atual.

FOCO NO CLIENTE. Para muitos executores de linha de frente, o cliente é apenas um rumor, uma abstração sem importância prática. É improvável que percebam como suas atividades afetam os clientes, a menos que tenham contato direto com eles. O processo, por outro lado, com sua orientação de um extremo ao outro, está completamente relacionado aos clientes. Se as pessoas endossarem o conceito de processo, reconhecerão que seu trabalho afeta os clientes e se esforçarão para trabalhar de uma forma que crie valor cada vez maior para eles. Os clientes, não seus gerentes, serão sua estrela-guia. Em vez de achar que cumpriram seu dever, ao executar as ordens do chefe, elas não descansarão até que as necessidades dos clientes sejam satisfeitas.

RESPONSABILIDADE. O princípio operacional básico de organizações hierárquicas e fragmentadas é fugir à responsabilidade: "Não é culpa minha se o cliente não recebeu o pedido, se o projeto não ficar pronto no prazo, se os custos estão fora de controle. O outro departamento não nos forneceu o que precisávamos, nos criou problemas, cometeu erros. E se por algum acaso a culpa recair sobre mim, então é problema do chefe, não meu." Um ambiente de processos não tolera esse raciocínio. Se todos os que trabalham em um processo estiverem focados em clientes e resultados, então todos são responsáveis e têm dever de prestar contas, mesmo alguém que não tenha controle completo sobre o resultado.

MUDANÇA. A transformação é uma mudança de vulto. Se os funcionários de uma empresa temem mudança, se a consideram uma experiência alienante, dificilmente demonstrarão receptividade à transformação baseada em processos e muito menos entusiasmo. A cultura de processos reconhece a mudança e o aperfeiçoamento como constantes, e não só acolhe as mudanças, como também anseia por elas.

DISCIPLINA. Um processo autêntico tem um desenho autêntico, que deve ser seguido com disciplina por todos na empresa. Um desenho de processo não é uma especificação minúscula de como cada tarefa deve ser executada, mas exige que o indivíduo desempenhe a tarefa certa, na hora certa e com as informações certas. Muitas empresas que não dispõem de processos eficazes criam heróis, pessoas que não se detêm diante de nenhum obstáculo para alcançar o resultado desejado. Executado corretamente, o processo não precisa de heróis.

Se uma organização quiser ter êxito na transformação por processos, sua cultura precisa incentivar o trabalho em equipe, o foco no cliente, encorajar responsabilidade pessoal, aceitar mudanças e valorizar disciplina. Infelizmente, poucas culturas são amigáveis a processos. Valorizam heróis e realização pessoal, e não trabalho em equipe. Incentivam que se satisfaça o chefe, e não o cliente. Estimulam que se fuja à responsabilidade, em vez de aceitá-la. Temem mudanças e não gostam de disciplina. Isso lhe é familiar? A questão importante é como mudar sua cultura de hostil para amigável a processos.

LIDERANDO A TRANSFORMAÇÃO

Líderes de todos os níveis têm o próprio estilo. Isso é ótimo. A liderança precisa refletir sua personalidade e pontos fortes. Não pode ser comprada pronta; ela vem com a experiência. No entanto, há certas coisas que líderes de transformação bem-sucedidos incorporam em suas iniciativas. Certamente, você gostará e precisará usar a maioria delas em sua transformação centrada em processos, embora em graus variados, a fim de se adaptar ao seu próprio estilo e às necessidades de sua empresa.

EDUQUE. Educação é um dos elementos mais importantes para transformar uma cultura funcional em uma cultura de processos. Se uma organização não entende o que você está tentando realizar e de que forma, não se pode esperar que seus funcionários entendam e desempenhem suas funções na transformação. O processo educacional tem início com a criação de líderes de transformação baseada em processos. Isso pode ser feito através de aulas para líderes seniores, que incluem cursos e workshops. O comparecimento a essas aulas não apenas ajuda líderes seniores a aprender as complexidades e a linguagem da transformação por processos, como também indica a todos na empresa que a iniciativa é importante. Lembre-se da primeira coisa que um funcionário pergunta quando uma grande mudança é introduzida: "O chefe já viu e aceitou?"

Quando tiver um grupo de líderes de processos, você poderá começar a promover os benefícios da transformação de forma mais ampla, usando esses líderes como professores. Não fuja ao dever de ensinar. O empenho de um líder sênior, de dar aula a funcionários de vários escalões abaixo do seu, destaca o compromisso pessoal do executivo, demonstra a importância para a empresa, assegura que a mensagem seja comunicada corretamente e contagia outros com sua paixão.

Você e outros líderes devem adotar o método de ensino prático. Uma das melhores formas de mostrar às pessoas como o processo de ponta a ponta consegue melhorar cada aspecto da empresa é pedir-lhes para dar sugestões de como seus processos podem mudar para melhor. Essa tática não apenas obtém maior adesão e entendimento, como também pode gerar benefícios verdadeiramente importantes.

DÊ O EXEMPLO. Com frequência, citamos a sabedoria dos "dois Alberts". Albert Schweitzer afirmou: "Dar o exemplo não é a melhor maneira de influenciar os outros, é a única", enquanto Albert Einstein sustentava: "Dar o exemplo não é outra forma de ensinar, é a única". Evidentemente, dar o exemplo é uma parte fundamental da transformação baseada em processos. Quando Tom Purves comparece e participa ativamente da reunião gerencial diária sobre dados de desempenho de processos, na refinaria Port Arthur da Shell, está dizendo em alto e bom som que é uma questão importante. Quando líderes param de elogiar um comportamento heroico que resolve o problema na hora H e, em vez disso, se concentram no que deu errado e que exigiu esse comportamento, as pessoas sentem-se autorizadas a adotar pequenas medidas que possam evitar uma crise – chamando a atenção para um pequeno problema que poderia tornar-se muito maior. E, quando o CEO dedica duas horas semanais ao serviço de atendimento ao cliente, toda a conversa sobre foco no cliente torna-se real. Podemos dizer que isso é simbólico, mas o que é mais importante que símbolos? Todos os olhares estão voltados para os altos gerentes de uma empresa, e a forma como se comportam serve de exemplo a ser imitado.

ORGANIZE O AMBIENTE DE TRABALHO. Diz a sabedoria religiosa: "Aja como se tivesse fé, e ela lhe será dada." Para nossos propósitos, seria: "Trabalhe como se acreditasse em trabalho em equipe (ou responsabilidade ou qualquer outro valor essencial), e a crença no trabalho em equipe virá até você." Uma versão um pouco mais científica dessa ideia foi expressa por Timothy Wilson, ilustre psicólogo social da University of Virginia: "Uma das mais duradouras lições da psicologia social é que a mudança de comportamento não raro precede mudanças de atitudes e sentimentos." Em outras palavras, se implementarmos novos processos que obriguem as pessoas a trabalhar em equipe, elas começarão a crer que o trabalho em equipe é importante. Se implementarmos novos processos que forcem a tomada de decisões até as linhas de frente, as pessoas começarão a assumir responsabilidade pessoal.

MUDE OS SISTEMAS DE GESTÃO. Avaliação e remuneração faziam parte do sistema antigo e devem, inevitavelmente, fazer parte do novo. Mas é preciso estabelecer instrumentos que gerenciem processos e remunerem pessoas de maneira diferente. Eles precisam estar alinhados para acentuar explicitamente os valores que queremos estimular. Na Rich Products, as equipes de vendas e marketing eram remuneradas sobre a consecução de suas metas de vendas anuais, enquanto líderes funcionais tinham seus bônus baseados nas metas de lucratividade e produtividade funcional da empresa. Atualmente, 80% dos bônus de todos os gerentes baseiam-se no mesmo resultado: lucro da empresa. Os outros 20% refletem os resultados de iniciativas de melhorias em que cada um está envolvido. É difícil imaginar um meio mais direto de dizer que estamos todos no mesmo barco e que precisamos torná-lo um barco ainda melhor. Hoje a Michelin está avaliando até que ponto um gerente colabora com seus pares, coletando opiniões de profissionais de outras empresas com quem o gerente interage.

DEMONSTRE COMPROMISSO. Elogiar algo quando isso nos custa pouco é uma coisa; demonstrar empenho, quando isso envolve custos significativos, é outra bem diferente. Em meados dos anos 1990, a Matthew Thornton Health Plan, uma das primeiras empresas de seguro-saúde dos Estados Unidos (e hoje parte da Anthem Blue Cross Blue Shield), empreendeu uma importante iniciativa para melhorar o serviço de atendimento ao cliente: implementou um novo processo, no qual os atendentes de clientes responderiam de imediato a perguntas de clientes sobre cobertura, em vez de lhes prometer telefonar novamente mais tarde. O novo processo foi projetado e implementado com grande alarde, para depois enfrentar um grave problema na primeira semana. Um atendente garantiu a um cliente que ele tinha cobertura para uma cirurgia cara que estava prestes a fazer, mas o atendente estava enganado. Quando a conta chegou, a empresa enfrentou uma escolha difícil. O contrato da empresa com o cliente não exigia que ela pagasse a conta, mas uma decisão como essa ridicularizaria os valores do "cliente em primeiro lugar" e da disciplina do processo que a seguradora estava adotando. Então, eles respiraram fundo, pagaram a conta, corrigiram o processo e promoveram a reciclagem do atendente. Isso lhes custou muito dinheiro no curto prazo? Com certeza. Mas, nos meses que se seguiram, todos que encontramos na Matthew Thornton viam-se na necessidade de contar a história do atendente equivocado. E, nos 18 meses seguintes, a empresa dobrou de tamanho. O compromisso com o novo sistema de valores permitiu o funcionamento do novo processo e os resultados que se seguiram.

EXPRESSE OS VALORES DESEJADOS. Isso parece tão óbvio que não valeria a pena mencionar. Mas muitos gerentes comportam-se como se isso fosse a única coisa que precisam fazer para reorientar o sistema de valores de sua empresa. Discursos inspiradores e declarações de valor, por si sós, não mudam o que as pessoas acreditam; isolados, apenas provocam ceticismo e riso, pois os gerentes demonstram o quanto estão fora de sintonia com os verdadeiros valores da empresa, bem como sua ingenuidade em pensar que discursos farão as pessoas mudar de posição. Expressar os valores desejados só é valioso como complemento às técnicas que acabamos de examinar, para tornar explícito o que os outros estão tentando alcançar. Um cuidado adicional aqui é evitar o uso de frases genéricas e muito batidas. Esforce-se para expressar seus valores de maneira clara e radical. Na Ashland Oil, por exemplo, o CEO Jim O'Brien expressou sucintamente o que esperava com a frase "a Ashland primeiro". Os funcionários deviam pôr as necessidades da empresa em geral à frente dos interesses de seus departamentos ou unidades de negócio. Isso serviu como uma manifestação clara do que ele estava tentando conseguir e explicava o objetivo das mudanças nos processos, remuneração e tudo o mais.

Essas são coisas fundamentais que todo líder deve fazer em graus variados, e de seu próprio jeito, para assegurar o sucesso da iniciativa de transformação centrada em processos. Mas há muitas coisas menores que também desempenham papel importante. Eis algumas:

- Pense como um vendedor. Como bom vendedor, pergunte-se sempre o que os outros funcionários da empresa precisam e o que você pode fazer para satisfazer essas necessidades.
- Permaneça aberto a novas ideias. Não presuma que só você, na função de líder, terá todas as boas ideias. Se demonstrar disposição para ouvir e pedir opiniões, aprenderá mais do que jamais pensou que pudesse.
- Assuma riscos pessoais. Não deixe que a possibilidade de fracasso o impeça de assumir riscos. Há pouco lucro ou ganho no que é seguro.
- Dê crédito aos outros. Incentivar a boa vontade necessária para realizar algo tão radical como a transformação por processos exige muito compartilhamento de crédito. Lembre-se da opinião de Harry Truman sobre atribuição de crédito: "É espantoso o que você pode realizar se não se importa com quem fica o crédito."

LIDERANÇA E CULTURA – O QUE SE PODE E O QUE NÃO SE PODE FAZER

- Assegurar que a alta liderança compreenda inteiramente tudo que envolve a implementação de processos e a gravidade da mudança que a empresa está prestes a empreender; não se trata de fluxogramas e organogramas.
- Garantir que os líderes consigam relacionar iniciativas de processos aos objetivos da empresa e que erros e inovação sejam incentivados e esperados.
- Preparar os líderes para o fato de que talvez tenham de tomar decisões difíceis em relação ao pessoal.
- Incentivar líderes empenhados a ajudar no recrutamento de outros líderes.
- Deixar claro para os líderes que processo é uma maneira de dirigir a empresa, não apenas um rápido paliativo para crises ou problemas.
- Ser brutalmente franco sobre qual é a cultura de sua empresa, examinando sucessos e fracassos passados de grandes iniciativas, para compreender os pontos fortes e fracos da organização.
- Compreender a capacidade e o desejo de mudança da empresa, de modo a não oprimir o pessoal com mudanças excessivas e rápidas.
- Compreender que cultura é um subproduto de liderança e que, se a liderança não mudar, a cultura também não mudará.
- Não atribuir a responsabilidade pelo processo a um líder que não é respeitado pela empresa, incluindo colegas e subordinados.

- Não esperar mudanças da noite para o dia.
- Não permitir que amizades, inclusive entre colegas, atrapalhem a tomada de decisões duras para o bem comum da empresa.
- Não estabelecer metas incrementais ou não estimulantes que desperdiçam todo o esforço dedicado ao desenho do processo.
- Não ignorar a necessidade de manter o processo depois de seu lançamento. Institucionalize a linguagem e a cultura de processos.
- Não ser impaciente.
- Não se esquecer de treinar novas pessoas em processos e recrutar líderes e proprietários de processos com experiência.

Capítulo 6

Governança e conhecimento

MANTENDO O PROCESSO NO RUMO

A esta altura, você pode imaginar que está preparado para empreender a transformação fundada em processos. Você é afortunado por contar com pelo menos um líder entusiasmado, inteligente e empenhado, e a cultura de sua empresa, mesmo que não esteja inteiramente à vontade com os valores de foco no cliente, responsabilidade pessoal, trabalho em equipe, disciplina e mudança, está chegando lá. Nada à frente, a não ser campo limpo, certo?

Errado. Mudando a metáfora, você está entrando num campo minado e está rodeado de ninhos de metralhadoras, ilustrada por nove situações que apresentamos a seguir. Essas situações – que envolvem problemas de informação, alinhamento e conhecimento – encontradas por empresas reais, mas anônimas, lhe darão uma ideia do que acontece quando se enfrenta o desafio real da transformação fundada em processos.

Problemas de informação

- Uma equipe de projeto de transformação escolheu um fornecedor de software para apoiar seu processo, enquanto outra equipe, que trabalhava em outro processo, escolheu um fornecedor diferente. Ambos os sistemas usavam formatos de dados incompatíveis, o que significava que dados de clientes não podiam ser trocados facilmente entre eles.

- A equipe que redesenhava o processo de atendimento ao cliente decidiu eliminar a função do atendente de clientes, evoluindo para autosserviço de clientes via web e unidades de respostas de voz. No entanto, a equipe que redesenhava o processo de vendas deu mais responsabilidades ao atendente de clientes no que se refere a telemarketing ativo. Em outras palavras, um grupo estava aumentando uma função que estava sendo eliminada pelo outro.
- Um CEO queria saber em que posição se encontrava a iniciativa de transformação que ele autorizara, mas não encontrou ninguém que pudesse fornecer uma avaliação geral. Os proprietários de cada processo podiam informar a respeito de seus processos, mas ninguém tinha uma visão global.

Problemas de alinhamento

- A empresa encarregou várias equipes pelo desenho de processos, para depois descobrir que nenhum de seus membros tinha mais do que um conhecimento superficial de como desenhar um processo ou gerenciar e alcançar resultados através de processos.
- O proprietário do processo de atendimento de pedidos solicitou ao proprietário do processo de planejamento de vendas e operações (S&OP) para apresentar um plano de demanda mais detalhado, de modo que o atendimento de pedidos pudesse aperfeiçoar o próprio planejamento de capacidade. O proprietário do processo S&OP se opôs, não vendo vantagem em sobrecarregar seu processo com aumento de trabalho e custo, para que outro processo pudesse melhorar seu desempenho.

Problemas de conhecimento

- Duas equipes de desenho de processos reivindicaram um profissional talentoso para ajudá-las a implementar o processo. Todavia, pelas leis da física, essa pessoa só pode estar em um lugar de cada vez.

- Os proprietários de processos de uma empresa elaboraram uma longa lista de projetos para melhorar seus processos. Cada um era eficaz em termos de custo, mas o total ultrapassava os recursos disponíveis. A briga começou quando cada proprietário passou a insistir para que seus projetos fossem financiados.
- Uma equipe de desenho de processos desenvolveu um novo processo muito eficaz, mas enfrentou um muro de oposição da força de vendas e de seus gerentes, que alegavam que o processo era muito burocrático, os atrasaria e os tratava como um bando de mecânicos, e não como os artistas que eram.
- Um núcleo de especialistas em desenho e implementação de processos de uma empresa fez um trabalho tão bom que chamou a atenção de *headhunters* e, em pouco tempo, todos foram atraídos por concorrentes, deixando a empresa sem capacidade para realizar a rodada seguinte.

O grau de sucesso na implementação da abordagem processual do trabalho depende do grau de compromisso com o objetivo. *Compromisso*, e não apenas interesse ou envolvimento. Pense em um típico café da manhã com bacon e ovos. A galinha se envolveu; o porco se comprometeu. A execução correta de um processo é um sistema complexo de muitos elementos em movimento: equipes de projeto em diferentes fases de desenho e implementação; decisões para a mudança de indicadores; compreensão da voz do cliente e seu equilíbrio com as necessidades da empresa; investimento em novas capacidades, conhecimento e tecnologia de apoio aos executores; reforço da autoridade dos proprietários de processos.

Mudança é o elemento comum. Mudar não apenas o fluxo de trabalho, mas também sua cultura, para se tornar mais voltado para equipes e autodirigido. A vida dos executores muda drasticamente em termos do trabalho que realizam e da maneira como são avaliados, remunerados, contratados e capacitados. Administrar toda essa mudança exige compromisso com uma forma diferente de trabalhar e de conduzir o negócio.

Liderança e cultura, como nós vimos no capítulo anterior, são a base que permite que o processo ocorra. Precisamos de dois outros elementos primordiais, no plano estrutural, para promover o avanço do processo:

governança e conhecimento. A empresa deve estar preparada para aceitar e manter todas as mudanças necessárias para o funcionamento do processo através de conhecimento e alinhamento, e deve ter conhecimento sobre processos suficiente em todos os escalões, para assegurar que o conceito seja compreendido e usado corretamente. Este capítulo explica como preparar sua empresa para executar processos.

As situações descritas são todas muito comuns e não são pequenos transtornos. No mínimo, são problemas graves que podem aumentar os custos drasticamente e retardar os benefícios de seu programa. Na pior das hipóteses, eles podem também fazê-lo perder o rumo. É necessário encontrar meios de enfrentar ou evitar esses problemas, que se enquadram em três categorias diferentes, embora relacionadas.

Os *problemas de informação* surgem quando diversos grupos trabalham em projetos diferentes, mas ninguém tem uma visão geral do que está acontecendo. Um grupo, sem querer, desagradará outro; dois grupos tomarão decisões que são sensatas individualmente, mas imprudentes em conjunto; não existe mecanismo para gerenciar a iniciativa como um todo, mas sim como projetos individuais.

A segunda categoria trata dos *problemas de alinhamento*. Neste caso, grupos diferentes podem, na verdade, estar cientes do que os outros estão fazendo, mas não se interessam, porque veem-se como competidores por recursos, atenção, prioridade e coisas desse tipo. A terceira e última baseia-se em *problemas de conhecimento*. A transformação baseada em processos não é para amadores ou improvisação. Você precisa de gente, agora e no futuro, que consiga administrar todo o leque de problemas que surge num empreendimento como esse.

As soluções destes três tipos de problema, embora diferentes, estão inter-relacionadas porque, fundamentalmente, são todos problemas de governança e conhecimento. Governança consiste em estrutura: quem deve fazer o que, e que autoridade as pessoas têm para agir. Portanto, descrevemos as responsabilidades de cada uma das funções que são partes essenciais da administração de uma organização de processos: o CPO (Chief Process Officer), o PPO (Process Program Office), o conselho de processos e os especialistas.

CATALISADORES

Embora ninguém tenha o cargo formal de "catalisador", é bastante provável que você conheça o tipo: a pessoa que dá início a uma iniciativa. Para nossos propósitos, um catalisador é aquele que vê o poder e a possibilidade do processo – que a empresa pode se sair melhor se reorganizar a forma como o trabalho é feito – e encontra oportunidade de promover isso, seja conversando com certos líderes e chamando a atenção deles, ou iniciando algum trabalho de redesenho, conseguindo resultados e, depois, indo falar com a liderança.

Em geral, eles são os heróis desconhecidos de uma organização, pessoas que ficam mais satisfeitas de ver resultados do que reivindicar o crédito por eles. Normalmente têm nível sênior, ou pelo menos alguma influência sobre líderes seniores. Também têm tino comercial, conhecem bem e empresa e são comprometidos com ela, e têm boas relações com todos os níveis gerenciais. Eles começam visando líderes e influenciadores certos para envolver no movimento de processos. Falando a língua do líder e entendendo seus objetivos e problemas, o catalisador é capaz de mostrar ao líder como o processo pode ajudar a empresa a atingir as metas estabelecidas. Catalisadores, como Tom Purves, da Shell (ver páginas 136-142), fornecem aos líderes as informações necessárias para compreender o processo, auxiliam no entendimento dos diferentes grupos e em suas reações ao processo e, em essência, orientam o líder a se tornar um modelo eficaz para conduzir a iniciativa do processo. Também trabalham com o líder, a fim de atrair e envolver outros líderes respeitados e influentes.

E o que acontece com o catalisador quando os líderes se comprometem? Não raro, ele se torna o CPO (Chief Process Officer), nosso próximo tema de discussão.

O CPO (Chief Process Officer)

O CPO é a pessoa de contato da empresa para a transformação baseada em processos, o braço direito do líder nesse campo. O líder tem o entusiasmo, a autoridade e a visão, mas alguém precisa converter isso em ação, e essa pessoa é o CPO, o diretor de processos e chefe de gabinete do líder nessa área. Através do PPO (Process Program Office – central de projeto de processos), a ser analisado logo à frente, o CPO gerencia a iniciativa, assegurando sua integridade e progresso. Todavia, ele também tem outras funções, inclusive vender o programa e os conceitos em que se baseia para toda a organização.

No Capítulo 5, conhecemos Jim O'Brien, CEO da Ashland e líder de seu programa de transformação. Agora vamos conhecer Rick Music, que ocupava o cargo de CPO e recentemente se aposentou. Munido de um diploma de química, Rick entrou para a Ashland, em 1973, e acabou tornando-se CFO (Chief Financial Officer) da Valvoline, quando Jim era presidente dessa unidade. Quando Jim começou a promover a transformação centrada em processos na Valvoline, pediu a Rick que dirigisse a iniciativa para ele e, quando Jim se tornou CEO, Rick o acompanhou. Rick aposentou-se com o título singular de vice-presidente de otimização de negócios e era membro da equipe da alta direção da Ashland.

A central de projeto de processos reportava-se a Rick, mas essa era apenas uma parte de sua responsabilidade. Uma das funções de Rick era, segundo suas palavras, "ensinar, orientar, repreender e até mesmo atazanar os altos executivos da empresa, para que entendessem e aceitassem a 'nova' Ashland". A atenção de Rick nunca se desviava da transformação baseada em processos. Ele se relacionava com outros executivos, ajudava-os a internalizar o significado de processos e auxiliava Jim a determinar quem estava entendendo e quem não estava.

Quando os CPOs começaram a surgir, suas funções limitavam-se, em grande medida, a gerenciar o PPO e a ajudar o líder a defender o processo. Mas agora os CPOs desempenham muitas funções, que refletem o papel do processo em todas as operações da empresa. Rick, por exemplo, também supervisionava o departamento de TI da Ashland, o que fazia muito sentido. A tecnologia da informação não é um fim em si mesma, mas um mecanismo para melhorar o desempenho empresarial. Em uma organização focada em usar a transformação por processos para impulsionar o desempenho, a TI deve ser utilizada para apoiar processos. Assim, pode ser muito útil permitir que o grupo de TI se reporte ao executivo responsável pela transformação por processos, e não, como é habitual, ao CFO.

Entretanto, TI não é a única responsabilidade no portfólio do CPO. Anders Wester, o CPO da Tetra Pak (ver páginas 203-206), também é responsável pelo sistema de medição da empresa e seus esforços estratégicos, uma combinação sensata. Estratégia é apenas um exercício no papel, a menos que seja executada, e os meios de sua execução são os processos; ao mesmo tempo, a transformação por processos somente é útil se for usada como apoio à estratégia empresarial. E já vimos que indicadores são um componente essencial da iniciativa de processos, e que indicadores de processos precisam estar associados aos KPIs (indicadores-chave de desempenho da empresa) e deles derivar.

Algumas pessoas ouvem o título "Chief Process Officer" e presumem que os proprietários de processos se reportam ao CPO, mas não. CPO é uma função de apoio, que orienta o líder, apoia os proprietários de processos, coordena o trabalho das equipes de desenho e supervisiona o programa como um todo. Para ser eficaz, o CPO deve ser colega dos proprietários de processos, para que confiem nele e o respeitem. Não devem, portanto, ser posicionados abaixo do CPO. Lembre-se de que os proprietários de processos precisam ter autoridade e influência, o que significa ocupar uma posição sênior. Concluir precipitadamente que os proprietários de processos se reportam ao CPO é um resquício do pensamento organizacional antiquado, segundo o qual a única maneira de fazer as coisas acontecerem é exercendo autoridade sobre os subordinados. O CPO é um exemplo clássico do executivo que exerce influência sem ter grande poder. Isso não é tão impossível quanto parece. Em 1935, quando o ministro das Relações Exteriores da França sugeriu a Stalin que incentivasse o catolicismo na União Soviética, a fim de agradar ao papa, a resposta desdenhosa de Stalin foi: "Quantas divisões tem o papa?" Até onde sabemos, tanto Stalin como a União Soviética foram para a lata de lixo da história, enquanto o papado perdura. Influência, mesmo sem poder, pode ser dominante.

Mas é preciso ter a pessoa certa para exercer esse domínio. Um CPO bem-sucedido estabelece relacionamentos com grupos importantes em toda a empresa, como parte do esforço para fazê-los ver que o processo não é um projeto particular, mas um instrumento que irá ajudá-los. O CPO é, no mínimo, meio vendedor, promovendo o programa de transformação e aliciando o apoio de executivos. Isso requer persuasão, conhecimento da empresa, paciência e conhecimento minucioso do processo. Também exige habilidade para tirar partido do interesse próprio das pessoas, ajudando-as a ver que transigir resultará em seu benefício.

Embora isso raramente conste da lista de atribuições do cargo, os CPOs precisam de nervos de aço e muita experiência em "pastorear gatos" para que façam bem o trabalho.

Quando pensamos no CPO ideal, o general de brigada S. Taco Gilbert III é o tipo de pessoa de que nos lembramos. Taco diplomou-se com distinção em engenharia, estudou na China e em Harvard, e é especialista em estratégia de segurança interna. Pilotou gigantescos aviões de abastecimento e aviões de carga da Força Aérea e comandou frotas de aviões de abastecimento e aviões de transporte militar. Tem 1,98m de altura e um índice de massa corporal de maratonista. Para piorar, ele é divertido, cativante e nada impressionado consigo mesmo, atributos perfeitos de um CPO, função que exercia como primeiro diretor do AFSO21 da Força Aérea. (A Força Aérea adora acrônimos; AFSO21 corresponde a Air Force Smart Operations for the 21st Century.)

Embora a Força Aérea não tenha concorrência no sentido comercial, seus líderes reconheceram que o século XXI não é o mundo para o qual ela foi criada nos anos 1940. Surgiram novos desafios, que vão de guerra assimétrica a contraterrorismo e operações de paz. Combine isso com pressão orçamentária no Congresso, frota de aviões em processo de envelhecimento e preços mais altos para aviões a jato, e a Força Aérea decidiu que o serviço militar precisava se reinventar. Taco Gilbert foi incumbido de fazer isso acontecer.

Falar é fácil. Taco teve de lidar com um legado de sucesso, uma organização altamente balcanizada, com poderosos generais de quatro estrelas protegendo seus territórios (e não se esqueçam, eles têm aeronaves e mísseis), e um histórico de iniciativas malsucedidas com Gestão da Qualidade Total. Não era um ambiente muito auspicioso. E, como general de uma estrela, Taco não podia ordenar que os de quatro estrelas fizessem qualquer coisa. Em vez disso, ele precisava persuadi-los e sua estratégia de persuasão tinha três partes:

- Intervenções iniciais contundentes nos grupos da alta liderança da Força Aérea – não apenas nos grupos de generais de quatro estrelas, mas também nos de três e duas estrelas, que efetivamente fazem o trabalho. Taco organizou seminários de um e dois dias sobre transformação baseada em processos, para esclarecer os conceitos, ajudar os generais a ver sua aplicação na Força Aérea e reagir às suas preocupações.

- Amplos programas educacionais em todos os níveis da organização, desde como ser um proprietário do processo até o que um comandante de base ou de esquadrilha precisa saber sobre processos e como afetam cada militar.
- Primeiros sucessos. Mesmo antes do lançamento formal do AFSO21, várias experiências e aplicações em pequena escala do processo de ponta a ponta foram realizadas na Força Aérea. Taco destacou-as e divulgou-as para demonstrar que as ideias funcionavam na prática. Projetos adicionais de benefícios rápidos foram encomendados, a fim de ter um fluxo contínuo de resultados, tanto para manter o empenho como para silenciar os céticos.

Taco teve a sabedoria de perceber que precisava construir um alicerce, que a transformação centrada em processos não seria inteiramente finalizada em sua gestão como CPO. Ele se esforçou para mudar o pensamento da Força Aérea, criar um grupo de especialistas em processos em seu PPO (o AFSO21) e gerar impulso suficiente para que a iniciativa adquirisse vida própria. E adquiriu. A Força Aérea tem dezenas de histórias de sucesso com transformação por processos; o processo não é mais um programa ocasional, mas parte integrante da atividade empresarial, e a iniciativa AFSO21 perdura, mesmo depois de Taco ter sido promovido para outro cargo.

O CPO pode fazer muito através de persuasão e educação, mas nem todos os problemas que dificultam a transformação baseada em processos são suscetíveis a essas abordagens. Por exemplo, surgem contradições entre equipes de processos, que envolvem TI e projeto de trabalho, porque as equipes de desenho de processos carecem de informações sobre o trabalho umas das outras e, portanto, fazem escolhas que geram incoerências e incompatibilidades. Esses problemas podem ser resolvidos, assegurando que cada equipe saiba o que as outras estão fazendo e mediando o entendimento entre elas. Esse é um resumo razoavelmente bom do papel da central de projeto de processos, nosso próximo tema.

CENTRAL DE PROJETO DE PROCESSOS (PPO)

O PPO é o centro de controle da transformação baseada em processos em uma empresa. Ele precisa ter profissionais que podemos descrever como consultores de processos, pessoas que trazem conhecimento e independência à reengenharia de processos. Porém, o PPO é mais do que um conjunto de consultores. Como grupo, eles se ocupam de relacionamentos e interconexões entre processos. Em Ashland, por exemplo, os processos aquisição de clientes (vendas) e *order-to-cash* estavam pisando nos calos um do outro. A empresa estava recebendo reclamações de clientes sobre incorreções nas faturas, e os processos culpavam um ao outro pelo problema. Na verdade, o problema estava na lacuna entre eles devido a fronteiras funcionais que não haviam sido integradas. Não havia uma maneira organizada de atendentes de clientes (que criavam faturas enquanto trabalhavam no processo *order-to-cash*) tomarem conhecimento das condições especiais que um vendedor (que trabalhava na aquisição de pedidos) poderia ter negociado com o cliente.

Ninguém nesses processos tinha uma perspectiva elevada necessária para reconhecer esse problema. Os dois membros da central de projeto de processos designados para lidar com a questão tinham conhecimento suficiente dos dois processos e independência para identificar a natureza real do problema. Uma vez identificada essa natureza, ambos os processos conseguiram modificar seus desenhos e garantir que essas informações cruciais transpusessem a barreira entre eles. Na mesma linha, vendedores ficaram felizes em adaptar as condições de pagamento a cada cliente, considerando isso uma forma de aumentar a satisfação deles; contudo, não perceberam que a proliferação de condições de pagamento complicou consideravelmente o trabalho do processo *order-to-cash* e aumentou a possibilidade de erros e o descontentamento que eles provocam nos clientes. Os membros do PPO atuaram como uma ponte para ligar os dois processos e comunicar à aquisição de clientes o impacto de suas decisões sobre o processo *order-to-cash* e sobre os clientes.

Focar processos de ponta a ponta ajuda as pessoas a ver além de seus ambientes funcionais limitados e reconhecer o impacto de seu trabalho sobre outros profissionais envolvidos no mesmo processo.

O PPO tem também a função de integrador quando o trabalho de um processo afeta o trabalho de outro em áreas como fluxo de trabalho, esquema de trabalho e plataformas de tecnologia. Às vezes, são os membros do PPO que identificam sobreposições e conflitos e os comunicam aos proprietários de processos pertinentes e suas equipes. Em um sentido amplo, entretanto, o PPO deve facilitar a interação e o diálogo entre os dois grupos, para que tais problemas nunca aconteçam ou, se acontecerem, sejam identificados e resolvidos pelas pessoas diretamente envolvidas.

Em algumas áreas, o PPO precisa ir além das funções de consultor e integrador e, efetivamente, não apenas dar origem aos padrões, mas também garantir que sejam respeitados. Cada equipe de desenho de processos deve aplicar sua criatividade e imaginação ao desenho; todavia, essa criatividade não deve estender-se às técnicas e aos métodos que empregam para tal. É ruinoso que cada equipe de desenho crie ou escolha sua própria metodologia. É muito melhor que o PPO invista energia e dinheiro para selecionar ou desenvolver uma metodologia para a empresa como um todo, para uso de todas as equipes de desenho.

Por exemplo, em uma organização que adotava o Six Sigma, cada unidade de negócio tinha liberdade de escolher seu próprio fornecedor dessa ferramenta. Infelizmente, os programas de cada fornecedor variavam tanto que resultados e aplicações incompatíveis geraram grande frustração, induzindo a empresa a encarregar o PPO das metodologias. O PPO também precisa ser proprietário da lista oficial de processos e subprocessos da empresa, incluindo suas definições, subsídios, resultados e conexões e relações entre eles. Sem essa supervisão, os processos da organização assumem um caráter fantástico, variando de acordo com a fantasia de cada um.

De forma similar, a central de projeto de processos deve ser o endereço de retorno do programa de comunicação que informa os funcionários da empresa sobre o projeto de transformação e seu progresso. Nesse caso, coordenação não basta. Grupos diferentes podem usar terminologia diferente, enviar mensagens conflitantes e soltar comunicações ao mesmo tempo – provocando uma grande confusão. É muito melhor para o PPO cuidar dessas comunicações, assegurando que se encaixem entre si através de um vocabulário uniforme, de assuntos compatíveis e de um cronograma administrado. Não é eficaz que cada equipe de processos desenvolva conhecimento especializado necessário para comunicações internas, e que o PPO faça isso e o use em prol de todas as iniciativas de processos.

Por último, o PPO precisa ser o gerente de programas da iniciativa de transformação, supervisionando todo o portfólio de projetos de mudança. Um projeto é um conjunto específico de atividades, de duração definida, que gera um determinado resultado. Por exemplo, um projeto pode ser a criação de um novo desenho para o processo *order-to-cash*, outro para implementar um sistema de informação de apoio ao processo de atendimento ao cliente, um terceiro para solucionar problemas de execução que surgem no processo de desenvolvimento de produtos. Cada proprietário do processo supervisiona os projetos relativos a seus processos; o PPO supervisiona todos eles, incluindo:

- *Plano mestre de trabalho e programação.* O PPO mantém o cronograma geral de todos os projetos, de modo que o progresso do programa global possa ser acompanhado e a programação de cada projeto possa ser identificada.
- *Monitoramento do progresso.* O PPO acompanha o desempenho de todos os projetos, medindo resultados e identificando os que estão e os que não estão dentro do prazo previsto. Em especial, o PPO precisa identificar os impactos que a mudança na programação de um projeto pode ter sobre os outros.
- *Garantia de qualidade e auditoria.* A central de projeto de processos certifica-se de que os projetos estão sendo conduzidos como deveriam, e que os resultados pretendidos estão efetivamente sendo alcançados. Pode ser que o PPO também precise recomendar o encerramento de um determinado projeto, o qual, provavelmente, não deve atingir as metas estabelecidas. Essa é uma função especialmente importante. Em muitas empresas, há projetos que, uma vez iniciados, podem durar para sempre, mesmo que estejam destinados ao fracasso, em uma espécie de projeto-zumbi, morto-vivo.
- *Gestão de recursos.* O PPO é o órgão centralizador de recursos que diferentes projetos exigem, que assegura que recursos essenciais sejam disponibilizados quando os projetos precisam e que reequilibra os recursos em todos eles.
- *Orçamento.* O PPO mantém o orçamento central da iniciativa de transformação, bem como de todo o estoque de capital humano.

- *Melhores práticas e lições aprendidas.* O PPO é o órgão centralizador das experiências de cada equipe de projeto, portanto cada uma não precisa ter o trabalho árduo de redescobrir o que as outras já descobriram.

Uma expressão popular em Washington e Wall Street aconselha: "Se quiser um amigo, compre um cachorro." Nossa versão é: "Se quiser um amigo, não se junte ao PPO." A central de projeto de processos não costuma ser apreciada entre os grupos de projeto que executam o trabalho de transformação. "Polícia de processos" foi um dos nomes mais gentis que ouvimos para o PPO. As equipes de projeto ressentem-se de sua supervisão – quem gosta de ter alguém inspecionando o seu trabalho? – e a repudiam como sobrecarga e burocracia corporativa. E – surpreendentemente! – não é algo inédito que equipes de projeto enganem o PPO sobre seu progresso. Existem três soluções para evitar essas armadilhas e ter um PPO bem-sucedido:

- *Mantenha-o pequeno.* Quanto maior, mais ressentimento o PPO cria e um alvo mais importante ele se torna. Lembre-se: o objetivo é mudar a cultura e fazer todos na empresa compreenderem o processo. Se o PPO crescer demais, qualquer trabalho processual será considerado responsabilidade de um departamento ou grupo funcional e logo será visto como sobrecarga.
- *Torne-o amigável.* Um bom PPO impõe o mínimo possível de sobrecarga às equipes de projetos, recorrendo a comunicações informais, e não a documentos formais. Também fornece valor às equipes de projetos, na forma de orientação, apoio e ajuda na solução de problemas, em troca das informações que solicita.
- *Escale uma boa equipe.* O PPO não é um campo de treinamento para analistas juniores. Precisa ser dotado de profissionais que serão respeitados pelas equipes de projetos por sua experiência, tino comercial e conhecimento de processos. É especialmente importante que os membros do PPO tenham excelente capacidade de comunicação, nesse caso principalmente ouvir, facilitar e obter consenso (em vez de fazer apresentações). É um lugar para pessoas de alto desempenho, que têm mente de engenheiro e estilo de diplomata.

O CONSELHO DE PROCESSOS

Talvez haja problemas que nem o CPO nem o PPO consigam solucionar. Por exemplo, se dois processos estão disputando um recurso limitado, tal como um funcionário talentoso, ou se um processo precisa que o outro faça mudanças que não são, necessariamente, de interesse do último, o simples compartilhamento de informações não irá funcionar. Nessas situações, cada equipe tentará otimizar o desempenho de seu processo e não se preocupará demais com o outro processo ou com o impacto de suas escolhas nesse outro processo.

Por mais persuasivo que seja, é improvável que o CPO faça muito progresso ao lidar com esses problemas, porque são situações clássicas de ganho-perda. Se você conseguir o profissional talentoso para sua equipe, eu não consigo; se você fizer a mudança onerosa em seu processo, que eu solicitei, meu desempenho irá melhorar, mas o seu não. Precisamos de um tipo diferente de solução para um tipo diferente de problema, e essa solução é o conselho de processos.

O objetivo do conselho de processos é atender às necessidades e aos interesses da empresa como um todo, e não àqueles de cada processo. Não há outro foro para fazer isso. Os proprietários de processos têm um foco restrito, e o CPO não tem a autoridade necessária. O conselho de processos é a solução para a "tragédia dos comuns", em que todos se concentram em seus interesses tacanhos, mas ninguém se preocupa com o interesse coletivo.

Os dois problemas com os quais começamos – para que equipe um determinado profissional deve ser designado, e se um processo deve fazer mudanças para ajudar outro – devem ser expostos diferentemente e analisados em função do que é melhor para a empresa como um todo, e não em termos do que é melhor para um processo ou para o outro. Em qual equipe o profissional pode contribuir mais para o desempenho geral da empresa? Os benefícios que um processo obtém superam os custos que o outro processo deve assumir? Em vez de colocar essas questões como conflitos entre os dois processos – o que certamente conduzirá a um perdedor e um ganhador -, elas precisam ser vistas como questões sobre o que é melhor para a empresa como um todo. É ilusório esperar que cada proprietário de processo internalize uma perspectiva tão ampla e sacrifique seus interesses de bom grado.

Os conselhos de processos são de vários tipos, mas seus membros são os proprietários de processos, os diretores das principais unidades de negócio e os líderes funcionais; o presidente do conselho é o líder, e seu secretário é o CPO. O conselho de processos é o organismo máximo de tomada de decisões no processo de transformação, determinando orçamentos, prioridades e estratégia, e atuando como árbitro final de conflitos e problemas que surgirem. Seria numa reunião do conselho de processos que os proprietários dos processos, que competem pelo mesmo membro de equipe, apresentariam seus casos, e a decisão seria tomada com base no que é melhor para a empresa. Mas como garantir que esses sentimentos nobres e elevados sejam realmente seguidos e que as reuniões do conselho de processos não degenerem em boas brigas? É por essa razão que o líder ocupa a presidência. Sua função é representar a empresa, lembrar a todos da visão geral e dos objetivos do programa de transformação, falar em nome dos clientes, que estão interessados nos resultados fornecidos pela empresa, não por um processo ou outro. Em resumo, o líder precisa transformar o conselho de processos em uma equipe. Isso não é tão fácil como pode parecer. Os executivos, via de regra, são todos a favor do trabalho em equipe, contanto que não os envolva. Colocar a empresa antes do indivíduo é uma reformulação radical dos sistemas de valores da maioria dos executivos. É por isso que o realinhamento cultural que discutimos no Capítulo 5 é tão importante. O conselho de processos é um sistema cuja operação eficaz depende dessa mudança de valores, bem como de um mecanismo para realizá-la. Ao forçar proprietários de processos e outros membros do conselho a trabalhar juntos como uma equipe, obrigando-os a pensar e decidir em termos do que é melhor para a empresa em geral, o líder consegue reformular seu estilo, eliminar aqueles que não estão de acordo e conseguir que o resto se adapte a um novo modo de administrar e tomar decisões.

Mudar os sistemas de remuneração do pessoal consiste num recurso inestimável para promover essa mudança. Conseguir que um proprietário do processo aja no melhor interesse da empresa, à custa de seu processo, pode parecer uma forma elaborada de suicídio, se a remuneração do proprietário basear-se unicamente no desempenho de seu processo. Responsabilizar os proprietários por seus processos é um meio inestimável de focar sua atenção, mas não queremos que o foco de sua atenção seja muito restrito. Precisamos contrabalançar esse foco com o interesse da empresa, vinculando parte de sua remuneração ao desempenho geral da empresa e ao progresso do programa de transformação como um todo. Isso gera algum grau de conflito interno, de conflito de prioridades? Com certeza. Esse é o mundo real e a razão pela qual uma estrutura de governança é tão fundamental.

Estrutura de governança

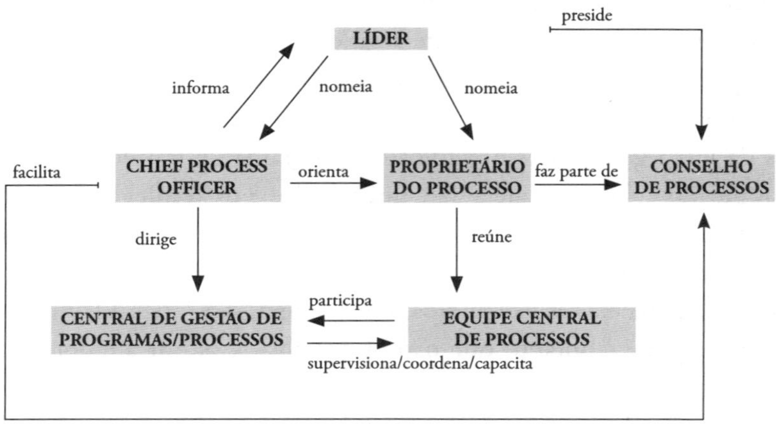

Se o líder já enquadrou a equipe executiva e a alinhou para fazer o que é melhor para a empresa em geral, então sua presença no conselho de processos pode ser menos crucial. Na Ashland, por exemplo, Rick Music presidia o conselho de processos como substituto de Jim O'Brien e, junto com os principais proprietários de processos, tomava as difíceis decisões do que era melhor para a organização. Nem todas essas decisões eram manifestações de conflitos entre proprietários de processos, mas, no fim, eram todas referentes a processos. Por exemplo, uma das unidades da empresa queria comprar um módulo de software desenvolvido de forma a atender às suas necessidades especiais em relação ao processo – mas não podia fazer isso sem a aprovação do conselho. (O fato de Rick controlar o setor de TI tornava muito mais fácil estimular as decisões do conselho nessa área.) O conselho precisava comparar o benefício que o módulo traria para a unidade em relação ao aumento do custo de manutenção com o qual ele sobrecarregaria a empresa e o fato de que ele introduziria uma variação no processo da unidade. No final, o conselho decidiu contra a aquisição, e a unidade teve (com relutância) de obedecer.

É importante compreender como o conselho de processos e a central de projeto de processos se relacionam entre si. A maneira mais fácil de explicar isso é que o PPO é o grupo de funcionários que dá suporte ao conselho. O conselho estabelece políticas e estratégias, enquanto a central de projeto de processos cuida de sua execução. A central acompanha o progresso de projetos do portfólio, mas não tem autoridade, prestígio ou visão para decidir quais projetos devem fazer parte dele. Isso é função do conselho. O conselho precisa converter a visão de transformação do líder e as necessidades empresariais estratégicas e essenciais da empresa em uma estratégia geral de transformação: que processos serão focados, com que objetivos, com que prioridade, através de que projetos e com que recursos. A central de projetos é responsável por garantir que essa estratégia seja executada de forma eficaz e por manter o conselho informado sobre avanços e problemas.

Fazer o que é melhor para a empresa como um todo é um slogan e um propósito notáveis, mas como o conselho de processos faz essa avaliação? É recomendável que o conselho tenha um mecanismo formal estruturado – um processo, por que não dizê-lo – para avaliar projetos sugeridos.

Para um exemplo desse sistema, vamos voltar à Ashland. Rick Music e seu conselho avaliavam cada projeto em relação a seis critérios, classificando cada um numa escala de um mínimo de 1 a um máximo de 9.

- Satisfação do cliente: até que ponto o projeto fornece resultados que fazem diferença substancial para os clientes
- Alinhamento estratégico: até que ponto o projeto afeta as metas de desempenho da empresa como um todo
- Benefícios: escala de benefícios financeiros líquidos que o projeto proporcionará, seja como aumento de receita, redução de custos diretos ou redução de capital de giro
- Conformidade: se o projeto é necessário para atender a uma exigência regulatória ou legal, imediata ou pendente
- Complexidade de implementação: abrangência do projeto, escala de recursos necessários, número de funcionários afetados por ele

- Transferibilidade: aplicabilidade do projeto a outros processos ou partes da empresa

Cada um desses critérios recebeu um fator de ponderação, e as notas ponderadas individuais foram somadas para gerar uma nota geral para o projeto. Embora muitas das avaliações individuais sejam inevitavelmente subjetivas, pelo menos esse método fornece um sistema organizado para analisar projetos alternativos. Também oferece ao conselho uma forma de comunicar a justificativa de suas decisões, especialmente para proprietários de processos desapontados.

O conselho de processos é o mecanismo de integração de último recurso, a maneira de lidar com os problemas mais espinhosos e difíceis que não podem ser resolvidos de qualquer outra forma. Entre suas atribuições, estão:

- Criar estratégia geral de transformação
- Estabelecer limites e escopos do processo
- Determinar prioridades
- Alocar recursos escassos
- Resolver conflitos entre proprietários de processos e outros gerentes seniores
- Patrocinar projetos e iniciativas de melhorias
- Promover atividades contínuas de especialização em processos
- Avaliar o progresso e a maturidade de cada processo
- Assegurar que os vários projetos e iniciativas se unam para alcançar os objetivos da empresa

Em última análise, o conselho de processos é o responsável pelo sucesso do programa de transformação; seus membros devem exercer autoridade em busca desse objetivo e fazer cumprir suas decisões.

Precisamos salientar que estamos lhe fornecendo um modelo, não um desenho de projeto. Há questões fundamentais que precisam ser levadas em conta no projeto de transformação baseada em processos, para assegurar que a iniciativa não fracasse: alguém precisa apoiar os proprietários de processos e suas equipes; alguém precisa assegurar que os projetos funcionem em conjunto, bem como individualmente; alguém precisa administrar o portfólio geral de projetos; alguém precisa representar o líder e o projeto perante a alta direção; precisa haver uma maneira de estabelecer prioridades, gerenciar interfaces e resolver disputas envolvendo processos e proprietários de processos. Os mecanismos que delineamos para satisfazer essas necessidades são o PPO, o CPO e o conselho de processos. Cabe a você decidir como fazer esses mecanismos funcionarem em sua empresa.

CONHECIMENTO

Nenhuma empresa conseguirá fazer a transição para processos sem conhecimento. O começo é tímido, com o primeiro proprietário do processo e a primeira equipe de reengenharia. Eles cometerão erros, e tudo parecerá demorado e, às vezes, talvez até inútil. Mas o proprietário do processo e a equipe de reengenharia estão sempre aprendendo. A experiência deles se tornará a base sobre a qual outros desenvolverão iniciativas semelhantes, descobrindo o que funciona e o que não funciona, aprendendo não só a redesenhar processos, mas também a convencer os demais do poder dos processos. Nem todos que trabalham com processos poderão tornar-se especialistas. Muitos passarão pela experiência de redesenho e depois voltarão às suas funções anteriores. Eles compreenderão o processo, mas não serão conhecedores. Os que se tornam peritos são uma espécie à parte. São aqueles que não ficam parados, que têm currículos repletos de mudanças de função, de cargo e de empresa. Detestam a rotina e estarão sempre em busca de oportunidades para fazer algo novo e interessante. E essa é a beleza do processo. Ele fornece a pessoas assim uma vida inteira de novas experiências e aprendizado. Um comentário típico: "Este é o melhor trabalho que já tive. Não existe rotina, eu aprendo algo novo diariamente e entendo melhor a empresa."

Vamos examinar primeiro alguns dos atributos necessários para se tornar um conhecedor de processos. Depois, investigaremos onde encontrar esses profissionais.

COMPONENTES DO CONHECIMENTO

Criatividade. Esse talvez seja o principal atributo do conhecedor de processos, e também o que muito provavelmente está mais em falta em sua empresa. As empresas afirmam que um de seus objetivos é promover a criatividade, mas quando perguntadas como fazem isso, geralmente as respostas são pouco convincentes. Elas confundem inovação, criatividade e empreendedorismo, que faltam em muitas delas, com capacidade de se adaptar a situações em constante transformação ou de criar produtos personalizados. Esta última envolve habilidades notáveis, mas que não são especialmente inovadoras ou criativas. E, mesmo quando uma empresa tem alguns funcionários criativos, uma de duas coisas com frequência acontece. A primeira é que, se um sujeito aparece com uma grande ideia, bate logo de frente com uma contabilidade tacanha, que insiste em análise de custo-benefício e retorno do investimento. E se o tal sujeito não conseguir fornecer os números necessários, antes de tentar implementar a ideia, ela já morre no berço. No outro extremo, empresas estimulam a criatividade, mas não a disciplinam. As pessoas se entusiasmam criando procedimentos e processos complexos, e depois os alteram constantemente. Não há repetibilidade e os processos não são estáveis. Outro problema é que as empresas creem que a criatividade deve ser aplicada apenas a seus produtos e serviços, não à forma como fazem seu trabalho. E é exatamente aí que os talentos criativos são aproveitados para redesenhar processos.

Mas a triste realidade é que quase todas as empresas que utilizam processos tradicionais estão preparadas para bloquear a criatividade. As pessoas sobem na hierarquia fazendo as coisas da maneira como foram ensinadas, e elas, por sua vez, insistem em que seus subordinados também façam o mesmo. É o velho refrão "Sempre fizemos assim". Mesmo que a empresa se empenhe em contratar profissionais criativos, a maioria daqueles que realmente têm uma centelha criativa logo ficará desalentada e irá em busca de outras oportunidades, talvez iniciando o próprio empreendimento ou entrando para uma empresa menor e mais ágil.

Capacidade de promover mudanças. Sabemos que a transição para processos gera enormes mudancas em uma organização. Na verdade, é quase certo que não há outra iniciativa de mudança, exceto fusão, aquisição ou falência, que abale tanto uma empresa. Um executivo a comparou a um dos acontecimentos mais importantes da vida: "A última vez que tudo mudou tão rápida e radicalmente foi quando me casei!" Quase todos que prosperam nesse ambiente turbulento precisam ser capazes de *lidar com* mudanças. Mas os verdadeiros conhecedores de processos devem ir além disso e *promover* mudanças. Além de se tornarem defensores de processos, eles têm de ser capazes de demonstrar como e por que são o melhor caminho e valem a pena ser realizados.

Propulsores de mudança podem ser difíceis de encontrar, porque a capacidade de promover mudanças é parte técnica e parte psicológica. Quase todas as pessoas resistem a mudanças porque temem o que irá lhes acontecer. Dez por cento de sua preocupação tem razão de ser: a mudança pode efetivamente resultar em um ambiente menos favorável ao seu conjunto de habilidades do que a antiga maneira de fazer as coisas. Porém, em grande medida, seu medo é emocional. Propulsores de mudança podem fazer muito para atenuar essa ansiedade, ao explicar por que a mudança está acontecendo, como será realizada e quais serão seus benefícios. Os propulsores de mudança têm de dar às pessoas motivo para pensar que mudar será melhor para elas. Muitas vezes isso significa evocar a simples visão de um futuro melhor que as aguarda após mudanças que também interessam a um amplo público. Complexidade é inimiga da objetividade quando se trata de formular e apresentar essa visão. Uma empresa logrou seu intento, declarando: "Queremos nos tornar o fornecedor preferido."

A capacidade de promover mudança é muito importante para todos os envolvidos em reengenharia, dos membros da equipe ao proprietário do processo, ao líder e até aos altos executivos da empresa. Eles devem ser capazes de comunicar em que consiste a reengenharia de processos, e essa comunicação precisa ser frequente e feita de muitas maneiras diferentes. Os membros da equipe de desenho, por exemplo, poderão realizar reuniões periódicas em departamentos distintos, para explicar o que estão fazendo, ou convidar as pessoas para se juntar a eles em uma reunião de grupo. Se esse tipo de comunicação não ocorrer, é perfeitamente compreensível que a indústria de rumores entre em ação – "Há umas 10 pessoas na sala planejando a forma de se livrar de nossos empregos!" – quando se inicia a reengenharia de processos.

Capacidade para lidar com a complexidade. Como já observamos, a transformação baseada em processos tem muitas partes em movimento, e pode parecer ou até mesmo ser complexa. À medida que a transição para processos avança, haverá pedidos simultâneos para desenhar novos processos, implementar desenhos prontos e manter os processos que foram criados anteriormente. E o que é pior: você nunca termina, porque precisa redesenhar processos vezes sem conta, à medida que sua organização amadurece e os mercados e a concorrência mudam. Os especialistas em processos de todos os níveis devem ser capazes de manipular múltiplas exigências, em diferentes períodos de tempo e em diferentes funções. Não se perturbam com facilidade, devem ser capazes de mudar de abordagem num instante e compreender não apenas o que farão hoje, mas também o que deverão estar fazendo daqui a um ano.

Sempre recomendamos que os membros da equipe de desenho devem se dedicar a ela em regime de tempo integral, embora reconheçamos que nem toda empresa poderá se dar ao luxo de tirar seus melhores e mais brilhantes profissionais de suas funções regulares, por um período de seis meses ou mais. Porém, em ambos os casos, os membros da equipe de projeto terão conflitos inerentes entre suas tarefas de reengenharia e suas funções regulares. Os que trabalham em tempo integral manterão contato com seu grupo anterior e ficarão sabendo que coisas estão mudando e quem está sendo promovido. Quando o projeto ficar difícil – e ele ficará difícil, disso não há dúvida –, até os mais dedicados ficarão propensos a voltar para o que era confortável e que faziam bem. Equipes que trabalham em regime de meio expediente terão uma experiência mais difícil, especialmente os membros da equipe tirados do processo que está sendo redesenhado. Pense no que eles fazem: na primeira metade do dia, trabalham num processo e, na segunda metade, tentam destruí-lo!

Certamente cada equipe de desenho, proprietário de processo ou líder adoraria ver um desenho perfeito ser produzido pela equipe. Mas isso nunca vai acontecer. Os conhecedores lidam com a realidade, e ela surge nas mais variadas formas. Não há empresa cujos funcionários tenham o conjunto perfeito de habilidades, com uma tecnologia perfeita, cujos departamentos estejam perfeitamente alinhados e que não tenha limitações de tempo e orçamento. A equipe de desenho tem de lidar com qualquer conjunto de habilidades e tecnologia que a empresa tiver, deve permanecer dentro do orçamento e se apressar para conseguir algum sucesso inicial e gerar confiança no novo processo. Em seguida, temos os aspectos políticos da mudança, que vão de guerras por território a eliminar quaisquer projetos de valor meramente afetivo, que não se encaixam no desenho do processo. O proprietário do processo e o líder desempenharão importante papel ao ajudarem a equipe de desenho a superar obstáculos políticos.

Encontrando especialistas. Obviamente, tornar-se um conhecedor de processos não é para amadores. Quando você pensa nos requisitos de um expert em processos, provavelmente enumera em sua mente as pessoas que podem preencher a vaga – e talvez ainda esteja contando nos dedos de uma mão. É verdade, esse tipo de profissional é raro em muitas organizações. É por isso que será forte a tentação de contratar uma empresa de consultoria para conduzir a implementação do processo. Não ceda a essa tentação! Uma consultoria talvez seja útil em certos aspectos da implementação do processo, mas o objetivo de empreender processos é mudar a cultura de sua empresa de forma radical e irrevogável. Se o conhecimento não for institucionalizado na organização e na cultura, sua empresa se tornará uma renda anual para uma empresa de consultoria, e a iniciativa de processos fracassará quando você se cansar de pagar pelo trabalho de consultores.

Você precisará usar sua própria criatividade para encontrar as pessoas certas, aquelas que têm a atitude e a aptidão certas e a mistura certa de estilo e temperamento cognitivos para se tornar especialistas em processos. Primeiro, examine com rigor a cultura de sua empresa, para descobrir os lugares que efetivamente incentivam a criatividade, talvez marketing, P&D, projeto de produtos ou engenharia. Com sorte, haverá uma ou mais incubadoras de criatividade, mas não conte com isso. Talvez você tenha de deixar que a criatividade se exteriorize com o tempo. Quando as pessoas virem que a inovação é parte do trabalho processual, talvez se ofereçam para participar, o que parece indicar que é o tipo de gente que você quer. Lembre-se de que, na década de 1960, não havia departamentos de TI e muito poucos diplomas de ciência da computação. No entanto, à medida que os computadores se espalharam pela indústria e pelo mundo dos negócios, os "especialistas em tecnologia" começaram a surgir aos montes. Profissionais fascinados pela complexidade de programar e dominar novos equipamentos e softwares podiam ser encontrados praticamente em todas as partes da empresa. Eles foram os primeiros "*nerds* da informática" e tornaram-se os primeiros funcionários dos recém-formados departamentos de TI.

Seja imaginativo para saber onde procurar conhecimento em formação. Uma grande empresa, que estava iniciando a jornada de processos, avaliou amplamente sua própria cultura, e os líderes seniores ficaram desanimados de perceber que a organização, a bem da verdade, *desencorajava* novas ideias, novos pensamentos e mudança. Como resultado, a empresa não tinha o tipo de gente necessária para se tornar conhecedor de processos. Porém, parte da avaliação incluiu análise de entrevistas de saída com funcionários que haviam deixado a empresa. Uma das razões importantes para a saída do pessoal foi o desencorajamento ativo de criatividade e novas ideias. Quando a empresa contatou algumas dessas pessoas para perguntar por que haviam saído, descobriu ex-funcionários ansiosos para retornar, se pudessem fazer a diferença, ao fazer as coisas de maneira diferente. Perfeito! Aqueles que retornaram foram colocados em funções relativas a processos, em que não só progrediram, mas também fizeram enorme diferença no desempenho da empresa. E, de forma típica, à medida que as vantagens e a natureza inovadora dos processos foram se tornando evidentes, os funcionários interessados em promover mudanças também se apresentaram e se ofereceram voluntariamente.

O número de especialistas que você vai precisar depende, em grande parte, da cultura de sua organização e de sua capacidade de aceitar mudanças, das metas que você estabeleceu para a implementação do processo e da urgência em atingir essas metas. Como observamos no capítulo sobre desenho, geralmente recomendamos que a equipe de desenho consista de sete membros, dois a mais ou a menos, dependendo do tamanho de sua organização. Essa é a equipe central, as pessoas dedicadas à reengenharia de processos. Dois terços de seus membros devem provir de departamentos diretamente afetados pelo processo que está sendo redesenhado. Os demais podem ser observadores externos com potencial para trazer uma nova visão.

O círculo externo abrange peritos no assunto, como, por exemplo, recursos humanos, tecnologia da informação, finanças, área jurídica e estratégia. Mas não se acanhe de convidar clientes e fornecedores para atuar como conselheiros. Afinal de contas, quando você muda seus processos, estará afetando os processos deles, e quem sabe mais o que funciona para seus clientes do que eles próprios?

Elevando o padrão dos especialistas. Depois que encontrar os possíveis conhecedores, ou pelo menos descobrir como encontrá-los, o que fazer com eles para ter certeza de que serão eficazes em suas novas funções?

Logicamente, o primeiro passo é começar a treiná-los na intrincada arte de processos. Um intenso programa de treinamento incluirá as técnicas básicas – processo, desenho e melhoria contínua –, mas também abrangerá uma ampla variedade de outras habilidades, incluindo gerenciamento de programas e projetos, conhecimento de negócios, gerenciamento de mudanças, negociação, comunicação, análise da causa básica e técnicas de apresentação. Deve-se dar alguma ênfase a habilidades de consultoria, já que essas pessoas atuarão como consultores internos para a organização. Isso levanta a pergunta lógica de quem irá lhes ensinar essas coisas? A resposta é: use sua imaginação. Grandes empresas têm departamentos de treinamento interno que podem elaborar o currículo necessário. Há especialistas externos, inclusive a Hammer & Co., pioneira no trabalho processual, que pode atuar como instrutora. Mas o treinamento pode ser tão simples como indicar livros para leitura dos membros da equipe, começando com este e com *Reengenharia*. Ficamos satisfeitos em descobrir, quando contratamos Mindy Woolf, uma diplomada em West Point que serviu no Afeganistão, que a empresa de recolocação usada pelo Exército dos Estados Unidos deu a tarefa de ler *Reengenharia* aos militares em transição para o "mundo corporativo", tal como ele é designado nesse meio.

Lembre-se de que é crucial ter liderança e infraestrutura para dar suporte a um ambiente altamente exigente e estressante. Com o apoio certo, seu grupo de especialistas irá prosperar. Sem o apoio adequado, as empresas sofrerão um alto índice de esgotamento desses dedicados profissionais. Um elemento essencial do apoio dado a seus especialistas é que saibam o que você fará com eles quando a reengenharia estiver concluída e o novo processo estiver funcionando. Assim como os engenheiros da Nasa tinham um plano perfeito para trazer cada ônibus espacial de volta à Terra, antes que eles fossem lançados, você precisa ter um plano de readmissão adequado para seus especialistas. Lembre-se de que você está procurando os melhores dos melhores para seu trabalho de desenho, e não pessoas que a empresa não sabe como aproveitar. Você está pedindo que elas deixem um lugar no qual são muito bem-sucedidas e conceituadas, para participar do que, a princípio, parece ser um empreendimento muito incerto. Por que cargas-d'água elas fariam isso?

A primeira parte da resposta é que elas estarão enfrentando um novo desafio, que será estimulante e intelectualmente gratificante. A segunda parte da resposta é que elas farão isso com o mínimo de risco, porque você pode lhes dizer o que acontecerá quando concluírem a reengenharia. Além disso, você pode persuadi-las com promessas de recompensa. Pelo menos, elas não sofrerão prejuízo financeiro durante o redesenho e, se você for esperto, haverá um aumento de salário simbólico para aguçar o apetite delas. Esses profissionais também aprenderão novas habilidades e ficarão em evidência em muitas partes da empresa, que poderão representar oportunidades atraentes no futuro. Vamos supor que você queira atrair uma estrela em ascensão no processo da cadeia de suprimentos, que trabalha no departamento de materiais. Você poderá dizer, "Junte-se à equipe e trabalhará não apenas em materiais, mas também em gestão de compras e estoques. Quando terminar a reengenharia, você será um especialista em todas essas áreas. Antes de entrar para a equipe, seu próximo passo seria logicamente o de diretor de materiais. Mas, quando terminar a reengenharia, poderá facilmente ocupar qualquer outra diretoria da cadeia de suprimentos, ou mesmo tornar-se gerente funcional ou proprietário do processo da cadeia de abastecimento."

Outra necessidade crucial de apoio surge quando a equipe de desenho está mapeando o processo existente antes de empreender a reengenharia. Eles estarão trabalhando em estreita colaboração com o pessoal do processo vigente e, invariavelmente, descobrirão um sabotador. Não é função deles lidar com sabotadores. Qualquer confronto entre um sabotador e um membro da equipe de desenho dará origem a boatos e provocará medo das mudanças que estão por vir. Os integrantes da equipe precisam saber que, quando encontrarem um funcionário disposto a sabotar a iniciativa, alguém em posição de autoridade intervirá e cuidará do problema.

Uma terceira necessidade de apoio surge quando a reengenharia depara com problemas. É mais provável que isso ocorra nas fases de simulação ou piloto, e pode ser extremamente desalentador apesar do fato de que os peritos foram avisados várias vezes de que o desenho não é perfeito e que problemas podem acontecer. O proprietário do processo e o líder precisam intervir energicamente quando isso ocorre, para tranquilizar todos em relação a um fato já esperado: "Isso não é problema. Vamos retroceder e corrigir. Não se preocupem, vocês contam com nosso apoio!"

Há outros meios de apoiar os especialistas, tais como tutoria e aconselhamento. Tenha as pessoas certas prontas para orientar os especialistas. Esses mentores e conselheiros devem ser de nível sênior, de modo que possam eliminar obstáculos e fazer as mudanças apropriadas para apoiar os conhecedores de processos.

Uma parte essencial do apoio aos especialistas é institucionalizar o processo. Os experts ficarão absorvidos na criação de uma nova linguagem e em novas abordagens de trabalho. Essa linguagem precisa fazer parte do vocabulário de toda a organização. Muitas vezes as empresas subestimam a importância de uma linguagem comum. Embora mudar completamente a linguagem não seja necessário, é importante infundir conceitos e expressões como "voz do cliente" e "processo de ponta a ponta" no vocabulário de trabalho da empresa. Sem esse entendimento, há forte tentação entre os gerentes funcionais de proteger seu território e dizer: "Ótimo, eu entendo de processos, mas nós mesmos podemos fazer isso." É óbvio que qualquer um que diz isso não entende nada de processos. Só não exagere. Não é preciso introduzir 100 novos termos; uma dúzia será suficiente.

Cargos são importantes como um símbolo para muita gente, e os especialistas em processos não são diferentes. Pense na possibilidade de criar novos cargos, tais como "perito-projetista de processos" ou "especialista em projeto de processos", que eles possam incluir em seus cartões de visita. Só pedimos uma coisa: não usem a palavra *faixa*, como em "faixa verde" ou "faixa preta", de forma alguma. Isso confunde processo com Six Sigma, um erro que muitas empresas já cometem.

Finalmente, forneça a seus especialistas validação de terceiros. Nas fases de simulação e piloto, traga funcionários das áreas de garantia de qualidade ou de finanças, para examinar o processo com rigor e destacar não apenas possíveis problemas, mas também o que a equipe fez de bom.

A POLÍTICA DA GOVERNANÇA DE PROCESSOS

Praticamente todas as empresas apregoam a importância de trabalho em equipe e sinceridade. Depois não fazem nada para estimular nem uma nem outra coisa. Uma das funções mais importantes da governança em uma organização baseada em processos é expor os problemas políticos que ameaçam minar o trabalho em equipe. Ela chama a atenção claramente para problemas que muitos prefeririam deixar em paz. Esse nível de sinceridade é muito incômodo para muitas pessoas que talvez se sintam pessoalmente expostas. Conversas que envolvem indicadores, responsabilidades e propriedade expõem problemas de território e assustam pessoas que talvez achem que serão criticadas por apresentar indicadores de desempenho que estão aquém do esperado. Portanto, é de grande auxílio ter algumas regras claras de conduta para regulamentar essas conversas necessárias.

Eis uma lista de algumas regras típicas, que se mostraram muito úteis:

- Fale aberta e honestamente.
- Ressalte problemas que podemos encontrar.
- Não aponte os problemas apenas; forneça soluções.
- Quando criticar, faça-o de maneira construtiva.
- Não leve para o lado pessoal.
- Use fatos, números e dados sempre que possível.
- Nem todos concordarão com as decisões, mas, depois que forem tomadas, todos devem apoiá-las.
- Egos serão desafiados; é melhor deixar seu ego do lado de fora.
- Problemas de desempenho nem sempre dependem de você; precisamos descobrir a causa e encontrar uma maneira de fazer você obter êxito.
- Para cada coisa negativa, encontre algo positivo para dizer.
- Venha preparado.

As causas mais frequentes de problemas políticos em uma empresa centrada em processos baseiam-se em perda de controle, perda de poder, orçamento e recursos. Algumas empresas com as quais trabalhamos viram irromper brigas burocráticas em torno da simples indicação de um trabalhador de caso, porque o cargo ultrapassava fronteiras funcionais e os gerentes funcionais não conseguiam decidir quem pagaria a pessoa e de quem seria o orçamento para cobrir a conta.

Quando um proprietário do processo é nomeado, muitos gerentes funcionais o veem como alguém que pretende lhes dizer o que fazer e que "vai meter o nariz em meus assuntos, sobre os quais não sabe nada". Eles receiam que o proprietário do processo vá expor problemas e questões e têm medo da punição. Tentam evitar isso, alegando que realizarão o processo por sua própria conta, apenas dentro de seu departamento ou área funcional, e depois adotarão o Six Sigma ou algum outro sistema, ignorando completamente as necessidades de um extremo a outro da organização e, em última análise, reduzindo o impacto de quaisquer melhorias que podem ser conseguidas através do processo.

E maturidade não faz os problemas desaparecerem. Há quase sempre uma guerra de território quando uma empresa alcança um nível de maturidade, no qual os proprietários de processos começam a controlar orçamentos de coisas como TI. Isso cria uma real sensação de perda entre aqueles que anteriormente eram responsáveis pelo orçamento de TI. E, no longo prazo, haverá ressentimento constante entre alguns gerentes funcionais, que consideram os proprietários de processos concorrentes para promoções.

Outro problema comum ao implementar a governança de processos é o aparente conflito de redundância com outros grupos internos que talvez usem um modelo semelhante, como TI. Na maioria das empresas, os departamentos de TI já têm um comitê de revisão responsável por controlar o número de solicitações técnicas recebidas de todas as outras áreas funcionais da empresa. A função de TI é pegar uma solicitação, definir orçamento e programação, alocar recursos e gerenciar o avanço através de implementação bem-sucedida (ou término, quando mudaram as exigências ou condições). Empresas baseadas em processos e bem-sucedidas encontram um meio de criar sinergia entre as duas estruturas de governança, a fim de não gerar redundância, e de juntar processo e tecnologia. O desafio é assegurar que os processos prevaleçam sobre a tecnologia. A melhor das hipóteses seria que o CIO e o CPO dirigissem juntos o conselho de processos, contanto que uma coisa fique bem clara para ambos: o processo precede a tecnologia.

GOVERNANÇA E CONHECIMENTO – O QUE SE PODE E O QUE NÃO SE PODE FAZER

- Incluir todos os proprietários de processos centrais, de governança e capacitadores na estrutura de governança inicial, para que todos entendam como o processo que está sendo redesenhado afetará os processos de cada um deles.
- Estabelecer "regras de conduta" para estimular discussões racionais e tranquilas de questões difíceis.
- Elaborar um currículo de treinamento para especialistas em processos, que inclua gerenciamento de mudanças, técnicas de negociação, habilidades de comunicação e solução de problemas.

- Não especificar demais a estrutura de governança, para que ela não se pareça com mais uma burocracia, no lugar de uma estrutura agregadora de valor para aprimorar o desenho de processos.
- Não ignorar outras estruturas de governança da empresa, que podem fornecer apoio e recursos.
- Não esquecer que os gerentes funcionais são parte da estrutura de governança e do processo.
- Não criar uma equipe permanente de especialistas que se desligue da realidade diária do funcionamento da empresa.

PARTE II

Capítulo 7

Juntando todas as partes

Agora você já conhece os elementos que constituem uma empresa baseada em processos de alto desempenho. É tudo fácil de entender, objetivo e lógico, mas difícil de executar. Você sabe que fazer a transformação é algo complexo. Também sabe que isso exigirá muito tempo e esforço, que será tumultuante, gerando enormes mudanças na forma como o trabalho é feito em sua empresa. Você está preparado para tudo isso. Mas por onde começar e como juntar tudo, para realmente colher os benefícios da transformação? Em resumo, como chegar ao nosso objetivo?

Esta parte contém cinco estudos de caso: dois de organizações que foram muito bem-sucedidas em se transformar em empresas centradas em processos, e três de empresas que não conseguiram, apesar de intensos esforços. Esses casos fornecem informações de como a transformação ocorre e o que pode derrubá-la ao longo do caminho. Mas antes de chegarmos aos estudos de caso, podemos fazer algumas recomendações sobre as maneiras de juntar as muitas partes inter-relacionadas da transformação baseada em processos, sobre a qual você leu em capítulos anteriores.

CONHECE A TI MESMO

A jornada de transformação orientada por processos começa com um pequeno autodiagnóstico. O que você está tentando realizar e por quê? Alguns de vocês escolheram este livro com o objetivo de reduzir custos. Tudo bem. Ninguém vai reclamar se você conseguir diminuir custos. Mas apenas reduzir custos pode ser um jogo perigoso. Concentrar-se unicamente em melhorar custos pode, a mais longo prazo, prejudicar o lucro bruto, porque não só não *adiciona* valor para o cliente, mas também restringe sua capacidade de lhe *fornecer* valor. Muitas empresas que adotam processos de ponta a ponta têm aumento do lucro operacional, pois as despesas operacionais diminuem. Mas, igualmente importante, além de reduzir custos em resposta a fatores econômicos e à concorrência, as empresas diminuem custos eliminando trabalho que os clientes não valorizam ou de que elas não necessitam (desperdício). Reduz-se o trabalho necessário para a empresa, mas não para o cliente (não agregador de valor). Prioriza-se o trabalho que o cliente realmente valoriza, e depois cobra-se por ele. Esse é o poder da melhoria de processos.

Reduzir custos é apenas um dos objetivos de transformar sua empresa em uma organização de alto desempenho. Mas a verdade é que, se você executar o processo corretamente, acabará conseguindo mais, muito mais. Sua empresa ficará mais criativa, muito mais eficiente e muito mais competitiva. Ao longo de sua jornada, você aprenderá muitas coisas sobre sua empresa, algumas boas, outras ruins. Quando pedimos a nossos clientes que descrevam sua cultura, geralmente nos dizem o que acham que queremos ouvir ou o que querem que ela seja. Entender a cultura como ela é, embora possivelmente penoso, revelará os segredos de onde começar e onde esperar problemas. Você descobrirá talentos ocultos entre seu pessoal, mas também descobrirá que trabalho em equipe e colaboração não raro são apenas palavras, não a realidade. Você ouvirá críticas dolorosas sobre seu trabalho, de clientes que você achava que estavam encantados com seu desempenho, mas também reforçará a lealdade de clientes existentes e conquistará novos.

Mas, para fazer seu trabalho mais rápido, mais barato e melhor, é preciso ter um objetivo maior, e esse objetivo é tornar seus clientes atuais e futuros mais felizes com seus produtos ou serviços. O processo olha para fora, não para dentro. Consiste em ouvir a voz do cliente. Talvez você pense que é isso o que está fazendo. Afinal, você não está passando por crise alguma e sua taxa de retenção de clientes está boa. Mas nós lhe garantimos que, por mais que acredite que está servindo bem seus clientes, você está falhando em alguma coisa. Se não sabe onde, isso nos diz que sua empresa não é voltada para processos. Talvez você tenha muitos procedimentos, mas eles não são a mesma coisa que processos.

À semelhança de qualquer outra empresa, você tem suas suposições sobre as impressões de seus clientes, e é ótimo começar aí sua autoanálise. Fale com seus vendedores, com a seção de faturamento, com os atendentes de clientes e até mesmo com os motoristas de caminhão que fazem as entregas. Você ficará surpreso com o conhecimento deles sobre os clientes. Verifique os dados, examinando tendências em aspectos como devoluções, custos de garantia e contas a receber (clientes satisfeitos pagam no prazo, os insatisfeitos não). E examine, também, o desempenho de seus principais concorrentes – quem está por cima, quem está por baixo e por quê. Muito disso você já sabe, mas faça os exercícios para ver se surge alguma nova informação que mude suas suposições. De qualquer maneira, saberá mais do que sabia antes.

No entanto, por mais que suas suposições pareçam corretas, elas *devem* ser validadas pelos clientes. Então vá até a fonte: pergunte a seus clientes o que mais precisam de você. Você pode fazer isso com pesquisa de clientes, pode convidar os cabeças de seus cinco melhores clientes para que, em visitas separadas, lhe digam o que você está fazendo certo e o que está fazendo errado (procure informar-se sobre este, não sobre aquele), ou pedir as mesmas informações para seus clientes mais novos e mais antigos. Um aviso: não confie apenas nas opiniões da força de vendas ou de outros profissionais que estão em contato direto com os clientes que serão convidados para essas conversas; eles, invariavelmente, compõem o baralho com seus clientes mais satisfeitos. O diabo está nos detalhes, então não tenha medo de pressionar seus clientes para que revelem coisas aparentemente triviais que possam ser motivo de insatisfação. Quanto mais você ouvir a voz do cliente, mais apto estará a identificar como e onde iniciar o projeto de transformação.

SUA CULTURA ORGANIZACIONAL

A outra parte importante de seu autodiagnóstico examina a natureza de sua cultura. Em termos mais amplos, ou você tem o que chamamos de "cultura de ordem", em que o comando vem do topo, ou uma "cultura caubói", que permite e até encoraja quais mudanças devem ser feitas às pressas. Se você acha que sua empresa tem uma cultura de ordem, é provável que queira iniciar sua jornada de processos na empresa como um todo, pois este tipo de organização geralmente envolve a estrutura com uma sensação de conforto. Mas previna-se: talvez você pense que tem uma cultura de ordem, porém, se tiver departamentos com permissão para ignorar as ordens, ou pessoas que decidem se executam ou não o que a alta direção deseja, provavelmente tem uma cultura "caubói", ou uma fraca versão de uma cultura de ordem, e terá de lidar com esses problemas se quiser ter êxito na realização do trabalho processual.

Em uma cultura de ordem, há uma forte liderança comandando a empresa. A motivação da liderança para empreender a jornada de processos pode ter origem numa crise, ou em frustração da alta direção. Pode não passar de uma vaga sensação de imobilismo, de que a empresa está indo bem, mas não está conquistando participação no mercado. Lembre-se do exemplo da Michelin (páginas 61-67). A Michelin não enfrentava uma crise, mas, com o tempo, a empresa ficou cada vez mais preocupada com seu crescimento e sua situação competitiva. A alta liderança agiu movida por preocupação e a Michelin enveredou pelo caminho de processos.

Uma cultura caubói é bem diferente. Neste tipo de cultura, as pessoas são impacientes. Elas querem ver resultados em que acreditem e os querem rapidamente e precisam que eles as ajudem a ser bem-sucedidas. Para conquistar o apoio dos vários caubóis dessa cultura, é preciso começar pequeno, para produzir resultados rapidamente e demonstrar a viabilidade e os benefícios do processo. É mais provável que a cultura caubói inicie a jornada de processos em consequência de uma reclamação ou um problema de determinado cliente. Corrigir o problema através do processo propicia os resultados rápidos que podem persuadir os caubóis e impedi-los de usar seus vetos de bolso para destruir a iniciativa. Mas se sua organização tem uma cultura caubói, tome cuidado. Como as culturas caubói tendem a encorajar as iniciativas, você pode ser vítima da sobrecarga do empreendimento e, por engano, transformar a transição para processos em mais uma das muitas iniciativas a serem experimentadas. Isso não dará certo. O objetivo deve ser tornar o processo um "guarda-chuva" para todas as outras iniciativas. Se determinada iniciativa contribui para a transformação, ótimo; mantenha-a e modifique-a para fazer parte do trabalho processual. Mas se não for adequada a uma organização voltada para processos, descarte-a ou apresente-a para discussão. Isso absorve muito tempo e energia preciosos, que podem ser empregados com mais proveito na transformação baseada em processos. Considere o cancelamento de uma iniciativa que não irá contribuir para a transformação ou para os resultados finais como uma vitória, não como um fracasso.

Seja qual for seu tipo de cultura, é importante que, desde o início, a transformação baseada em processos tenha um líder que a apoie e defenda. O líder deve ter influência na empresa, ter profundo interesse em melhorar os processos e estar disposto a correr riscos. O líder será responsável por mobilizar os recursos necessários e promover a comunicação sobre processos. Ele nomeará o proprietário do processo que, por sua vez, escolherá a equipe e estabelecerá as metas que a equipe de reengenharia se esforçará para atingir.

ESTABELECENDO PRIORIDADES

Você terá muitas escolhas de onde começar seu trabalho de reengenharia de processos. Existem três tipos de processos: *central*, que é o trabalho que você faz e pelo qual o cliente paga; *capacitador*, que apoia os processos centrais, e *de governança*, que garante que os trens andem no horário, que os recursos sejam alocados corretamente e que a estrutura organizacional seja otimizada para o trabalho processual. A maioria das empresas desejará iniciar sua jornada de processos com um processo central, que tenha impacto significativo e identificável em seus clientes. É aí que as informações que você coletou de seus clientes e sobre eles lhes mostrarão o caminho para escolher o processo que precisa redesenhar. Normalmente não se inicia com um processo capacitador como o de RH, mas se você for um profissional de RH que vê a necessidade e os benefícios do processo e se torne um catalisador, tudo bem. De qualquer forma, certamente envolverá capacitadores como departamentos de RH, TI, jurídico e finanças. Finanças é especialmente importante, já que pode ajudar a equipe a descobrir como captar dados de desempenho atuais e futuros (ideais), necessários para documentar o desempenho do novo processo. Também é politicamente valioso que o setor de finanças aprove os novos indicadores, uma vez que isso minimiza a tendência de possíveis críticas, que interpretam as melhorias como resultado do progresso da economia e não reconhecem o crédito da equipe de desenho e do novo processo.

O tempo necessário para concluir esse primeiro redesenho depende muito do tamanho da empresa e do grau de ambição da iniciativa de reengenharia, bem como do apoio que ela recebe. Um redesenho realizado com empenho em tempo integral pode produzir resultados em quatro semanas, embora um período de tempo mais provável seja de dois a quatro meses. Lembre-se de que, quanto mais tempo levar para produzir resultados, maior será a probabilidade de o apoio minguar. E você comunicará os resultados ao longo do caminho. Livrar-se de desperdício é um primeiro grande passo, e deve ser comunicado e celebrado tão logo essas etapas sejam eliminadas com sucesso.

Não espere que o primeiro redesenho seja perfeito. Não será. Há muito que aprender sobre desenho de processos, para evitar pelo menos alguns erros. Aliás, você precisa encontrar o máximo de erros ou problemas o mais cedo possível. Essa é a razão da simulação do processo antes de seu lançamento. O único objetivo é beneficiar clientes, e você não quer que seus clientes sofram por seus erros. Corrija quaisquer problemas que a simulação revelar e, em seguida, execute outra simulação. É provável que pequenos defeitos estivessem ocultos por trás de problemas maiores do desenho original, e a segunda simulação servirá para revelá-los. Se na terceira simulação ainda encontrar problemas significativos, talvez deva pensar na possibilidade de voltar à prancheta e recomeçar do zero ou redesenhar uma parte, dependendo do que revelar sua análise da causa raiz. A princípio, fazer trabalho processual pode ser um pouco confuso e desconcertante, mas se três simulações não resolveram a maior parte dos problemas e não o colocaram na direção de suas metas, seu processo pode estar irremediavelmente defeituoso.

Quando as simulações indicam que o desenho está funcionando bem, é hora de testá-lo no mundo real. Mas não de maneira completa. Ao contrário, você precisará fazer vários testes-piloto num ambiente bem monitorado. Nesta etapa, você está afetando os sistemas internos de sua empresa – os processos ligados ao processo redesenhado e aqueles que aproveitam os resultados gerados por ele -, e os clientes estão começando a ver os resultados. É importante acompanhar a reação dos clientes, talvez diariamente, no início, e depois semanalmente, à medida que o tempo passa e aumenta a confiança de todos no novo processo. O feedback de clientes muitas vezes revela alguns pequenos contratempos, mas isso é esperado. Eles podem ser corrigidos com alguns ajustes contínuos. Se você executou bem o desenho e ele passou pela simulação, você não terá grandes surpresas na fase-piloto. As etapas piloto devem aumentar sua complexidade e abrangência, desde um teste em pequena escala, para verificar até que ponto o processo redesenhado funciona internamente, até de que maneira o pessoal envolvido está trabalhando no ambiente de processos, se sua nova lista de atribuições é útil e correta e, olhando à frente, quão bem funcionará o novo sistema de remuneração. No todo, você está procurando duas coisas no processo-piloto: que ele seja capaz de atingir as metas que você estabeleceu e que seja estável, produzindo resultados previsíveis e constantes baseados em dados de tendências. Quando os pilotos mostram que seu redesenho é capaz e estável, você está preparado para a implementação completa. À medida que o processo evolui, os ponteiros devem avançar na direção do alvo. Você não precisa alcançar o objetivo no primeiro mês, ou mesmo no primeiro trimestre, mas precisa fazer progressos mensuráveis nessa direção. Se isso não ocorrer, há algo errado com o processo, com a implementação ou com o alvo inicial.

Quando o processo atingir o objetivo, é tentador cantar vitória e comemorar. Só não exagere. Há mais trabalho a ser feito. Quando seu processo estiver funcionando bem, é hora de começar a examinar os processos que o alimentam e aqueles que recebem seus resultados. É quando as coisas começam a ficar complicadas. Quando você criou o novo processo, teve de estruturá-lo para que recebesse subsídios de processos tradicionais e produzisse resultados que pudessem ser usados por outro processo tradicional. Agora isso muda. Seu desafio é modificar o processo inicial para que ele seja compatível com processos redesenhados, que o alimentem e recebam seus resultados. Então, no mínimo, seu processo inicial terá de interagir com quatro processos diferentes: de subsídios e resultados tradicionais e de subsídios e resultados redesenhados. É fácil ver como a multiplicação desses redesenhos pode gerar muita complexidade. É por isso que temos os processos de governança, que chamamos de "controladores de tráfego aéreo" da transformação baseada em processos. Seu processo inicial tinha pelo menos uma versão mínima e informal de governança, já que o líder e o proprietário do processo obtinham os recursos, organizavam a equipe e supervisionavam o redesenho. Quando começa a competição por recursos e profissionais talentosos para reformular vários processos, a governança precisa ser esclarecida e formalizada o suficiente para garantir que as decisões sobre quais processos devem ser redesenhados, quando e por quem sejam corretas.

SAINDO DOS TRILHOS

Uma vez que o trabalho de transformação centrada em processos de alto desempenho exige tempo e esforço e envolve complexidade e mudança, é fácil cometer erros que prejudiquem severamente os benefícios que derivam de uma empresa voltada para processos bem elaborados. Os três últimos estudos de caso, de empresas que chamaremos Four Acres, Hattaway Inc. e Acme Specialties, fornecem alguns exemplos realistas do que pode acontecer, mas podemos identificar e sintetizar as formas de fracasso mais prováveis com que as empresas podem deparar.

NÃO PERCEBER O ESCOPO DA MUDANÇA. Muita gente pensa que reengenharia de processos equivale a mudar fluxogramas no papel e quadros e linhas no organograma. Elas subestimam completamente tudo que é necessário para implementar um processo de ponta a ponta e quanto tempo isso leva. A transformação baseada em processos é semelhante a trocar os pneus de um carro em movimento. Quando a transformação tem início, você realmente passa a pensar fora da caixa. E se fizer isso certo, o processo criará uma caixa inteiramente nova, muito mais eficiente e inovadora que a antiga. Um dos principais indícios de não reconhecer o escopo da mudança é a empresa renomear seus gerentes funcionais e começar a chamá-los de proprietários de processos, quando nada mais mudou. Eles não conseguem perceber que o processo não gira em torno do grau de controle de um gerente funcional, mas do grau de influência do proprietário do processo. O proprietário do processo não controla recursos, mas influencia a maneira como são alocados. Uma empresa que não percebe o escopo da mudança nunca tomará as medidas necessárias para se tornar uma empresa centrada em processos de alto desempenho. A transformação é um processo de vários anos, e haverá confusão e complexidade.

REAÇÃO À CRISE. Frequentemente, processos oferecem uma solução para uma grande crise. Estimamos que, pelo menos 60% a 75% das empresas que iniciam a jornada de processos, seguem esse caminho devido a um problema que ameaça a rentabilidade da organização ou, pior, sua própria existência. Processos têm uma capacidade incrível de corrigir grandes problemas. O problema é que, depois que o grande problema é corrigido e a crise passou, há uma tentação de voltar ao estilo antigo. É mais fácil desistir de inovar e de mudar a forma como a organização executa o trabalho e "fazer do jeito que sempre fizemos". A solução é continuar impondo a mudança até que o processo seja institucionalizado e seja mais difícil retornar do que seguir em frente.

DEFENSORES INDIVIDUAIS. Esse problema surge quando um líder do alto escalão é o defensor da transformação baseada em processos. Como Jim O'Brien, CEO da Ashland, descobriu, até a lógica convincente do processo não é suficiente para vendê-lo a alguns executivos obstinados, que temem mudança de status e poder. Ele teve de se livrar de 35 dos 50 principais executivos da companhia e contratar gente nova que compreendia e apoiava processos. Se você é o defensor do processo em sua empresa e não consegue adesão do pessoal que está acima ou abaixo de você, ou não se dispõe a se livrar dos céticos ou antagonistas, é bem provável que processos em sua organização estejam condenados. Mas não se dê por satisfeito com o futuro do processo, mesmo que ele conte com o endosso e o apoio do próprio CEO. Se ele deixar a empresa, é bem possível que o conselho se recuse a entender o que o processo já fez pela organização. Se o conselho não procurar um novo CEO com uma experiência bem-sucedida em processos, existe a chance de o novo executivo, buscando deixar sua marca na empresa, não apoie suficientemente a jornada de processos ou descarte-a em favor de uma forma mais tradicional e confortável (para ele) de trabalhar.

COMEÇAR NO LUGAR ERRADO. Considerando a natureza e o escopo das mudanças inerentes a processos, há uma forte tendência entre os líderes de começar pelo sistema ou pela estrutura de apoio, antes de iniciar efetivamente o trabalho processual. O planejamento excessivo pode ser fatal, porque atrasa o início da transformação e, no mínimo, dá a impressão de que se trata de mais uma burocracia. Há muito tempo o General George Patton reconheceu que "um bom plano executado hoje é melhor do que um plano perfeito amanhã". Os processos precisam produzir resultados visíveis rapidamente, para conseguir uma posição segura na organização. Resista à tentação de começar grande. Levará muito tempo para produzir resultados. É melhor começar pequeno e mostrar benefícios tangíveis, a fim de assegurar apoio duradouro à transformação.

USAR INDICADORES ANTIGOS. Sua empresa teve um conjunto de indicadores em vigor durante anos. Quaisquer que sejam as razões – acima de tudo, porque seus salários e bônus são atrelados a esses indicadores –, muita gente reluta em abrir mão deles e reluta mais ainda em ter de trabalhar com indicadores inteiramente novos. Mas acontece que os indicadores antigos não lhe dirão o que você precisa saber para implementar o processo. Sem novos indicadores de progresso e sucesso, seus esforços para introduzir processos fracassarão, pois as pessoas continuarão a fazer o trabalho pelo qual os indicadores as recompensam. Indicadores de empresas são muito parecidos com leis: as novas continuam sendo promulgadas, mas as antigas continuam em vigor, mesmo quando deixam de ser relevantes. Mas no trabalho processual, o velho precisa ser eliminado para abrir caminho para o novo. Indicadores determinam comportamento, e manter os antigos indicadores equivale a manter também os antigos comportamentos.

ACEITAR AS FALHAS. Inevitavelmente, haverá passos em falso no caminho de processos. Mas falhas não deverão dissuadi-lo de prosseguir em sua jornada. Falhas são oportunidades de aprendizado. É melhor cometer erros no início, antes que eles se tornem dispendiosos.

ADOTAR A COLABORAÇÃO. Processos requerem colaboração, mas não a incentivam. Quando os funcionários dizem que não gostam de processos, o que realmente querem dizer é que não desejam compartilhar o poder. Você está pedindo que as pessoas trabalhem fora de sua zona de conforto e fora de seu silo, e haverá algumas, ou talvez muitas, que não conseguem ou não se dispõem a fazer isso. Quando bons funcionários ameaçam sair, em vez de se adaptar a processos, não tente mantê-los. Eles podem ter sido bons executores no antigo sistema, mas não serão bem-sucedidos no novo. Ou eles destruirão o processo, ou o processo os destruirá. E, embora a transformação centrada em processos exija persuasão e diplomacia, também exige uma férrea determinação de eliminar vacas sagradas e rebeldes. Líderes precisam ser um terço visionários, um terço comunicadores e um terço valentões. Como disse Al Capone: "Você vai mais longe com uma palavra doce e uma arma do que só com uma palavra doce."

Capítulo 8

Tetra Pak

A TRANSFORMAÇÃO DE UMA EMPRESA

Eram os anos 1990, e a empresa sueca Tetra Pak tinha um grande problema. Durante muitos anos, tivera uma trajetória de crescimento espetacular. As vendas de equipamentos e materiais de embalagens assépticas, que ela fora a primeira a desenvolver, cresciam vertiginosamente, visto que a indústria de laticínios e as empresas de bebidas lutavam para oferecer aos consumidores produtos que tivessem sabor fresco, mas que não precisassem ser refrigerados. À semelhança de muitas empresas de crescimento rápido, a Tetra Pak não trabalhava de forma sistemática. Estava tão ocupada correspondendo à demanda que não tinha tempo nem paciência para desenvolver disciplina e sistemas. Mas agora o crescimento estava arrefecendo e a concorrência estava aumentando. Algo precisava ser feito.

Os sintomas de uma empresa fora de controle estavam em toda parte. Os clientes, antes agradecidos porque a Tetra Pak aceitava seus pedidos, estavam se tornando mais exigentes. A força de vendas tentava aplacar clientes, mediante a promessa de fazer produtos de embalagem que não podiam ser produzidos devido a seus formatos ou configurações incomuns. Os clientes exigiam tempo de produção de duas semanas para encomendar materiais de embalagem, mas a Tetra Pak levava seis semanas para processar os pedidos. Os clientes queriam um único ponto de contato com a Tetra Pak, mas a empresa era muito fragmentada para conseguir isso.

O livro *Reengenharia* havia sido publicado alguns anos antes, e o conceito de desenho e redesenho de processos fora muito comentado. Muitos executivos da empresa global Tetra Pak acreditavam que fazia sentido que suas operações fossem orientadas por processos e, nos anos seguintes, houve várias tentativas de redesenhar partes da organização. Mas os esforços não dispunham de coordenação central e não foram desenhados de um extremo a outro da empresa. Com o tempo, eles não se sustentaram, pois não conseguiram produzir o tipo de eficiência que as pessoas esperavam alcançar.

Depois, em 2000, numa tentativa de obter controle sobre seus sistemas, a Tetra Pak implementou um sistema integrado de gestão empresarial, usando o software SAP. Como parte da nova iniciativa, a empresa comprometeu-se a fazer a reengenharia de processos em toda a organização. Duas tentativas fracassaram por falta de recursos, mas a terceira contou com o suporte de amplos recursos financeiros, humanos e de consultoria, e começou a progredir na empresa. Durante alguns anos, os processos foram alvo de muita atenção, mas ainda eram executados através de uma variedade de teorias e metodologias e, em 2003, começaram a oscilar novamente. As sementes de mudança, porém, haviam sido plantadas.

A INICIATIVA AMERICANA

Embora os Estados Unidos estivessem longe de ser um dos maiores mercados da Tetra Pak, a reengenharia de processos no país teve um sucesso inicial digno de nota, principalmente como resultado dos esforços de Johan Rabe, provavelmente o único diplomado da University of Virginia a servir como capitão no Exército sueco. Nascido na Suécia, passou a infância na Indonésia, onde seu pai trabalhava para a Volvo. Foi enviado aos Estados Unidos, para cursar o ensino médio e a faculdade, e, em seguida, serviu o Exército sueco. Depois de cumprir sua obrigação militar, Johan foi trabalhar na Tetra Pak e, em 1999, ocupava o cargo de diretor do serviço de atendimento ao cliente, justamente quando os clientes estavam ficando muito menos encantados com os serviços fornecidos pela companhia. Oprimido pelas reclamações de muitos clientes, Johan, a conselho de um amigo, aprendeu as técnicas da transformação baseada em processos de ponta a ponta e reconheceu de imediato o potencial de fazer a reengenharia do processo de atendimento de pedidos, de modo que ele pudesse ser conduzido por uma única pessoa. Ele visualizou essa única pessoa trabalhando com clientes para desenhar a embalagem que eles queriam, assegurando que satisfizesse suas necessidades e pudesse ser fabricada, organizando o equipamento e materiais necessários, planejando e programando a conclusão do pedido, programando o transporte para fazer o maquinário chegar ao cliente no prazo, instalá-lo nas dependências do cliente e, finalmente, efetuar a cobrança.

A visão de Johan diferia muito do que estava realmente acontecendo nas operações da Tetra Pak nos Estados Unidos. O trabalho que ele imaginava ser realizado por uma única pessoa estava, na verdade, sendo feito por muitos funcionários em departamentos diferentes. Os enganos e as transferências de tarefas inevitáveis provocavam atrasos, confusão, complexidade e todas as outras falhas tão características de empresas fragmentadas.

Johan sabia, teoricamente, que podia otimizar o processo de pedidos de um modo que transformaria as operações da empresa. Mas havia um obstáculo: ele não tinha autoridade para fazer isso acontecer. Ele tinha controle sobre os atendentes de clientes que pegavam os pedidos, mas não sobre os outros departamentos que desempenhavam funções no horrível processo. Ele não podia obrigar outros departamentos a fazer qualquer coisa. Mesmo assim, decidiu seguir adiante.

Embora Johan não tivesse autoridade para *comandar* seus colegas, pensou que talvez fosse possível *persuadi-los* a fazer as coisas de seu jeito. Ele incentivou o dirigente do departamento financeiro a ceder-lhe a responsabilidade pela previsão e, dessa forma, liberar o departamento de finanças do que se considerava uma obrigação maçante. Ele convenceu a logística a tirar coordenadores de expedição dos armazéns para sentar com seus atendentes de clientes, de modo que tivessem uma visão antecipada das necessidades de transporte dos clientes. Ele prometeu à produção que, se eles dessem a seu departamento mais influência sobre o cronograma de produção, ele poderia reduzir o número dos incômodos pedidos urgentes que lhes eram enviados. Em seguida, foi falar com o chefe da equipe de vendas e disse-lhe que vendas arcaria com uma sobretaxa toda vez que houvesse um pedido urgente. Johan contava com um pouco de apoio dos colegas e até de seu chefe, que aprovou um aumento nas qualificações e no salário de uma nova espécie de atendente de clientes, que podia trabalhar da forma como Johan visualizara. Em pouco tempo, a operação de guerrilha de Johan começou a render frutos. Custos, tempo de produção, pedidos urgentes e queixas de clientes, todos diminuíram, e os clientes até começaram a elogiar a nova maneira de fazer negócios. Ainda assim, Johan sabia que, embora tivesse desencadeado a transformação, não tinha influência na empresa para levá-la muito mais adiante. Foi quando Dennis Jönsson entrou em cena.

Muitos gerentes conduzem seus negócios de forma eficaz por controle remoto, com base em dados e relatórios. Mas esse não era o estilo de Dennis Jönsson. Desde que entrou para a Tetra Pak, em 1982, e trabalhou na Suécia, Panamá e México, ele dirigia seus departamentos com conhecimento de primeira mão. Passava bastante tempo com clientes, ouvindo suas reclamações e anseios. Andava pelas fábricas, observando cuidadosamente pedidos e programações, e assegurava que o equipamento da Tetra Pak funcionasse nas instalações dos clientes conforme anunciado. Portanto, é fácil imaginar a reação de Dennis quando ele assumiu o novo cargo de presidente das operações americanas da Tetra Pak, e fez uma pergunta simples: "Qual o percentual de entregas feitas no prazo?" Ninguém sabia!

Dennis tinha consciência de que, se você fizesse uma pergunta simples e não obtivesse resposta, algo estava muito errado. E, efetivamente, havia um problema enorme. Após alguma investigação, constatou-se que apenas 13% dos pedidos eram entregues no prazo. Johan acabara de iniciar esforços para transformar o serviço de atendimento ao cliente em um processo de ponta a ponta, e isso chamou a atenção de Dennis. O presidente começou a passar muito tempo com Johan, desenvolvendo sua própria compreensão de processos de uma ponta a outra. Usando a metodologia de processos de Johan, as entregas de pedidos no prazo logo ultrapassaram 80%. Dennis forneceu mais recursos financeiros e apoio ao trabalho processual de Johan e estava planejando estendê-lo para outras partes das operações americanas quando, em 2001, foi promovido a dirigente da unidade de negócio Carton Ambient, da Tetra Pak, a maior da empresa.

Dennis levou Johan consigo para a Carton Ambient, onde realizaram a transformação centrada em processos em várias partes da divisão, mesmo quando iniciativas semelhantes em outras áreas da empresa estavam patinando. Mas como a Carton Ambient tinha amplos laços com outras partes da Tetra Pak, Dennis convenceu o CEO a incluir a transformação na agenda da empresa. Dennis estava se arriscando, mas, a despeito de algum ceticismo de seus colegas, conquistou o apoio do grupo e a Tetra Pak iniciou sua jornada de transformação baseada em processos. Em 2006, Dennis Jönsson tornou-se CEO e a transformação orientada por processos passou a fazer parte do DNA da empresa.

DISCIPLINANDO O PROCESSO

Em 2003, quando a mais recente iniciativa processual em toda a empresa começou a se desviar do curso, a Tetra Pak nomeou Anders Wester para o cargo de CPO (Chief Process Officer). Sua função era descobrir como levar uma noção de disciplina e ordem às várias iniciativas de processos que estavam ocorrendo de um lado a outro da Tetra Pak. Na época, Anders não sabia, mas estava iniciando uma jornada de três anos.

A primeira medida de Anders foi acabar com a mentalidade de "processo pelo processo", que parecia dominar muitas iniciativas de processos da empresa. Em vez disso, ele resolveu criar um vínculo forte e claro entre o trabalho processual e os objetivos estratégicos da Tetra Pak. No sentido mais simples, a Tetra Pak tinha três prioridades estratégicas: focar e desenvolver a atividade básica, priorizar a inovação baseada nos custos e impulsionar operações e desempenho. De repente, havia uma razão muito boa para que todos – não apenas para seus seguidores – prestassem atenção aos processos.

Como Anders explica: "Se dissermos, 'Estamos fazendo esta coisa toda de processo que melhora os objetivos estratégicos', alguém pode concordar ou discordar do método, mas se discordarem de nossa estratégia, então teremos um grande problema. É dificílimo para os executivos enfrentar essa discussão."

Quando todos souberam que processos eram parte essencial da estratégia da Tetra Pak, o aprendizado sobre o que exatamente é um processo tornou-se prioridade. Esse aprendizado começou no topo, com 250 altos executivos. Em pequenos grupos, os executivos compareciam à "academia de processos" que a Tetra Pak criou em conjunto com a IMD, escola suíça de pós-graduação em negócios. Os seminários de três dias e meio mergulhavam os executivos no desenho de processos. Como parte do curso, os executivos precisavam esboçar um plano sobre como adotariam e implementariam processos em suas áreas. No último dia, cada um deles tinha de apresentar o plano para o CEO. "Isso promovia muita adesão e entendimento no âmbito executivo", afirmou Anders. Quando o último executivo concluiu a educação acadêmica, 18 meses depois, a Tetra Pack atingira o ponto de virada que marcou o início da total aceitação de processos.

Em retrospecto, Anders está convencido de que a empresa inteira aderiu à ideia de processos apenas porque o CEO estava totalmente comprometido. "Ela pode ter origem na base, mas, depois, é preciso que o CEO diga, 'É dessa maneira que vamos dirigir a empresa'", disse Anders. Uma das tarefas mais visíveis do CEO, no início da jornada de processos, é nomear publicamente os proprietários de processos e explicar suas funções como projetistas, em tempo integral, da transformação fundada em processos. A sanção do CEO dá aos proprietários de processos a influência de que precisam para sair pela empresa fazendo perguntas que visam descobrir o melhor desenho.

Anders também constatou que há uma forte tentação de tentar reformular a empresa inteira de uma só tacada. Isso seria avassaladoramente complexo e certamente condenaria a reengenharia ao fracasso. Em vez disso, disse ele, devem-se focar alguns processos principais que têm impacto visível e direto nos objetivos estratégicos da organização. No caso da Tetra Pak, isso significava ferir alguns sentimentos. Embora a empresa estivesse tendo dificuldades com várias iniciativas de processos, criara um conselho de processos com o propósito de reunir pessoas de diversos departamentos em apoio ao projeto de processos. Mas ficou claro que muitas vozes e opiniões estavam retardando o progresso. Quando a Tetra Pak decidiu concentrar-se em apenas alguns processos principais, o número de integrantes do conselho de processos foi reduzido drasticamente. Recursos Humanos, por exemplo, foi comunicado de que não era mais bem-vindo.

"Quando começamos, tínhamos todas essas iniciativas em andamento, e havia muita gente à mesa, ao mesmo tempo, tentando fazer muitas coisas, mas sem priorizar nada. Quando decidimos focar apenas alguns processos principais, tivemos de dizer a algumas pessoas, 'Vocês não estão mais convidados a participar do conselho. Outras pessoas são mais importantes'.

Com essa atitude, certamente não venceríamos um concurso de popularidade, mas, em prol do progresso, isso precisava ser feito."

Durante a fase inicial do projeto que abrangia toda a empresa, os proprietários de processos não tinham quaisquer responsabilidades exceto criar o desenho. Eles deixaram seus altos cargos executivos para dedicar todo o seu tempo ao desenho. Como disse Anders: "Isso não pode ser feito no turno da noite." Porém, quando a Tetra Pak começou a implementar o desenho inicial, isso mudou. O processo foi inserido nas responsabilidades funcionais, em um desenho empresarial que possibilitava que o trabalho de processos fosse feito no que correspondesse a uma empresa funcional. Hoje, a Tetra Pak baseia-se nas capacidades funcionais, mas o trabalho é executado através de processos.

Há muita sobreposição entre as responsabilidades relativas a processos e as responsabilidades organizacionais. A desvantagem é que os proprietários de processos muitas vezes precisam afastar-se de suas responsabilidades funcionais, o que é difícil, porque, em seu papel operacional, além de terem muita segurança, eles detêm o comando e o controle, o que não é o caso quando exercem sua responsabilidade de proprietário do processo."

A Tetra Pak também descobriu que não podia ficar tão envolvida na implementação do processo através de ordens executivas, a ponto de se esquecer das pessoas envolvidas. Teria sido fácil subestimar o lado humano da implementação e ignorá-lo. Em vez disso, os executivos da Tetra Pak entenderam que precisavam fazer as pessoas se empolgarem com o desenho do processo. Em essência, é muito lógico e fácil, para uma pessoa de boa formação e bom-senso, aprender o desenho de processos. Mas fazê-la se conectar com ele em um nível mais emocional é mais difícil.

"As pessoas são complicadas", disse Anders. "É preciso treiná-las, e mudar suas atitudes é algo que leva tempo. Além de seu coração, você também precisa conquistar sua mente."

Os indicadores certos são essenciais para o sucesso e a evolução iniciais do desenho do processo. A Tetra Pak percebe hoje que cometeu um grande erro, no início, ao não criar um banco de dados principal quando estava implementando seu sistema integrado de gestão empresarial SAP. Era difícil ver os benefícios de um repositório de dados tão amplo, nas etapas iniciais de planejamento, mas seu valor tornou-se penosa e dispendiosamente evidente à medida que o desenho do processo e a transformação do negócio amadureciam.

Acertar nos indicadores é importante demais para improvisar. Em vez disso, a Tetra Pak dedicou muito tempo e esforço, nas fases iniciais, para estabelecer parâmetros e definições. A princípio, nem sempre fica claro que indicadores impulsionam os objetivos, e somente discussões e testes meticulosos podem produzir os resultados necessários. O segredo é prestar atenção em metas e objetivos, depois perguntar como eles podem ser medidos. Acrescentar o elemento de mensuração a uma meta ou objetivo torna-o mais tangível. Manter a simplicidade dos indicadores também é importante. Nos níveis mais elevados, os indicadores essenciais tornam-se parte do *balanced scorecard* da empresa, e todos sabem que o CEO analisa isso todo trimestre. Acrescentem-se os bônus baseados, pelo menos em parte, nesses indicadores essenciais, e todos tenderão a prestar muita atenção.

A JORNADA NUNCA TERMINA

Hoje, a Tetra Pak é um modelo de organização voltada para processos usados com frequência em nossos treinamentos. Quando pedimos a Anders Wester que fizesse uma apresentação em uma de nossas aulas, em 2008, ele intitulou sua palestra de "From Project to Way of Life" e disse: "Há boas e más notícias. A boa notícia é que essa coisa de processos, na realidade, é extremamente simples. Intelectualmente, não se trata de algo cabalístico. A má notícia é que não é fácil. Na verdade, é dificílimo de realizar. E leva muito tempo. Eu não sou um homem muito paciente, mas sinto-me honrado pelo que conseguimos através de persistência, porque leva muitíssimo tempo, mas vale a pena. Todos perguntam: 'Quando você vai chegar lá?' Creio que já chegamos, porque sabemos que não pensamos mais no assunto. Torna-se uma questão de como fazemos as coisas e de como abordamos um problema. Nosso pessoal agora fala: 'é um problema de execução ou um problema de desenho ou precisamos redesenhar o processo?'. Quando você tem essas conversas rotineiramente, acho que já chegou lá."

Todavia, em 2009, quando um de nossos grupos de pesquisa realizou uma sondagem com a Tetra Pak e com várias outras empresas orientadas por processos, as respostas que obteve indicaram que, embora a Tetra Pak possa "ter chegado lá" em termos de tornar o processo foco central de suas discussões sobre planejamento e execução, a empresa acredita que precisa ir muito mais longe. Na escala de 1 a 4 do modelo PEMM, com 4 = excelente, a Tetra Pak atribuiu-se nota 1 em foco no cliente, 2 em postura em relação à mudança e ao trabalho em equipe, 3 em conscientização de liderança, 3 em responsabilidade de governança, mas 2 em definição de indicadores e apenas 1 no uso desses indicadores.

Por que uma empresa que aparentemente domina o uso de processos e é amplamente admirada na área se classifica de modo tão crítico? Porque a jornada nunca termina. Quanto mais você aprende sobre processos, mais maneiras encontra de torná-los úteis, e se torna mais capaz de reconhecer as nuances e sutilezas de aspectos como governança e indicadores. Os líderes da Tetra Pak estão cientes de que há mais a fazer, e que "chegar lá" é mais uma etapa intermediária na jornada para a excelência.

Capítulo 9

Gamesa

CRIANDO UMA CULTURA DE PROCESSOS EM TODA A EMPRESA

Durante muitos anos, a Gamesa foi a principal fabricante mexicana de biscoitos e outros lanches doces. Empresa familiar, fundada em 1921, ela era, como muitas outras, muito hierárquica. Os empregados eram orientados em suas funções por supervisores, que também tinham supervisores para inspecioná-los, e havia ainda mais níveis de supervisão acima deles. Esse controle rigoroso foi benéfico para a empresa nos primeiros anos, enquanto ela crescia por meio de aquisições e aumentava as vendas através de atacadistas e supermercados, conquistando um terço do mercado de guloseimas em 1990. Mas quando a PepsiCo adquiriu a empresa em 1990, os antigos métodos de gerenciamento não estavam funcionando tão bem. A Gamesa não estava inovando e se concentrava nos custos, e não no valor de seus produtos. A qualidade dos produtos era irregular e seus processos de fabricação eram ineficientes; os empregados ganhavam mal, trabalhavam em condições desoladoras, não eram comprometidos nem interessados. E talvez o pior de tudo: os clientes da Gamesa, de atacadistas e grandes cadeias varejistas a pequenas mercearias de rua, estavam descontentes com os serviços e os produtos da empresa – e também os consumidores, que eram os compradores finais de seus produtos.

Quando a PepsiCo exigiu a melhoria de desempenho, os executivos da Gamesa esforçaram-se para encontrar um novo caminho a seguir. A burocracia fragmentada da empresa era um grande problema. Havia muitos chefes, com muitos grupos para conciliar, e funcionários de todos os escalões pareciam não ter objetivo. Ninguém parecia saber o que fazer para melhorar os resultados. A desanimada força de trabalho era igualmente problemática. A Gamesa tinha um longo histórico de conflitos com o sindicato que representava seus trabalhadores. A negociação de acordos anuais levava meses. Os trabalhadores não tinham voz nas fábricas e sentiam-se desligados do trabalho Aliás, o sindicato disse a seus membros para nem tentar melhorar as coisas na Gamesa. "Deixe sua cabeça no armário e leve o corpo para o trabalho", esse era o conselho do sindicato. Estava claro para os trabalhadores e também para os chefes que tudo o que a Gamesa queria era a mão de obra dos trabalhadores, não seu raciocínio. E, dada a tradicional semana de trabalho de 48 horas do México, quase todos os empregados acabavam trabalhando seis dias por semana, às vezes fazendo horas extras, deixando pouco tempo precioso para passar com a família, em um país caracterizado por estreitos laços familiares. Parte do trabalho também era sazonal. Muitos católicos, num país predominantemente católico, consideravam as guloseimas da Gamesa um sacrifício quaresmal, e as vendas despencavam todos os anos no início da Quaresma, provocando demissões e redução das horas de trabalho. Evidentemente, a Gamesa era uma empresa turbulenta.

Então, Juanito assumiu como chefe.

Salvador Alva, CEO da Gamesa na época, sabia que a empresa precisava fazer mudanças radicais, desde a cultura até os seus métodos de produção. Mas sabia também que para levar a cabo uma mudança tão ousada, ele teria de descobrir um tema simples, mas contundente, que alinharia todos na empresa, desde os altos executivos até os trabalhadores da manutenção no turno da noite. Porém, até então, esse tema unificador ainda não lhe havia ocorrido. Mas num certo dia de 1966, Salvador andava em uma feira de Monterrey, onde ficava a sede da Gamesa, refletindo profundamente sobre o que poderia ser feito para recolocar a empresa no caminho do crescimento e da saúde financeira. Ao dobrar uma esquina, o CEO viu um menino sentado no meio-fio, comendo uma bolacha da Gamesa. A cena causou-lhe vívida impressão: este era um cliente Gamesa! Em Monterrey, uma bolacha ou lanchinho não é apenas isso. É uma parte importante da alimentação diária de uma criança. O CEO foi até o menino e perguntou seu nome.

"Qual é seu nome?"

"Juanito."

Naquele momento, Juanito tornou-se a solução para o problema da Gamesa. Já não existiam chefes demais. Aqui estava o novo chefe: o cliente personificado pelo pequeno Juanito. Agora Salvador tinha seu princípio comum. Ele resolveu convencer a todos, de seus assessores aos empregados das fábricas, de que o que a Gamesa precisava era concentrar todos os seus esforços no cliente. Sua mensagem: o cliente precisava e merecia um produto de qualidade a um preço razoável. Se a Gamesa conseguisse fornecer esse produto sistematicamente, seria bem-sucedida. A visão era simples: tornar-se a empresa preferida de alimentos práticos, nutritivos e divertidos. A fim de empolgar os clientes, a Gamesa mudaria inteiramente sua maneira de trabalhar. Dali em diante, declarou Salvador, tudo que a empresa fizesse teria de agregar valor para o consumidor. Juanito definiria valor, não o CEO ou qualquer outra pessoa que trabalhasse na empresa.

Fácil de dizer, não tão fácil de fazer. Salvador sabia que mudar toda uma cultura e a forma de trabalhar seria uma tarefa monumental, que levaria anos. Ele decidiu, desde cedo, que adotar uma abordagem processual do trabalho seria, em última análise, a única maneira de alcançar os resultados de que a empresa precisava. Ainda assim, as implicações de se tornar uma organização orientada por processos pareciam descomunais. Os silos funcionais teriam de se submeter ao trabalho de ponta a ponta, com Juanito e outros clientes na extremidade do processo. Mas antes que isso pudesse acontecer, a empresa teria de empreender uma remodelação total de suas relações trabalhistas, a fim de aproveitar o conhecimento e a energia de sua força de trabalho, uma tarefa hercúlea, dado o histórico de má vontade entre a gerência e os trabalhadores. Salvador acreditava que, se os trabalhadores entendessem que sua missão era empolgar e alimentar Juanito, teriam ideias valiosas de como fazer as coisas melhor, se ao menos fossem ouvidos pela gerência. Mas isso era apenas parte da solução do problema. Os trabalhadores também teriam de confiar na gerência, e ela, por sua vez, teria de conquistar a confiança deles. Considerando esse desafio, Salvador formulou um princípio norteador simples: os empregados não ligam para o quanto a gerência sabe, até que saibam o quanto ela se preocupa.

Construir uma relação de confiança com sua força de trabalho, embora talvez difícil, seria apenas o primeiro grande passo de uma longa jornada.

Depois, ocorreriam mudanças substanciais na organização do trabalho e dos trabalhadores. Ainda não estava totalmente claro com que rapidez e como isso poderia acontecer, mas, priorizando o processo como princípio organizador, Salvador estava convencido de que um formato novo e mais eficiente surgiria para o negócio.

O primeiro obstáculo era persuadir trabalhadores céticos de que a empresa, que durante muito tempo não os considerara senão mão de obra, estava realmente decidida a mudar essa relação. Afinal de contas, essa era uma empresa que demonstrara, de inúmeras maneiras, o pouco valor que os trabalhadores tinham como seres humanos. Trabalho excessivo e baixos salários eram apenas uma parte disso. Havia os banheiros antigos e sujos, a falta de refeitórios nas fábricas e pouco ou nenhum apoio da empresa a atividades recreativas. Em uma cultura obcecada por futebol, a Gamesa se recusava a escalar um time da empresa para competir em ligas corporativas.

Já que a administração da Gamesa estava iniciando uma jornada de processos, ela decidiu criar um processo para resolver o problema de relações trabalhistas hostis, chamado "Winning the Confidence of the People". O ponto central do processo era comunicar aos trabalhadores que a empresa queria mudar o relacionamento de longa data que mantinha com eles, mas que seriam as ideias deles as responsáveis pela mudança, e não as da empresa.

"Não lhes diremos como fazer a mudança", os dirigentes disseram aos empregados. "Isso caberá a vocês. Nós ouviremos o que vocês têm a dizer. Colocaremos a empresa em suas mãos."

Apenas mais palavras? Evidentemente, os trabalhadores continuaram céticos. Porém, a administração começou a realizar grandes reuniões e pedir ideias sobre o que precisava mudar. A relutância inicial de se manifestar com franqueza, por medo de retaliação, desapareceu com o tempo, e os empregados começaram a sugerir primeiro dezenas e depois centenas de ideias para melhorar as relações com a gerência, bem como as condições de trabalho. Algumas eram relacionadas diretamente ao trabalho: os supervisores receberam muitas críticas por perseguir os trabalhadores da linha de produção. Outras sugestões diziam respeito às condições de trabalho, e o estado imundo dos banheiros nas fábricas aparecia no topo das listas de reclamações. E os aficionados por futebol também colocaram suas fichas: a Gamesa precisava providenciar um campo para eles. Permeando todas as demais reclamações, é claro, havia solicitações de melhores salários e horários.

Literalmente com milhares de ideias dos trabalhadores, cabia aos executivos da Gamesa fazer a seleção e executá-las. Sem essa implementação final, os trabalhadores ficariam convencidos de que tudo não passara de mais um estratagema da gerência para tirar mais proveito deles sem qualquer custo. Mas a administração dissera aos empregados, no princípio, que estava colocando a empresa em suas mãos. Cumprindo a promessa, ela pediu aos empregados mais ideias sobre como tornar o trabalho mais eficiente, para que a redução de custos ou o lucro adicional pudessem financiar suas sugestões. E, como esperado, as ideias surgiram.

A redução de custos pagou metade do novo campo de futebol e a empresa contribuiu com a outra metade. Isso não aconteceu da noite para o dia. Na verdade, foram necessários vários anos para que o processo "Winning the Confidence of the People" amadurecesse. Mas os sinais eram inequívocos: os trabalhadores estavam começando a confiar na empresa, e vice-versa.

Talvez o sinal mais evidente dessa confiança crescente tenha ocorrido quando a administração da Gamesa pediu aos trabalhadores ideias sobre como tornar a empresa mais lucrativa: "O que precisamos fazer para tornar os negócios mais lucrativos e poder pagar mais a vocês e investir no crescimento da empresa?"

A resposta inequívoca: "Deixem-nos fazer nosso trabalho sem interferência." Havia muito os trabalhadores achavam que os supervisores interferiam sem necessidade na forma como o trabalho era feito, retardando as coisas com exigências excessivamente rigorosas, em alguns casos, e apressando outras coisas de forma imprudente, com consequente perda de qualidade. "Nós é que sabemos como fazer nosso trabalho, então deixem-nos fazê-lo do jeito que sabemos", disseram os empregados. Mas isso não era muito arriscado? Afinal de contas, a Gamesa passaria às mãos dos empregados alguns aspectos fundamentais do negócio como controle de qualidade, segurança e manutenção. Se isso acontecesse, os empregados realmente se apropriariam da empresa.

Mais uma vez, a transformação levou tempo e exigiu uma liderança forte e constante. José Luis Prado, CEO da Gamesa Quaker desde 2002, declarou: "Foi preciso firmeza e congruência", mas, no fim, os trabalhadores adotaram uma postura empresarial em seu trabalho. Os padrões de qualidade, segurança e manutenção realmente melhoraram, mesmo com o número de supervisores diminuindo gradualmente nas fábricas. Com o tempo, a maioria das fábricas da Gamesa chegou a um ponto em que havia um diretor, alguns facilitadores de recursos humanos, engenharia e cadeia de suprimentos, e o restante eram trabalhadores da linha de frente. Em alguns turnos da noite, não havia ninguém na função de supervisor.

A redução de custos foi evidente, e a Gamesa estava se tornando uma empresa mais rentável. E, como "proprietários da empresa", os trabalhadores naturalmente queriam sua parte. As negociações entre a empresa e o sindicato tornaram-se mais afáveis, quando a força de trabalho percebeu que a Gamesa levava a sério a mudança nas relações trabalhistas. Uma das principais realizações das novas relações entre gerência e trabalhadores foi um novo sistema de remuneração variável, um conceito inédito na indústria mexicana. Os salários dos empregados eram atrelados a um conjunto de indicadores, cujo desempenho dependia inteiramente das equipes. Fatores variáveis como eficiência e qualidade eram controlados pelas equipes autodirigidas dos trabalhadores da linha de frente. Eles conheciam seus indicadores e se reuniam no final de cada turno, para analisar desempenho e planejar melhorias que lhes propiciariam maiores salários. Parece uma iniciativa de gerência, mas, na realidade, é um exemplo de empregados que se autogerenciam sem supervisores.

Os salários foram apenas uma das maiores reclamações dos trabalhadores quando a Gamesa iniciou sua jornada de processos. A outra foi a longa carga horária distribuída nos seis dias da semana. Quando os trabalhadores aprenderam a complexidade de suas novas funções como "proprietários", resolveram que havia uma maneira melhor: propuseram trabalhar quatro dias de 12 horas cada. A administração concordou em tentar que os empregados resolvessem e gerenciassem questões de escalação de pessoal – cobertura de turnos, cronograma de férias, licença médica, necessidade de horas extras, treinamento, necessidade de recursos e, acima de tudo, satisfazer as necessidades de produção.

A cultura da Gamesa mudou para sempre. Sentindo-se mais como parceira dos gerentes da empresa, a força de trabalho assumiu iniciativas maiores. Por exemplo, eles ressaltaram para a liderança que as promoções em sua força de trabalho deficiente estavam sendo injustamente negligenciadas. Ao trabalharem em conjunto, sugeriram um plano de treinamento e desenvolvimento, para dar aos trabalhadores deficientes a oportunidade de demonstrar seu valor e assumir funções gerenciais. Também encontraram um meio de cuidar de trabalhadores demitidos durante as crises sazonais, reconhecendo e ajudando aqueles que se sacrificaram em consideração à empresa.

Os resultados produzidos ao longo dos anos foram surpreendentes. Com a maturação do redesenho do processo, a Gamesa conseguiu reduzir a proporção supervisor-trabalhador de 1:12 para apenas 1:55. O sistema de remuneração passou de pagamento fixo para um sistema 100% variável, com base salarial zero. A nova estrutura de pagamentos, predominantemente baseada no desempenho do processo, incluía divisão de lucro entre os membros da equipe, com base no tipo de trabalho desempenhado por cada um. Os resultados para o negócio incluíram aumentos de 50% nos volumes, reduções no custo de mão de obra de 12%, aumento de 15 pontos percentuais na produtividade, duplicação nos índices de qualidade e aumento de quase 160% no rendimento líquido dos trabalhadores.

A LONGA JORNADA

Apenas a transformação das relações trabalhistas da Gamesa já seria avanço suficiente para repousar sobre os louros conquistados. Mas a transformação baseada em processos é contínua. Ela exige muito trabalho detalhado, mas também ideias ousadas sobre como fazer as coisas de forma diferente. Por exemplo, antes de iniciar sua transformação, a Gamesa era uma empresa baseada nos custos. O preço de seus produtos no mercado baseava-se nos custos de produção de bolachas e lanches. Isso parece bastante lógico, mas essa medida revelou-se inútil quando Juanito e os consumidores que ele representava foram colocados no comando da empresa. A nova estratégia de precificação, que motivou a reorganização por processos, tornou-se o que a empresa chamou de "o número com valor agregado". Não era difícil encontrar esse número. Tudo que você precisava fazer era ir até o consumidor com o produto e perguntar: "Qual deveria ser o preço desse produto?" Trabalhando de maneira inversa, a empresa tinha de descobrir como fabricar o produto, de modo que o preço identificado pelo cliente produzisse lucro para a Gamesa.

Obviamente, como as condições econômicas e de mercado mudam ao longo do tempo, o preço também deve mudar. E isso significa inovações constantes em seus processos. Porém, para a Gamesa, é sempre o cliente que estabelece o preço de seus produtos.

Organizar o trabalho de transformação baseada em processos é outra luta em constante evolução. A visão inicial de uma Gamesa renovada e revitalizada foi de uma transformação holística que abrangeu a empresa inteira, tornando-a uma organização totalmente centrada em processos. Mas esse objetivo demonstrou-se muito mais fácil de idealizar do que de atingir.

Certamente o objetivo da empresa estava correto. Ela nomeou proprietários de processos e equipes dedicadas para promover a reengenharia de processos, a começar pelo processo de inovação. Para enfatizar quão radicais as mudanças deveriam ser, os executivos seniores, que também atuavam como proprietários de processos, receberam novos cargos. O vice-presidente de marketing, por exemplo, tornou-se o proprietário do processo Captivating the Consumer, e seus subordinados diretos tornaram-se membros da equipe desse processo. A mudança de títulos surtiu o efeito desejado de enviar uma mensagem poderosa a toda a empresa: *Encaramos com seriedade a transformação da empresa.* E houve alguns sucessos, principalmente em relação a criar uma cultura que entendia o conceito de processo.

Porém, no decorrer do tempo, ficou evidente que a Gamesa estava longe de realizar a visão de uma transformação em toda a empresa, que a fizera dar início à jornada de processos. Em vez disso, os esforços eram assistemáticos, e o principal fator que limitava o progresso era que os processos que a Gamesa projetou geralmente não ultrapassavam os limites funcionais. O que ocorreu foi que a empresa acrescentou títulos de processos a responsabilidades funcionais. Os departamentos permaneceram predominantemente em seus silos, e a empresa não obteve todos os benefícios do trabalho com processos de ponta a ponta.

Com frequência, a transformação centrada em processos avança lentamente, e a liderança da Gamesa levou vários anos para reconhecer esse fato. Para que a empresa retomasse o rumo da transformação total, José

Luis Prado decidiu iniciar, em 2005, uma reorganização que transformaria a Gamesa em uma "organização multidimensional", segundo a alta direção. Uma dimensão da nova organização seriam as atividades funcionais existentes, de conhecimento, expertise e gestão de talentos. Uma segunda juntaria as quatro unidades de negócio da empresa, que, como um grupo, seria responsável pela "propriedade" de consumidores, os Juanitos da vida. As unidades de negócio administrariam o portfólio de marcas da Gamesa e focariam em inovação e profundo conhecimento dos consumidores e concorrentes da empresa. A terceira dimensão foi a criação de equipes de clientes que, de novo como grupos multifuncionais, seriam responsáveis pela "propriedade" de clientes diretos da Gamesa, os atacadistas e varejistas que colocavam os produtos da empresa nas mãos dos consumidores. As equipes de clientes eram especializadas em um dos três segmentos de mercado: atacadistas, supermercados e pequenas lojas. Finalmente, haveria proprietários de processos orientando a mudança em trabalho processual. Mas não se deu ênfase a processos na segunda fase de transformação da Gamesa. Embora os processos acabassem, mais tarde, ficando no centro da organização multidimensional, era essencial que a Gamesa primeiro executasse a reorganização, antes de impor processos à empresa inteira.

Essa segunda fase da transformação da Gamesa destinava-se a executar um conjunto de cinco prioridades – "Batalhas de Sucesso Obrigatório", no linguajar da Gamesa – que abrangiam toda a organização. Quatro das prioridades envolviam diretamente as quatro unidades de negócio da Gamesa – biscoitos, alimentos semiprontos, lanches saudáveis e internacional – e procuravam dominar claramente o mercado em suas respectivas categorias. A quinta batalha era adquirir novas capacidades e novos níveis de produtividade através de processos, embora ainda não se desse ênfase aos processos que percorriam toda a empresa.

Somente após o amadurecimento da reorganização é que a Gamesa iniciou a terceira fase de sua jornada de transformação, com foco no trabalho processual. Essa fase começou com um "Programa de Transformação Total da Empresa" e a nomeação de um diretor executivo de transformação, como parte do comitê executivo da empresa. Como declarou José Luis Prado: "O objetivo é levar a ciência à arte da administração." O cargo de "proprietário do processo" foi formalizado, e os proprietários foram nomeados para vários processos: cativação do consumidor, desenvolvimento de negócios, serviço de atendimento ao cliente, planejamento, gerenciamento e organização, e capacidade. Cada proprietário do processo recebeu a responsabilidade de apresentar, sistematicamente, um desempenho eficaz dos processos de ponta a ponta, mediante o redesenho, melhoria e gerenciamento desses processos. "Mais Rápida, Melhor e Mais Enxuta", esse tornou-se o mantra dominante da Gamesa. Mais rápida significava antever e ir além da mudança, melhor significava melhoria de desempenho através de processos conectados e sincronizados, e mais enxuta exigia fazer mais com menos para financiar o crescimento futuro.

Para implementar a terceira fase de sua transformação, a Gamesa criou um conselho de processos, uma equipe multifuncional de líderes, incluindo proprietários de processos que se reportavam ao comitê executivo da empresa. Também criou novas funções executivas sob o comando dos proprietários de processos. "Arquitetos de negócios" atuavam como consultores internos para ajudar a gerenciar processos e sua melhoria, "arquitetos organizacionais" asseguravam que a estrutura de organização contasse com funções e coordenação adequadas para suporte dos processos, e os "arquitetos de TI" tinham a incumbência de garantir que a tecnologia da informação apropriada estivesse disponível para apoiar os processos. Em conjunto, as mudanças representavam um modelo de arquitetura empresarial que abarcava todos os processos e mudanças da organização.

Os resultados, ao longo de três anos, foram estupendos. Os tempos de ciclo foram reduzidos, com alguns produtos indo da ideia ao mercado em apenas quatro meses. O serviço de atendimento ao cliente atingiu nível recorde, mesmo quando os estoques tiveram seus níveis reduzidos. As previsões tornaram-se mais precisas, os custos caíram e a produtividade dobrou. Miguel Galvan, diretor executivo de transformação da Gamesa e líder do conselho de processos da empresa, assinalou que, até o final de 2010, a Gamesa subiria do Nível Um, do modelo PEMM, para o Nível Três, um feito e tanto. E o mais importante: o terceiro estágio de transformação da Gamesa criou condições para a empresa dar um salto quântico nos próximos anos. Mas, para fazer isso, ela precisa exigir muito em algumas áreas, especialmente na função dos proprietários de processos.

"Precisamos desenvolver a função do proprietário do processo", explicou Miguel. "Às vezes, os gerentes funcionais preocupam-se porque os proprietários de processos tomam decisões que os afetam. A última etapa da implementação da governança de processos é que os líderes funcionais reconheçam que mudar o processo vai além de seus limites, e que é responsabilidade do proprietário do processo aplicar os benefícios de ponta a ponta ao desempenho da empresa. Portanto, estamos dando aos proprietários de processos autoridade formal para decidir sobre investimentos para melhoria de processos e para fazer *trade-offs* operacionais entre gerentes funcionais."

Os clientes da Gamesa também desempenharão um papel mais importante na transformação. A empresa pretende integrar os clientes em seu processo de planejamento, buscando informações úteis e ideias sobre como servir melhor seu chefe supremo, Juanito, e os outros consumidores que apreciam os produtos da Gamesa.

Capítulo 10

Four Aces

AQUÉM DO ESPERADO

Quando Kevin, vice-presidente executivo de operações da Four Aces Manufacturing, e Glynn, vice-presidente de vendas, estavam jogando golfe com o recém-nomeado CEO de um dos maiores clientes da Four Aces, Zorba Technologies, receberam uma reprimenda imprevista.

"Olhem, eu sou novo no cargo e não estou aqui para perturbar vocês, mas todos com quem converso em minha empresa reclamam de atrasos nas entregas e de erros de faturamento da Four Aces", disse ele aos chocados executivos. "A qualidade de seu produto é excelente, mas seus preços estão aumentando mais rápido que os dos concorrentes. Isso não é uma ameaça, mas vou ficar muito atento a essas coisas no ano que vem, e vocês precisam saber que não garanto que vocês continuarão com nossa empresa."

Os dois executivos, desgostosos, tiveram visões catastróficas. Kevin passou o resto do dia esquentando a cabeça com o que ouvira no campo de golfe. "Por que diabos não soubemos disso antes?", ele se perguntava. "Temos montes de dados que examinamos todo mês, mas isso nunca veio à baila."

Ele ligou para Glynn no domingo e lhe disse como estava aflito com a conversa. "Eu gosto de surpresas, Glynn, mas não desse tipo. Foi embaraçoso. Qual é sua opinião sobre as queixas dele, e como podemos corrigi-las?"

Glynn garantiu a Kevin que tudo não passava de dificuldades inerentes ao crescimento que a Four Aces estava enfrentando, combinadas com o fato de a Zorba ter um novo CEO, que anteriormente atuava na área de operações. O novo CEO estava examinando coisas com que o último não se preocupava muito. Mas então Glynn disse que talvez a Four Aces precisasse de um pequeno reforço.

"Acredite, Kevin, eu poderia usar mais recursos. Talvez designar um pessoal para apoiar a Zorba até que o novo sujeito se acostume com a maneira como trabalhamos na Four Aces. Você também precisa falar com a equipe de operações. Parece que esses caras nunca conseguem despachar nada no prazo. Talvez eles também precisem contratar mais gente."

Embora mais recursos parecessem uma boa ideia, uma vez que a empresa estava crescendo, Kevin não disse nada, mas notou algo que Glynn dissera: "Até que o novo sujeito se acostume com a maneira como trabalhamos." *Hum,* Kevin pensou. *O Glynn realmente acredita nisso? Ele trabalha dessa maneira com todos os nossos clientes? Se for assim, como sua força de vendas interpreta isso? E qual é o envolvimento de operações?*

Kevin não conseguia relaxar com todos esses pensamentos em mente. *Será que o crescimento da empresa nos tornou arrogantes? Estamos nos esquecendo dos clientes? Como estará a Four Aces em cinco anos se continuarmos dessa maneira?*

Kevin decidiu abrir mão do jogo de futebol daquela tarde e passou o resto do domingo buscando na internet ideias sobre o que poderia ser feito para corrigir coisas como essas. Ele encontrou vários artigos e livros que ressaltavam o erro de empregar recursos para resolver problemas. Um trecho de um livro de Fred Brooks, chamado *The Mythical Man-Month*, é bem claro a respeito: "Se você quiser tornar um projeto atrasado ainda mais atrasado, ponha mais gente para trabalhar nele." Kevin não estava convencido de que mais recursos seriam a solução. Ele também deparou com um novo termo – "voz do cliente".

Kevin sabia que o tempo era vital e queria demonstrar para o CEO da Zorba que ele estava atento e que se mostrava receptivo às recomendações dos clientes. Com os comentários de Glynn o assombrando, ele percebia que havia muito mais a aprender. Ele podia sentir: isso era grande e era importante.

A manhã de segunda-feira chegou, e Kevin começou a mergulhar em dados de outros clientes. Sua intuição estava certa – havia muitos outros dados que apontavam na mesma direção. Superficialmente, os problemas não teriam sido evidentes. Mas como ele estava procurando algo específico, foi como montar um quebra-cabeça com o mesmo tema. Ele estava preocupado e otimista. Graças a Deus o problema viera à tona, mas o que a Four Aces já sofrera até agora involuntariamente?

Kevin tinha várias alternativas de ação, entre elas entender como funcionavam as atividades de vendas, distribuição, precificação e faturamento e como estavam ligadas. Depois de alguns dias acompanhando o processo pessoalmente, ele decidiu que seria necessária uma reestruturação geral do processo *order-to-cash* da empresa, para compreender a razão das entregas atrasadas e do faturamento deficiente. Depois de investigar um pouco como a reengenharia do processo poderia trazer mais disciplina às operações da Four Aces e à ligação com a voz do cliente, Kevin preparou um arrazoado para o comitê executivo, pedindo que o deixassem indicar Roger, um jovem talento em ascensão, para fazer o redesenho do processo do pedido ao pagamento.

"Sua ideia é muito boa", disse o CEO da Four Aces, "mas parece complicada. Mas enfim, se Roger souber fazer a coisa, seu sucesso vai nos confirmar ainda mais o valor que ele tem".

Roger assumiu a nova tarefa com entusiasmo. Ele sabia que a alta direção tinha uma boa opinião a seu respeito, mas ele, na verdade, não tivera a oportunidade de se expandir em suas outras funções. Além do mais, ele nutria muito respeito por Kevin e podia sentir sua intensa ansiedade. Roger queria ajudar, e isso parecia bastante desafiador. E também se encaixava em sua capacidade analítica.

Roger começou se reunindo com vários dos altos executivos, para conseguir informações especializadas sobre como seus departamentos funcionavam e tentar delinear algumas metas e indicadores ousados para alcançá-las. Todos os executivos expressaram seu apoio ao que Roger estava fazendo e deram-lhe muitas informações. O CFO (Chief Financial Officer) era conhecido por não apoiar nada que não estivesse relacionado à redução de custos para melhoria do desempenho. Roger sabia que precisava conquistar o apoio dele primeiro. O CFO disse-lhe que acrescentar recursos não estava no orçamento e que acreditava que o problema era com vendas.

"Ninguém realmente fica de olho naquela equipe, e eles são um bando de caubóis que negociam com esperteza e que não prestam atenção à margem de lucro, apenas à receita bruta", ele disse a Roger.

O diretor de operações também era um crítico de vendas, mas por uma razão diferente: "Eles não têm ideia do que significa 'capacidade' e estão vendendo em maiores quantidades tanto quanto possível. Isso é ótimo para a empresa, mas eu sou avaliado por utilização e custo de mão de obra, bem como pelo tempo de funcionamento dos equipamentos e custo unitário. Eles nunca nos avisam com antecedência sobre a chegada de um pedido grande. Nós o vemos no sistema, e, em seguida, minha equipe precisa apressar a vinda de materiais para fazer a entrega num prazo superior ao que anunciamos."

O dirigente de vendas e marketing usou palavras ásperas para falar do pessoal de operações. "Pessoal legal, mas ignorante. Eles passam o tempo todo zanzando, coletando itens de estoque, e o novo supervisor do chão de fábrica tem todas essas novas ideias que estão nos destruindo. Se quer saber, é aí que você precisa dedicar seu tempo para fazer mudanças."

Por último, o CIO (Chief Information Officer) contribuiu com uma queixa sobre o pessoal de finanças: "Eles vivem me dizendo que o sistema de entrada de pedidos tem um problema e gera faturas com erros de cálculo. Eu lhes disse que não há nada errado com meu sistema – o problema deles é que entra lixo, sai lixo. Não tenho culpa se eles não entendem corretamente preços e quantidades e os inserem no sistema de forma incorreta. Você precisa dedicar seu tempo ao pessoal de finanças e endireitá-lo. E só para avisar, minha equipe está muito concentrada num importante projeto da próxima geração, então eles precisam ser usados moderadamente. Não vou tolerar nenhum compromisso com essa implementação de sistemas."

Tudo isso foram informações importantes, mas também foi um pouco perturbador para Roger. "Isso está se complicando rapidamente", disse para si mesmo. "Para que a coisa funcione, vamos precisar de uma infraestrutura para apoiar todas essas mudanças. Também preciso solucionar as preocupações de cada um dos executivos seniores, ou eles não me apoiarão."

Durante o resto do ano, Roger dedicou-se inteiramente a construir uma base sofisticada de transição para processos. Ele encontrou as pessoas que queria para fazer a reengenharia, persuadiu sua liderança para que eles trabalhassem na equipe em tempo integral, e submeteu-os a amplo treinamento com consultores externos. Também se reuniu com o pessoal de RH, para arquitetar um novo plano de remuneração para os profissionais, cujas funções mudariam radicalmente quando o redesenho fosse implementado, e negociou com TI os sistemas de informação que seriam necessários para capturar e analisar os novos indicadores que dariam suporte às novas metas e mediriam o progresso na implementação da reengenharia.

Finalmente, Roger sentiu-se satisfeito com o fato de que tudo estava em seu lugar para apoiar o esforço de reengenharia. Durante os primeiros quatro meses do novo ano, a equipe trabalhou no redesenho. As pessoas selecionadas para a equipe de desenho tinham históricos diferentes e foram escolhidas, em parte, por seu companheirismo, e pareciam realmente apreciar o trabalho. Roger ficou impressionado com o número de novas ideias que elas tinham, e fez o possível para incluir todas elas. Este poderia ser um momento que realmente mudava o jogo para ele e para a Four Aces. Isso ia além da reengenharia. Era empolgante. A equipe trabalhou bem e produziu um desenho que parecia notável teoricamente.

No entanto, quando Roger apresentou o redesenho para o comitê executivo, deparou com um pouco de oposição inesperada. O vice-presidente de TI disse que seu pessoal estava se queixando por estar sendo desviado de trabalho mais importante, a fim de criar software para a medição de coisas que nunca foram medidas e que realmente não eram importantes.

"Olhe, nós já temos o Six Sigma, já vimos algumas melhorias com o seu uso e temos o software e os indicadores de que precisamos para continuar nesse caminho", ele disse ao comitê. "Além disso, não precisamos de outro nível de controle de qualidade."

Em seguida, o CFO também emitiu sua opinião, observando que Roger já havia estourado o orçamento de reengenharia e que não havia indícios de que a empresa estava tendo qualquer retorno financeiro. E até Kevin, que havia encorajado a empresa a fazer a experiência com processos, reclamou que estava sendo atazanado por gerentes que haviam sido persuadidos a ceder alguns de seus melhores funcionários para a iniciativa de reengenharia. Os gerentes estavam ficando impacientes e queriam esse pessoal de volta às suas funções, que haviam deixado para trabalhar nesse projeto "temporário", que já havia consumido mais de um ano.

RH respaldava as reclamações dos gerentes, apresentando dados demonstrativos de que o orçamento relativo a treinamento e contratação de funcionários temporários, para substituir os que estavam na equipe de reengenharia, já havia estourado.

"Roger, sei que você está trabalhando nisso com afinco há mais de um ano, mas teremos de ver alguns resultados dentro em breve, se formos continuar neste caminho", disse-lhe o CEO. "Nossos clientes sabem que estamos trabalhando neste projeto e querem saber quando irão começar a ver as mudanças que prometemos. No próximo trimestre, voltaremos a examinar esse assunto, mas, se não virmos resultados, então penso que precisaremos examinar outras opções, como a reorganização, por exemplo. Com custos superiores aos previstos, essa pode ser a maneira mais rápida de contrabalançar a situação financeira da empresa, de modo a não arruinarmos nossa teleconferência para a transmissão dos resultados financeiros."

Roger sabia que não havia jeito de a reengenharia de processos estar funcionando em três curtos meses. Ele não deixara bastante claro como era amplo o processo do pedido ao pagamento? Levaria, no mínimo, seis meses, mais provavelmente um ano, para fazer as simulações e os testes-piloto necessários, corrigir os defeitos inevitáveis e colocar o processo em funcionamento sem percalços. Mas ele decidiu não divulgar essa informação. Seria muito desanimador para sua equipe saber que o comitê executivo estava descontente e expressando dúvidas.

Mas, como se sabe, coisas assim nunca permanecem em segredo. A secretária de Roger, que viera de uma das áreas que faziam parte da reengenharia e que almoçava diariamente com sua antiga equipe, mencionou sua preocupação com Roger e se tinha ou não sido uma má decisão assumir esse projeto. "Uma coisa eu posso lhes dizer – a equipe executiva não está satisfeita e está ficando muito impaciente."

Os membros da equipe logo começaram a receber informações de que o projeto estava condenado. Receosos por suas carreiras, dois integrantes da equipe pediram para ser liberados. Apesar dos esforços para convencê-los a ficar, Roger percebeu que, ao mantê-los na equipe, ele poderia realmente estar prejudicando o futuro deles. Ele não queria fazer isso, então os liberou. Quando saíram, a indústria de rumores entrou em ação. Ele tentou substituir os dois membros da equipe que haviam saído, só para constatar que aqueles interessados em fazer parte da iniciativa o haviam abandonado. O redesenho de processos foi apelidado de projeto "Derrocada Inevitável" (*Only to Crash*), fazendo uma brincadeira com o termo "do pedido ao pagamento" (*order-to-cash*), que Roger compartilhara com tanto sucesso. Os membros remanescentes da equipe tentaram testar o redesenho mecanicamente, mas seu moral estava em baixa e eles discutiam como corrigir defeitos, em vez de fazer um brainstorming de soluções.

Quando o comitê executivo se reuniu três meses depois, Roger teve de lhes dizer que não conseguira fazer muito progresso para o lançamento do redesenho do processo. "Como sabem, perdi alguns membros da equipe e preciso substituí-los", disse ele. "Não faz sentido continuar com o redesenho sem a representação de alguns dos departamentos que serão afetados. Quando eu tiver os substitutos, creio que teremos o processo funcionando em seis meses."

"Roger, não temos seis meses e não podemos continuar liberando os funcionários de suas funções para trabalhar no projeto", declarou o CEO. "Vou dizer aos clientes que estamos perto, mas que precisamos fazer alguns ajustes antes do lançamento. Você precisa esforçar-se intensamente para fazê-lo funcionar até o final do ano, quando, então, optaremos pelo cancelamento ou pela implementação."

Completamente desmoralizado, Roger curvou-se ao inevitável. Fez o que pôde para proporcionar boas avaliações de desempenho aos membros da equipe, na esperança de que pudessem retornar a seus antigos cargos, mas ele também atualizou seu currículo, tentando colocar a experiência dos últimos dois anos sob a melhor perspectiva possível, e começou a procurar outro emprego.

A abordagem de Roger para implementar o processo *order-to-cash* parecia ótima teoricamente: pôr os capacitadores em posição de apoiar um processo de alto desempenho, desenhá-lo, implementá-lo e obter os benefícios. Mas Roger cometeu alguns erros extremamente comuns: encarou um projeto muito grande e tentou implementar todo o redesenho de uma vez; ele se concentrou em colocar em funcionamento os processos viabilizadores e a infraestrutura, não em obter resultados impulsionados pelos processos centrais, através de desenho, de indicadores e daqueles que executam o trabalho. E não conseguiu obter o apoio de participantes-chave, incluindo o CFO e o dirigente de TI. Roger foi muito ambicioso: pensava e implementava de forma linear, quando precisava pensar e implementar os elementos simultaneamente. A demora em produzir resultados aumentou o ceticismo e a ansiedade, enquanto reduzia o empenho e os recursos, e o processo teve um fim desnecessário.

Capítulo 11

Hattaway Inc.

A SOLUÇÃO TEMPORÁRIA DE UM PROBLEMA

A Hattaway Inc. é uma empresa importante, com grande participação no mercado de metais especiais. Grande parte do crescimento espetacular da empresa, nos últimos 10 anos, foi resultado de fusões, aquisições e consolidação, à medida que acumulava muitos participantes menores do setor. Em 2008, com o colapso da economia mundial, a Hattaway intensificou seu ritmo de aquisições, apossando-se, a preços de pechincha, de meia dúzia de pequenas empresas que corriam o risco de naufragar. Cada uma das aquisições contribuiu com algo importante: base de clientes, métodos proprietários, funcionários experientes. Tudo contribuiria para reforçar sua posição de mercado. O CEO da Hattaway, Don Barkley, estava confiante em que a empresa conseguiria manter sua posição dominante no setor.

Quando John se deleitava com o jornal de domingo e uma xícara de café em seu terraço, o telefone celular tocou. Don não gostava de ser perturbado nas manhãs de domingo, então deixou a mensagem cair na caixa postal. Quando examinou a tela do celular, cerca de uma hora depois, viu que a autora da chamada era sua CFO (Chief Financial Officer), Natalie Jackson. Quando ouviu a mensagem, percebeu que ela parecia péssima. "Don, preciso falar com você imediatamente."

Don ficou triste por ela. Ela devia ter pedido algum ente querido ou ter recebido notícias horríveis da família. Natalie nunca telefonava e nunca se queixava – apenas se virava. Por isso ela estava no topo do plano de sucessão de Don. Então, imagine sua surpresa quando Natalie lhe disse que acabara de saber que o principal concorrente da Hattaway, Axon Forming, o segundo maior rival no setor, anunciara uma oferta em dinheiro pela Marinko Metals, o terceiro maior concorrente. A princípio, ele pensou que era piada, mas não podia ser. Natalie era muito profissional, o tempo todo. Seu estômago revirou-se. Foi como se o mundo tivesse caído sobre ele. Pensamentos sobre a iminente reunião do conselho de administração imediatamente invadiram sua mente. Que virada de jogo!

"O que vamos fazer, Natalie?", Don perguntou em tom de lamento.

"Infelizmente, Don, estamos de mãos atadas. Gastamos muito em pequenas aquisições. Possivelmente não conseguiremos levantar dinheiro suficiente para igualar a oferta da Axon."

De repente, parecia que a Hattaway, mesmo com as aquisições bem-sucedidas de outras empresas, estava destinada a se tornar a número dois num setor que dominava há tanto tempo. A empresa, fundada por Carl John (CJ) Hattaway, nunca ocupara o segundo lugar. Don não queria que seu legado fosse associado ao rebaixamento da empresa familiar. O neto de CJ era membro do conselho de administração, e Don precisava pensar em algo rapidamente antes da reunião do conselho.

Entrincheirando-se em uma postura defensiva, a Hattaway começou a procurar meios de aliviar a nova situação competitiva. A primeira coisa que fez foi uma meticulosa análise de clientes. Os resultados não foram bons. Na busca de crescer por meio de aquisições, a Hattaway não prestara muita atenção até que ponto estava retendo clientes de lojas menores. Ela se concentrara na aquisição de clientes novos e grandes e não se preocupara em medir a retenção desses pequenos atores. Em análise final, manter os pequenos clientes, e não os grandes, teria sido três vezes mais lucrativo. O sistema de segmentação de novos clientes da Hattaway examinava cada cliente em função da geração de receita. Visto que as lojas menores geravam menos receita, eram classificadas na categoria "prata", enquanto os grandes clientes ocupavam as melhores posições nas categorias "ouro" ou "platina". Os clientes menores também não obtinham a mesma atenção dispensada aos grandes. Se a Hattaway quisesse ter a oportunidade de recuperar a posição principal no setor, isso precisava mudar. Manter satisfeitos os clientes existentes teria de ser a nova prioridade.

Foi quando Mark Eldridge, vice-presidente de vendas, ofereceu-se para supervisionar uma iniciativa de reengenharia do processo de Aquisição e Retenção de Clientes (ARC). Ele defendeu, de forma convincente, a ideia de que o redesenho proporcionaria à Hattaway uma abordagem mais focada na retenção e satisfação dos clientes. Na ausência de outras soluções, Don permitiu que Mark fizesse uma tentativa. Don pediu a Mark que montasse uma apresentação em PowerPoint, para apresentar o plano, e que tornasse o conceito simples e bastante, para que ele o explicasse ao conselho de administração. O financiamento estava garantido, e Mark recebeu passe livre para avançar a toda velocidade.

O próprio Mark priorizara a conquista de novos clientes, e não a retenção dos antigos, então a nova estratégia exigia que ele mudasse inteiramente de atitude. Mas ele agiu rapidamente para montar uma equipe de projeto, e, em quatro meses, um novo desenho foi concebido e implementado. O sucesso foi enorme, tanto operacional quanto financeiramente. Don pediu que Mark apresentasse os resultados ao conselho e até levou dois clientes, para que dessem seu relato pessoal do impacto positivo que as mudanças provocaram. Os clientes gostaram da maneira como estavam sendo tratados, os índices de retenção melhoraram e alguns ex-clientes voltaram para a Hattaway. Ao que tudo indicava, a Hattaway tinha possibilidade de recuperar a liderança de mercado nos anos seguintes. Como recompensa por seus esforços extraordinários, Mark foi promovido a CMO (Chief Marketing Officer). Igualmente, os principais participantes da equipe de desenho foram promovidos, e o pessoal de vendas começou a receber bônus polpudos. A empresa inteira respirou aliviada.

Porém, um ano depois, as coisas estavam diferentes. Embora muitos empregados gostassem de trabalhar em uma empresa centrada em processos e estivessem desempenhando melhor e atingindo suas metas, havia outros que não estavam satisfeitos. Muitos eram supervisores que haviam progredido no sistema antigo, fazendo seu trabalho e indo para casa às 17h. Os integrantes mais recentes do quadro de supervisão, provenientes de aquisições feitas em anos anteriores, eram os mais incomodados, pois um "expediente" mais normal lhes fora prometido como parte do pacote de aquisição. Agora, sob o novo processo, eles precisavam ficar até mais tarde, pois tinham de cuidar da transição para o próximo turno de trabalho. E as metas que costumavam cumprir haviam mudado. Era mais difícil atingir as novas metas, e alguns supervisores estavam ficando aquém do desejado. Eles realmente não gostavam quando eram avisados por um proprietário do processo, que, em geral, trabalhava sob o comando deles, de que precisavam melhorar. Os supervisores começaram a sabotar o sistema, retrocedendo a seus antigos meios. A fim de dar a impressão de que estavam apoiando o processo, eles apresentavam os próprios projetos favoritos a seus departamentos e os rotulavam de "redesenhos". Deixaram de incluir os proprietários de processos em suas atividades e faziam apresentações que elogiavam suas melhorias, ameaçando a credibilidade da função de proprietário do processo.

Uma vez que a função nunca fora oficializada e as expectativas e medidas nunca foram comunicadas, os proprietários de processos tinham pouco em que se apoiar. Na condição de grupo informal, eles tentaram conversar com cada executivo, mas sem resultado. Eles se esforçaram para manter o foco e começaram a empregar mais tempo em suas "funções diárias" do que na de proprietário do processo.

A crise havia passado, e o CEO permitiu o comportamento, porque queria manter seu quadro de supervisão satisfeito. Novos desenhos surgiam mais lentamente e não tinham o mesmo impacto da primeira grande iniciativa. Quando a empresa retrocedeu a seu antigo sistema, alguns dos funcionários que apreciavam e estavam progredindo no ambiente de processos ficaram desanimados e deixaram a empresa. Alguns foram contratados pela Axon Forming, que imediatamente começou a educar a empresa inteira sobre processos e no sentido de prosperar em uma organização orientada por eles.

Atualmente, a Hattaway ainda almeja liderar o setor, mas a distância entre ela e a número um está aumentando, não diminuindo. Don decidiu aceitar o bônus que lhe ofereceram por tirar a empresa da crise e aposentar-se prematuramente. Ofereceram seu cargo a Natalie, mas, dado o ambiente, ela o recusou. Don a está ajudando a estabelecer contato com possíveis novos empregadores. Sem processos, a Hattaway é mais uma empresa que luta para sobreviver.

A experiência da Hattaway é típica de como as empresas fracassam quando adotam processos para enfrentar uma crise e não implementam infraestrutura ou capacidades organizacionais (liderança, cultura, governança, conhecimento) para apoiar o trabalho. Alguns funcionários empenham-se verdadeiramente no trabalho de processos, mas outros o fazem com relutância, aquiescendo temporariamente, porque parece que a alta liderança o vê como um meio de solucionar a crise. Quando a crise passa, o ímpeto de continuar com os processos arrefece. Os funcionários que tinham de trabalhar com processos porque eram obrigados, não porque tinham vontade, começam a minar a transformação, discutindo com os proprietários de processos. Sem a crise como elemento motivador, a liderança sênior torna-se menos determinada a levar adiante as mudanças envolvidas na transformação baseada em processos, e isso permite que a dissensão continue. Com o tempo, a iniciativa de processos tem morte lenta.

Poderia ter sido diferente. Se Mark, como líder do processo, tivesse envolvido outros líderes, gerado mais conhecimento além da equipe de desenho, trabalhado com RH, para formalizar a função de proprietário do processo, e implementado uma estrutura de governança em alinhamento com a estratégia, a Hattaway talvez tivesse conseguido manter o sucesso de seus processos iniciais. Uma empresa administrada por processos precisa focar tanto os viabilizadores de processos quanto as capacidades organizacionais, mas concentrar-se muito em um, em detrimento do outro, pode ser desastroso. Solução: os viabilizadores de processos *realizam*; as capacidades organizacionais *mantêm*.

Capítulo 12

Acme Specialties

PLANOS QUASE PERFEITOS

Há algo a ser dito sobre aprender com fracassos. É óbvio que sempre é melhor aprender com o fracasso dos outros do que com o nosso, então vamos fazer uma pausa para ver como uma empresa com a melhor das intenções se deu tão mal ao fazer a transição para processos. Chamaremos a empresa de Acme Specialties Corp., para não causar constrangimentos a ninguém.

A Acme Specialties foi um tanto incomum, porque foi o CEO quem tomou a decisão de implementar processos, tornando-se, na verdade, tanto o catalisador como o líder. O CEO era conhecido por seu estilo amistoso e movido por consenso, e não por decidir sozinho o que a empresa faria e como faria. Ele instruiu seus subordinados diretos a ter uma meta de melhoria de processos, como parte de seus *balanced scorecards*, e, em seguida, indicou um líder para encabeçar toda a iniciativa, através de aperfeiçoamento de técnicas, metodologias e coordenação. Em consequência da reorganização, a pessoa que escolheu para essa função, Emmitt Campbell, não tinha tarefas que ocupassem todo o seu tempo.

Mas havia mais coisas que recomendavam Emmitt para a função do que apenas um pouco de tempo livre. Ele era conhecido na empresa, aprendia rapidamente e tinha capacidade técnica e ampla experiência em vendas. Era um excelente apresentador, exímio em pegar assuntos complexos e simplificá-los, para que pudessem ser compreendidos em todos os níveis da organização. Seu tino comercial era magnífico.

Mas também havia indícios de problemas. Emmitt era arrogante. Toda conversa girava em torno dele e do que realizara. Raramente dava crédito às suas equipes. Seus colegas não gostavam nem um pouco dele, embora tivessem de tolerá-lo. Embora tivesse grande aptidão para aprender, não se interessava em aprender mais que o necessário para vender um conceito. Para completar, era um pouco preguiçoso.

Mas sua preguiça provou não ser algo tão ruim. Ela o obrigou a contratar Bill Smith, especialista em processos e negócios, para ser o CPO (Chief Process Officer) e fazer a maior parte do trabalho difícil relativo à transformação centrada em processos. Bill, que veio de fora e tinha experiência em empresas listadas na *Fortune 50*, foi aceito rapidamente por essa cultura difícil, embora a maioria dos funcionários trabalhasse na empresa havia muito tempo e geralmente olhasse estranhos com desconfiança. Descreviam sua cultura como tendo o "efeito anticorpo", o que significa que cercavam e destruíam quaisquer ideias ou funcionários novos.

O plano inicial era criar um grande departamento, com cerca de 80 pessoas, para facilitar o trabalho de todo mundo. Mas essa ideia imediatamente topou com muita oposição dos líderes seniores que dirigiam as unidades de negócio e foi descartada em favor de uma equipe de processos muito menor. Apesar do pequeno tamanho da equipe de processos, ela recebeu uma meta muito audaciosa de redução de custos e foi posta em ação.

Focando primeiro em conhecimento, eles investiram em treinamento das principais 1.500 pessoas da empresa. Demorou bastante para desenvolver o curso e depois ministrá-lo. Enquanto isso, Bill, o novo CPO, viu a chance de principiar iniciativas menores de redesenho de processos e, com alguns riscos, agarrou a oportunidade e deu o pontapé inicial. O primeiro redesenho em pequena escala foi um enorme sucesso, e o trabalho ganhou impulso. O CEO do cliente externo que mais se beneficiou com o primeiro projeto foi conversar com os altos executivos da Acme Specialties, revelando seu espanto com a melhoria de desempenho e anunciando mais negócios para a Acme.

Tirando proveito do primeiro sucesso, Bill reuniu-se com o CFO da Acme Specialties, para trabalhar num método de medição de impacto das iniciativas planejadas. As definições e fórmulas que criaram seriam usadas para determinar o impacto que qualquer redesenho estava causando. Bill insistiu para que sua equipe de processos fosse avaliada pela melhoria do resultado financeiro. Caso a equipe atingisse as metas audaciosas antes estabelecidas, ela seria esplendidamente recompensada.

Quando o processo começou a ganhar força, Emmitt, líder do processo, convenceu o CEO de que, na próxima reunião executiva, introduziria o conceito de proprietário do processo. Após a reunião, os proprietários de processos foram nomeados para cada um dos processos centrais, de governança e capacitadores, em cada região geográfica. Eles foram avisados de que Bill, o CPO, era a pessoa de contato, se tivessem quaisquer perguntas.

Foi então que surgiram os primeiros sinais de problemas. Infelizmente, Emmitt nunca compreendeu por completo o conceito de proprietário do processo. Ele designava líderes funcionais para as funções do proprietário do processo. Os proprietários do processo foram encorajados a iniciar redesenhos e a preencher um cartão de pontuação quando os resultados começassem a surgir. O líder do processo se congratulava quando ticava mais um campo da transição para processos.

Mas quando Bill soube quem foram os nomeados para proprietários de processos, ficou um pouco nervoso e começou a telefonar para os novos proprietários. Apenas alguns expressaram bastante interesse em saber quais eram realmente as responsabilidades do proprietário do processo. A maioria ressaltou que preferia esperar até completar a educação em processos.

O nível de entusiasmo na base começou a aumentar, e gerentes e diretores de departamentos iniciaram redesenhos em suas áreas. Como havia apenas um número limitado de pessoas disponíveis, em tempo integral, para trabalhar nos redesenhos, começou a haver atraso. Certo dia, Bill recebeu uma ligação do líder de uma unidade de negócio pedindo que a central de processos descobrisse um meio de gerenciar todos os projetos. Bill ficou encantado, e logo foi criado um conselho de governança em uma das unidades de negócio. Levou algum tempo para que a primeira reunião fosse realizada, devido à programação movimentada, mas, com o tempo, as avaliações tornaram-se trimestrais.

A Acme Specialties tinha os elementos para atingir um desempenho espetacular, capaz de mudar o setor. Ela fez algumas coisas muito bem, e outras oportunidades foram desperdiçadas. Vamos examinar cada elemento necessário para uma implementação bem-sucedida e ver o que ocorreu.

LIDERANÇA E CULTURA

A Acme Specialties tinha a sorte de contar com um CEO disposto a experimentar algo diferente. E, embora o líder de processos tenha sido nomeado para administrar a iniciativa global, o escolhido não foi o líder *certo*. Por melhor que uma pessoa impulsione processos e desempenho, qualquer iniciativa importante, destinada a mudar acentuadamente o modo como uma empresa trabalha ou sua cultura, nunca deve ser entregue a um líder que não seja conceituado na organização. Embora o líder de processos tivesse realizado muitas coisas na carreira, o "rastro de destruição" que deixou para trás, a fim de alcançar essas metas, foi tão significativo que ele nunca mais conseguiria apoio de toda a empresa. O CEO sabia como as pessoas se sentiam em relação ao líder de processos – ele recebera os resultados da avaliação 360 graus sobre o líder de processos, que eram francos e desfavoráveis –, mas, como gostava dele pessoalmente, o nomeou mesmo assim.

A ordem do CEO foi uma boa tentativa, pois ordens partindo dele eram raras. Seu estilo pessoal era tal que os dirigentes das unidades de negócio recebiam muito poder e autonomia e nunca eram conduzidos para uma meta comum. Na realidade, os presidentes das unidades de negócio eram conhecidos por discutir e trocar farpas em público, embora tentassem disfarçar as críticas com ironia. Infelizmente, como houvera apenas algumas ordens do CEO no passado e pouca ou nenhuma consequência, sua equipe sabia, e podia demonstrar facilmente, por que isso não daria certo para eles. Alguns concluíram que iriam ignorar até que tudo terminasse.

Bill prometia muito, considerando sua aceitação em uma cultura difícil, mas os resultados foram limitados. Embora Bill tenha sido contratado para ajudar a mudar a cultura, a equipe de liderança não lhe deu o apoio público necessário para promover a mudança. A mensagem enviada a Bill era um círculo vicioso: *Sua função é mudar a cultura, mas certifique-se de que as mudanças se encaixem na cultura existente.* Em apenas alguns anos, o nível de frustração de Bill tornou-se insuportável. É claro que a liderança esperava que as funções e o comportamento de todos os demais mudassem, mas eles mesmos não estavam dispostos a mudar.

SELECIONANDO PROPRIETÁRIOS DE PROCESSOS

A Acme Specialties nomeou proprietários de processos em todos os países e em diferentes níveis de influência, mas ou escolheu a pessoa errada ou não investiu de autoridade os escolhidos. Em recursos humanos, por exemplo, três pessoas receberam a função de proprietários de processos, no decurso de apenas um ano. O primeiro proprietário do processo delegou suas tarefas a outra pessoa e depois demitiu essa pessoa alguns meses mais tarde. A terceira pessoa escolhida foi demitida depois de ocupar o cargo por cerca de quatro meses. A mensagem era clara: o dirigente de RH não estava levando a missão a sério. E, embora o líder do processo tenha reclamado a esse respeito com o dirigente de RH e com o CEO, ambos ignoraram a situação. Era evidente que a equipe de liderança não compreendia a função o suficiente, para implementá-la da maneira correta. Eles sabiam que responsabilidade interfuncional era necessária, mas demonstravam que "não trabalhavam dessa forma", então modificaram a função, para que ela se encaixasse na estrutura.

Sincronização também era um problema importante. Bill indicava proprietários de processos e montava equipes de desenho antes que o treinamento estivesse concluído e antes que especialistas pudessem ser treinados. O líder do processo não informava Bill sobre o que planejara para a reunião executiva, e então Bill ficava atrapalhado e sem rumo. Nomear proprietários de processos e montar equipes de desenho foram processos que levaram cerca de cinco meses. Infelizmente, àquela altura, qualquer entusiasmo havia desaparecido, e a empresa não acreditava que a função de proprietário do processo era importante.

Por último, o dirigente de RH não queria acrescentar a função e o cargo de proprietário do processo ao sistema de remuneração e de descrição de cargos. Ele disse que examinara o número de cargos e faixas salariais do sistema, e que, na verdade, a Acme Specialties precisava reduzir o número, e não aumentá-lo. Disse também que, em virtude de a função de proprietário do processo ser "experimental", ele não queria alterar o sistema até que fosse confirmado que ela permaneceria como função legítima da empresa. Quando Bill elaborou uma descrição de cargo, com responsabilidades e autorizações, disseram-lhe que ela não estava no formato aprovado pelo departamento de recursos humanos e que, como o departamento de RH estava passando por uma mudança no suporte de TI, não era uma boa hora para fazer mudanças. Bill tentou explicar que esse raciocínio era completamente retrógrado e mostrou ao vice-presidente de RH como fazer as necessárias mudanças no processo, antes que a tecnologia economizasse tempo e dinheiro no longo prazo. Mas ele não lhe deu importância. "Temos um plano confiável e um orçamento que foi aprovado pela equipe de liderança. Não temos tempo nem orçamento para testar esse novo processo de implementação de tecnologia."

Embora uma meta ambiciosa importante tivesse sido estabelecida para Bill, em termos de economia, ele era o único que a recebera. Não havia alinhamento com os líderes funcionais, com os proprietários de processos ou com os indicadores-chave de desempenho da Acme Specialties. Não havia boa vontade para examinar os indicadores existentes e fazer alterações. Também não havia equilíbrio entre as metas de voz do cliente e voz da empresa – todos os esforços de processos estavam focados na melhoria de custos e de ciclo do trabalho. Embora os clientes fossem à sede da Acme Specialties para enaltecer as virtudes da reengenharia de processos, a liderança da empresa recusava-se a reconhecer que iniciativas de reengenharia poderiam converter-se em crescimento. Alguns dos principais executivos comparavam abertamente a gestão de processos com ferramentas muito mais limitadas como Lean e Six Sigma. Processos, diziam eles, apenas giravam em torno de eficiência e eficácia.

Criar definições de progresso e métodos para medi-lo foi algo muito positivo. Isso promoveu o debate para entender o que era considerado aceitável nas iniciativas de desenho e o que não era. Bill compartilhou as definições e obteve adesão de stakeholders em todo o mundo. Infelizmente, quando as coisas começaram a ir bem, certos líderes influentes queriam levar o crédito pessoalmente pelo progresso e não queriam dar crédito a realizações que eram resultado do processo.

DESENHO, EXECUTORES E INFRAESTRUTURA

Aqueles que trabalhavam nas equipes de desenho estavam realmente curtindo. Tinham a oportunidade de inovar e executar algumas de suas próprias ideias, que desejavam testar há vários anos. Mesmo aqueles que não participavam da equipe, mas cuja contribuição era solicitada, vivenciavam uma sensação renovada de importância, pois suas ideias estavam sendo ouvidas e consideradas. Um grupo parou de seguir ordens e decidiu que conhecia um meio melhor de desenhar, mas, no fim, foi até o CPO pedir ajuda desesperadamente. Eles tinham muita gente na equipe e, por isso, estavam sofrendo com o excesso de opiniões e com o fato de nunca chegar a um consenso. Também desperdiçaram tempo e esforço ao tentar tornar o Six Sigma a única ferramenta que usavam, mas não estavam alcançando os resultados desejados. Felizmente, o CPO os colocou de volta nos trilhos, e o desenho foi um grande sucesso.

Os executores que trabalhavam nos processos recém-desenhados estavam satisfeitos. Eles gostavam de trabalhar em equipe, e equipes de trabalho autodirigidas começaram a surgir em toda a organização. E, embora o RH se mostrasse relutante em tornar permanentes algumas das mudanças na forma como a remuneração foi estruturada, aqueles medidos por desempenho do processo, além de seus outros indicadores, estavam animados com a diferença que eram capazes de fazer – para o cliente e para suas próprias contas bancárias.

Quando chegou a hora de implementar um Sistema Integrado de Gestão Empresarial (ERP) em uma das unidades de negócio, o líder da unidade anunciou publicamente que o processo sempre viria em primeiro lugar. As equipes de desenho ficaram surpresas, e o chefe da organização de processos daquela unidade de negócio realinhou rapidamente as iniciativas de desenho existentes para corresponderem ao plano do sistema ERP. Em seguida, esperaram pela decisão – mas ela nunca veio. A nova geração de líderes da organização foi encarregada da implementação do ERP e, embora concordassem em pôr o processo em primeiro lugar, isso era condicional – teria de ser em seus termos. Era difícil desenhar para a empresa que queriam ter no futuro, pois a maioria pertencia ao quadro permanente e sentia-se bem com a maneira como sempre fizera as coisas. Assim, os primeiros terroristas a bordo foram identificados, mas receberam permissão para fazer as coisas do seu jeito, devido a um orçamento e um cronograma rigorosos para a implementação do ERP.

GOVERNANÇA E CONHECIMENTO

Foi brilhante não iniciar a transição para processos criando primeiro a estrutura de governança. Dada a cultura da Acme Specialties, começar com a estrutura teria feito com que ela parecesse burocrática e irrelevante, considerando que não haveria resultados rápidos. Em vez disso, o CPO deixou que o atraso no atendimento de iniciativas e pedidos de processos aumentasse de propósito, de modo que a estrutura de governança fosse ideia da empresa. E, embora o começo tenha sido lento e o conselho de governança não se reunisse com a frequência suficiente, foi um bom início. Depois de treinados, os especialistas dedicavam-se em tempo integral, e isso foi um fator muito positivo para a organização.

A ACME SPECIALTIES HOJE

Nos primeiros três anos do processo, houve muitos milhões de dólares em aumento (auditado) do resultado financeiro. Apesar de terem faltado apenas alguns milhões de dólares para atingir a meta ambiciosa, Bill recebeu uma péssima avaliação por não tê-la cumprido completamente. Quando ele perguntou ao líder do processo se seria possível cumpri-la, ele respondeu que não: "Não – nunca pensei que você chegaria tão perto quanto chegou." Bill deixou a empresa por uma oportunidade muito melhor. A iniciativa ERP fracassou, e perderam-se milhões de dólares. As pessoas que se empolgaram com o processo deixaram a empresa em bandos quando viram que Bill saíra e que os terroristas a bordo haviam recebido permissão para continuar, e que não foram tomadas quaisquer medidas em relação a eles. E embora o preço das ações se mantenha firme, um desempenho extraordinário em toda a empresa nunca aconteceu. Na Acme Specialties, o processo atual é análogo à melhoria de processos no âmbito de cada departamento. O gerenciamento por processos e a obtenção de resultados extraordinários estão mortos.

PARTE III

Capítulo 13

Modelo de maturidade do processo

SEU GUIA DO INÍCIO AO FIM DA JORNADA

À medida que cada vez mais empresas se esforçam para aproveitar o poder de seus processos de negócios, a necessidade de um roteiro de implementação torna-se crucial. Após ler os capítulos anteriores, deve ter ficado claro que redesenhar e gerenciar processos produz melhorias drásticas de custo, qualidade, velocidade e serviço, que podem, por sua vez, proporcionar vantagens estratégicas. Em setores que vão desde bens de consumo e maquinaria pesada até saúde, administração pública e empresas sem fins lucrativos, e em processos que variam de atendimento de pedidos a gestão de recursos humanos, redesenho e gerenciamento de processos não são mais vistos como soluções rápidas e pontuais para uma crise, mas, ao contrário, tornaram-se partes fundamentais da empresa.

Mas uma iniciativa de processos não é um empreendimento modesto. A reengenharia e o gerenciamento de processos de ponta a ponta não mudam apenas processos; mudam *tudo*. Este livro explica em detalhes os nove princípios organizadores essenciais e de alto nível que conseguem transformar uma empresa medíocre em uma organização baseada em processos de alto desempenho. Ressaltamos o tempo todo que se tornar uma empresa centrada em processos consiste em integrar todos os nove princípios ao modo como sua empresa executa o trabalho. Descobrimos que, embora muitas empresas compreendam a necessidade de fazer muitas mudanças para aproveitar o poder de processos, muitas vezes têm dúvidas sobre o que precisa mudar, o quanto e quando. Essa incerteza leva a um planejamento confuso, falta de integração, muitos erros, retrabalho e demora em concluir a transformação orientada por processos.

Depois de estudar empresas que empreenderam a iniciativa de se tornar organizações centradas em processos, tanto aquelas que foram bem-sucedidas quanto as que fracassaram, Michael Hammer criou um modelo de transformação baseada em processos que servirá como um roteiro de seu empenho em fazer as coisas mais rápido, mais barato e melhor. O modelo, descrito a seguir em mais detalhes, expõe os padrões dos quatro níveis de maturidade, tanto dos cinco viabilizadores de processos como das quatro capacidades organizacionais que são necessárias para o sucesso do processo. The Process and Enterprise Maturity Model (PEMM) aplica-se a qualquer empresa de qualquer setor, e não especifica qual deve ser o aspecto de determinado processo. Mais exatamente, ele identifica o que qualquer empresa deve ter para ser bem-sucedida na implementação da transformação baseada em processos. As empresas podem aplicar o PEMM a todos os seus processos e desenvolver processos exclusivos para suas próprias necessidades.

Antes de explicarmos o modelo PEMM e como usá-lo, alguns lembretes essenciais se fazem oportunos:

- Uma empresa baseada em processos não pode ser criada da noite para o dia. Para isso, é necessário um período de tempo prolongado. A maioria das empresas não consegue redesenhar todos os seus processos simultaneamente. A implementação de um novo processo costuma ser uma atividade complexa e dispendiosa, e a maioria das empresas não dispõe de recursos humanos e financeiros suficientes para empreender numerosos projetos ao mesmo tempo. Realinhar todos os aspectos da empresa com os processos de ponta a ponta (indicadores, recompensas, responsabilidades, planos de desenvolvimento etc.) também terá de ser feito gradualmente.
- A natureza prolongada da transição para processos representa um verdadeiro desafio para executivos que iniciam a jornada de processos. Eles devem focar questões básicas, como por onde começar, com que rapidez avançar, como manter o ímpeto, como as metas do processo apoiam a estratégia geral da empresa, como os recursos

serão alocados e coisas do gênero. O PEMM é uma ferramenta para ajudar empresas e executivos a lidar com essas perguntas. O modelo não tenta fornecer respostas às perguntas; mais exatamente, é um sistema para refletir sobre elas e resolvê-las.

- O processo é uma maneira integrada de executar o trabalho. Você não pode escolher entre os nove princípios e esperar ter sucesso. Todos os nove princípios devem ser focados para se obterem todos os benefícios transformacionais e a capacidade de mantê-los. Por exemplo, não é possível desenhar um processo, nomear seu proprietário e treinar seus executores sem ter indicadores funcionando para medi-lo. Se sua empresa mede desempenho como sempre mediu, recompensará as pessoas por focar metas funcionais limitadas, não resultados, e o processo não cumprirá sua promessa.
- De modo ideal, o processo se tornará a maneira pela qual toda a empresa executa seu trabalho. Entretanto, é improvável que todas as partes da empresa adotem processos ao mesmo tempo. Em geral, especialmente em grandes empresas, as transformações baseadas em processos têm início em uma unidade de negócio, em uma fábrica ou em uma região geográfica. É importante compreender que o processo só funciona quando é transfuncional, e a unidade de negócio é normalmente a menor unidade organizacional onde isso pode ocorrer. Um departamento funcional, por definição, não será capaz de empreender processos sozinho, porque não pode fazer trabalho transfuncional, e tentar impor processos a um departamento autônomo provavelmente será um desastre.
- Você não precisa reorganizar sua empresa por processos. A maioria das empresas envolvidas em processos mantém sua organização funcional, mas gerenciada por processos. Isso significa que seus departamentos podem muito bem permanecer intactos, mas elementos como orçamentos, lista de atribuições de cargo, sistemas de medição de desempenho, fluxo de trabalho e metas departamentais, só para dar alguns exemplos, precisarão mudar. Não cometa o erro de mudar apenas alguns aspectos e ignorar outros. Por exemplo, os executivos de primeiro escalão podem incentivar gerentes a criar um processo transfuncional, e depois ser tentados a impedir os gerentes de mudar o sistema de medição adequadamente, para alinhá-lo com o

processo. É verdade que o trabalho processual inclui departamentos funcionais, mas as relações e o alinhamento entre esses departamentos sofrem mudanças fundamentais no trabalho com processos.

MODELO DE MATURIDADE DO PROCESSO E DA EMPRESA (PEMM)

Com essas advertências em mente, vamos examinar como funciona o PEMM. Ele é um modelo destinado a avaliar como a empresa está se saindo na adoção dos nove princípios do processo. Cinco desses princípios que descrevemos como viabilizadores do processo são Desenho, Executores, Propriedade de Processos, Infraestrutura e Indicadores. Os quatro princípios restantes são capacidades organizacionais: Liderança, Cultura, Conhecimento e Governança. Enquanto os viabilizadores do processo estão focados em desenho do processo, execução e *fazer* a mudança, as capacidades organizacionais estão focadas em apoiar e *manter* a mudança, para que ela se torne "rotineira" ou a maneira como as pessoas trabalham. O termo *organizacional* refere-se à esfera de ação da organização que empreende a iniciativa de transformação, que pode ser uma empresa inteira ou uma ou mais unidades de negócio. Embora avaliemos os viabilizadores do processo em uma tabela separada de capacidades organizacionais, mesmo assim você deverá pensar neles como um todo.

No modelo, cada princípio tem quatro níveis progressivos de maturidade, variando do que podemos chamar "apenas começando" a "melhor da categoria". De maneira mais formal, podemos dizer que um processo classificado como P-1, na tabela, é confiável e previsível, ou seja, é estável. O nível P-2 indica que um processo apresenta resultados superiores porque a empresa o desenhou e implementou de um extremo a outro da organização. No nível seguinte, P-3, um processo apresenta desempenho ideal porque os executivos podem integrá-lo, quando necessário, a outros processos internos para maximizar sua contribuição ao desempenho da empresa. Finalmente, no âmbito seleto do nível P-4, um processo é realmente o melhor da categoria, ultrapassando as fronteiras da empresa e afetando clientes e fornecedores. Igualmente, capacidades organizacionais podem ser classificadas em quatro níveis equivalentes de maturidade, de E-1 a E-4.

Para cada princípio, o modelo fornece duas ou mais formas de avaliar o grau de maturidade de uma organização. Por exemplo, se examinarmos como é avaliada a maturidade de Executores, encontraremos avaliações separadas de conhecimento, capacitação e conduta. Para cada uma delas, o modelo fornece explicações do que os executores devem apresentar em cada nível de maturidade.

Observe que, no lado direito das tabelas de Processos e Empresa, há quatro células para cada faceta dos princípios. É nessas células que você realmente classifica a maturidade desse aspecto do processo. Nós incentivamos as pessoas a usarem o PEMM para indicar "o estado em que se encontra" sua empresa, usando o método do sinal de trânsito – vermelho, amarelo, verde – para uma avaliação de alto nível. Para usar o modelo, leia o enunciado na célula apropriada e decida com que precisão ele reflete a situação de seu processo. Se o enunciado for preponderantemente verdadeiro ou, no mínimo, 80% correto, pinte a célula de verde ou escreva 80+ em seu interior. Se o enunciado tiver entre 20% e 80% de verdade, pinte a célula de amarelo ou escreva 20-80. Se o enunciado for menos de 20% correto, pinte a célula de vermelho ou escreva -20 em seu interior. A pontuação em si não é especialmente importante. Mais propriamente, ela serve para lhe dar uma ideia de onde se concentrar ou por onde começar.

Vamos usar o exemplo dos Executores novamente. Digamos que você está tentando introduzir processos na própria empresa e já explicou isso à força de trabalho várias vezes. Para avaliar a maturidade dos Executores, primeiro pense se eles conhecem bem o processo que executam e conseguem identificar os principais indicadores de seu desempenho. Eles ouviram sua explicação e a entenderam bem? Pinte a célula P-1 de verde. Como estão suas habilidades na resolução de problemas e técnicas de aprimoramento de processos? Satisfatórias, mas não excelentes? Melhor pintar essa célula de amarelo. Agora vem a mais difícil: até que ponto os executores estão realmente demonstrando sua lealdade ao processo e não aos seus departamentos funcionais e respectivos chefes? A resposta não é boa, certo? Pinte essa célula de vermelho. O resultado é que você sabe onde está progredindo na introdução de processos aos executores e onde ainda há muito trabalho a ser feito.

Embora o PEMM seja muito útil para determinar onde você precisa concentrar mais esforços em cada processo, seu valor real reside na capacidade de coordenar seu progresso na transformação centrada em processos em todo o espectro dos nove princípios fundamentais. O PEMM deve ser usado para conseguir uma abordagem equilibrada e sincronizada da transformação baseada em processos. Lembra-se da antiga máxima de que nenhuma corrente é mais forte que seu elo mais fraco? Isso também se aplica a processos. Portanto, é necessário usar o PEMM para descobrir até que ponto toda a sua organização é madura para executar os nove princípios, onde estão os pontos fracos e em que ordem devem ser abordados. Digamos, por exemplo, que depois de seis meses do início da transformação orientada por processos, você verifica a lista que avalia a maturidade de cada uma das várias facetas dos novos princípios. Na tabela de Viabilizadores de Processos, você constata que a maioria das células são verdes ou amarelas, mas duas são vermelhas. É preciso prestar muito mais atenção a esses sinais de perigo e também trabalhar um pouco para tornar verdes as células amarelas, antes de poder afirmar com precisão que atingiu o Nível 1. Você pode sentir-se tentado a dar notas acentuadamente mais altas a seus viabilizadores de processos do que às suas capacidades organizacionais, devido a recursos, tempo ou até nível de entendimento dos processos da empresa como um todo, mas apenas estaria se enganando. Em virtude da estreita interligação entre os princípios, você não pode ter processos de Nível 3 em uma empresa de Nível 1. Uma empresa de Nível 1, por definição, não comporta processos de Nível 3.

Finalmente, usamos o PEMM para comunicação e educação. Os conceitos de processo e empresa baseada em processos representam maneiras muito diferentes de pensar sobre trabalho e empresa do que aquelas com que a maioria das pessoas está familiarizada. Mesmo quando esses conceitos são lançados e explicados aos funcionários de uma empresa, muitas vezes não compreendem verdadeiramente o que essas ideias significam e envolvem. Em especial, há conceitos e lições essenciais que devem ser amplamente compreendidos, mas que talvez sejam de difícil transmissão. O fato de não compreendê-los pode fazer a empresa se sentir complacente ou desesperançada em relação aos desafios que enfrenta. Eles podem ser difíceis de comunicar, porque envolvem o entendimento complexo do impacto dos processos nas empresas e o que é preciso para converter processos em realidade. O PEMM pode ser de grande auxílio para que as pessoas entendam e internalizem essas mensagens importantes. As principais lições que precisam ser comunicadas a toda a empresa são:

1. **Há muito a ser feito.** Muita gente subestima o que envolve a mudança para processos. Elas acreditam que montar equipes de reengenharia de processos é o bastante. Elas precisam compreender tudo o que realmente envolve uma empresa baseada em processos.
2. **Existe um caminho.** Inversamente, pessoas que compreendem a magnitude da transição para processos talvez não entendam como executá-la. Elas precisam reconhecer que esse esforço pode, sim, ser bem-sucedido.
3. **Não precisa acontecer tudo ao mesmo tempo.** É natural pensar que a mudança para processos deve ser feita de imediato. Entender a natureza evolutiva da transição reduz a ansiedade, cria expectativas razoáveis e prepara todos para a longa jornada.
4. **Uma avaliação precisa é essencial.** Muitas empresas são excessivamente otimistas quanto à sua capacidade na esfera de processos. É importante reduzir o excesso de confiança, que, com frequência, se deve à falta de compreensão do processo, a qual, por sua vez, leva a uma interpretação incorreta. Uma avaliação precisa é fundamental, porque qualquer excesso de confiança frustrará a iniciativa de várias maneiras, tais como recursos financeiros insuficientes e pouca prioridade, que podem transformar-se rapidamente em profundo pessimismo quando o progresso não se revelar tão fácil.

Lembre-se de que o PEMM é um modelo granular. Ou seja, ele capta a maturidade de cada processo em uma empresa, bem como a maturidade da própria empresa. Cada um deles é expresso em termos da maturidade de uma série de elementos diferentes (como conhecimento de liderança e autoridade do proprietário do processo). Isso levanta a possibilidade de contradições, em que a maturidade de alguns elementos (ou de um processo ou empresa) pode ser muito diferente da de outros, mesmo elementos associados ao mesmo viabilizador (de processos) ou capacidade (organizacional). Por exemplo, pode ser que Conscientização de Liderança esteja em E-3, mas Estilo de Liderança não esteja nem em E-1. Isso ocorre porque as empresas podem não ter tido a seu alcance, durante o trabalho processual, o tipo de estrutura que o PEMM oferece, razão pela qual deixaram de dedicar a energia adequada a certas áreas. Isso não é motivo de alarme. Muitas vezes, é necessário despender mais energia em certos processos ou áreas do que em outros. O PEMM destacará essas discrepâncias e capacitará a liderança a determinar onde estão as lacunas e as medidas apropriadas para corrigir os problemas.

O PEMM EM AÇÃO

Quando uma empresa começa a redesenhar seus processos de negócios ou busca passar para o patamar seguinte, é crucial conduzir, antes, uma análise de maturidade. Em 2001, quando Tom Purves, que conhecemos no Capítulo 5, assumiu a gerência da refinaria Motiva, em Port Arthur, no Texas, ele e sua equipe usaram técnicas baseadas em processos para reformular dois processos centrais, Ensure Safe Production e Reliability-Centered Maintenance, e melhorar o desempenho da refinaria. Purves estava determinado a alçar a força de viabilizadores de processos nessas áreas de P-2 para P-3.

Proprietários de processos e altos executivos avaliaram viabilizadores de processos e capacidades organizacionais; o pessoal da linha de frente fez o mesmo. Embora os dois grupos tivessem opiniões diferentes, uma discussão conjunta resolveu essas diferenças. Todavia, Purves e sua equipe descobriram que vários viabilizadores estavam no nível P-3. A avaliação revelou, porém, deficiências no conhecimento dos executores e no uso de indicadores para definir metas, que estavam em P-2. Essas constatações levaram a equipe a lançar iniciativas para melhorar a compreensão de processos por parte de executores, a usar um foco mais estruturado à definição de metas de desempenho e a criar um braço de gestão de programas. O resultado foi melhoria adicional de desempenho. Por exemplo, o índice de alertas em Port Arthur, indicador-chave do processo Ensure Safe Production, logo se tornou o menor de todo o sistema de produção da Shell, e o intervalo médio entre falhas de equipamentos importantes disparou. As mudanças contribuíram consideravelmente para os resultados da refinaria, e hoje Tom Purves é vice-presidente de operações de manufatura da Shell para a costa americana do Golfo do México.

Quando as pessoas ouvem a palavra *processo*, imediatamente pensam em fluxogramas, formulários e melhoria contínua. Como demonstramos neste livro, o pensamento voltado para processos que percorrem a empresa de uma ponta a outra é muito mais do que isso. Usar o modelo PEMM e abordar todos os nove elementos – esse é o caminho para impulsionar os resultados transformacionais da empresa. E você não precisa esperar até atingir o Nível 4 para ver mudanças verdadeiramente incríveis; é possível melhorar durante todo o caminho. O PEMM lhe fornecerá informações úteis sobre a situação de seus viabilizadores de processos e lhe mostrará o que precisa ser melhorado.

Mas empresas não se baseiam apenas em processos. Processos de alto desempenho precisam de ambientes nos quais possam vicejar e sustentar as mudanças. Quanto mais bem-sucedida for sua empresa em desenvolver capacidades organizacionais, mais eficazes serão as mudanças de ponta a ponta. Feitas corretamente, essas mudanças não serão incrementais; elas promoverão inovações revolucionárias, que realmente mudam o jogo, e resultados em eficiência, eficácia e crescimento. Mais rápido, mais barato e melhor. Você pode ter os três.

Process and Enterprise Maturity Model (PEMM)

Avalie a maturidade de seus PROCESSOS

		P-1	P-2
DESENHO	**Finalidade**	Processo não foi projetado de um extremo a outro. Gerentes funcionais usam o desenho vigente sobretudo como contexto para avanços de desempenho em sua área.	Processo foi reformulado de um extremo a outro para a otimização do desempenho.
	Contexto	Foram identificados subsídios, resultados, fornecedores e clientes do processo.	Necessidades de clientes do processo foram identificadas e aceitas por todos.
	Documentação	Documentação do processo é restrita à área específica em questão, mas identifica interconexões entre organizações envolvidas na execução do processo.	Desenho do processo foi documentado de ponta a ponta.
EXECUTORES	**Conhecimento**	Executores sabem dizer que processos executam e identificar principais indicadores de seu desempenho.	Executores são capazes de descrever o fluxo geral do processo, como seu trabalho afeta clientes, colegas envolvidos no processo e desempenho do processo; e metas de desempenho e níveis atingidos.
	Capacitação	Executores dominam resolução de problemas e técnicas de aprimoramento de processos.	Executores dominam trabalho em equipe e autogestão.
	Conduta	Executores exibem certa adesão ao processo, mas seu principal compromisso é com sua área específica.	Executores tentam seguir o desenho do processo, executá-lo corretamente e trabalhar de modo a permitir que outros indivíduos envolvidos no processo atuem de modo eficaz.
PROPRIETÁRIO	**Identidade**	Proprietário do processo é um indivíduo ou grupo informalmente encarregado de melhorar o desempenho do processo.	Liderança da empresa criou o papel oficial de proprietário do processo e colocou no posto um alto gerente com autoridade e credibilidade.
	Atividade	Proprietário do processo identifica e documenta o processo, transmite essa informação a todos os executores e promove projetos de mudança em pequena escala.	Proprietário do processo articula metas de desempenho do processo e visão de seu futuro; apoia iniciativas de reengenharia e aprimoramento; planeja sua implementação; e garante conformidade com o desenho do projeto.
	Autoridade	Proprietário do processo sai em defesa do processo, mas só tem autoridade para estimular gerentes funcionais a fazer mudanças.	Proprietário do processo pode montar uma equipe para reengenharia do processo e implementar o novo desenho; tem certo controle sobre a verba tecnológica para o processo.
INFRAESTRUTURA	**Sistemas de informação**	Sistemas de TI vigentes, fragmentados, sustentam o processo.	Sistema de TI montado a partir de componentes de áreas específicas, ou funcionais, sustenta o processo.
	Sistemas de recursos humanos	Gerentes funcionais premiam o desempenho superior e a resolução de problemas na área no contexto do processo.	Desenho do processo determina a definição de papéis, a descrição de cargos e os perfis de competência. Capacitação profissional se baseia na documentação do processo.
INDICADORES	**Definição**	Processo tem indicadores básicos de custo e qualidade.	Indicadores abrangem toda a extensão do processo e são derivados de exigências de clientes.
	Usos	Gerentes usam indicadores do processo para monitorar seu desempenho, identificar as causas de desempenho falho e promover os avanços em sua área específica.	Gerentes usam indicadores para comparar seu desempenho a referenciais, a desempenho dos melhores da categoria e a necessidades do cliente, e também para definir as metas de desempenho.

P-3	P-4	P-1	P-2	P-3	P-4
Processo foi projetado para se integrar a outros processos e a sistemas de TI da organização e, com isso, otimizar o desempenho da empresa.	Processo foi projetado para se integrar a processos de clientes e fornecedores e, com isso, otimizar o desempenho interempresa.				
Responsável pelo processo e responsáveis por outros processos com os quais o processo interage estabeleceram expectativas mútuas de desempenho.	Responsável pelo processo e responsáveis por processos de clientes e fornecedores com os quais o processo interage estabeleceram expectativas mútuas de desempenho.				
Documentação do processo descreve sua interação com outros processos e suas expectativas em relação a estes, além de vincular o processo ao sistema e à arquitetura de dados da empresa.	Representação eletrônica do desenho do processo sustenta seu desempenho e sua gestão e permite a análise de mudanças no ambiente e reconfigurações no processo.				
Executores conhecem bem os conceitos fundamentais do negócio e os motores do desempenho da empresa e são capazes de descrever como seu trabalho afeta outros processos e o desempenho da empresa.	Executores conhecem bem o setor da empresa e suas tendências e são capazes de descrever como seu trablho afeta o desempenho interempresa.				
Executores dominam a tomada de decisões de negócios.	Executores dominam a gestão e a implementação de mudanças.				
Executores se empenham em garantir que o processo produza resultados necessários à consecução das metas da empresa.	Executores buscam indícios de que o processo deve ser alterado e sugerem melhorias ao processo.				
Processo é prioridade para o proprietário do processo em termos de alocação de tempo, atenção dedicada e metas pessoais.	Proprietário do processo pretende chegar à mais elevada instância decisória da empresa.				
Proprietário do processo trabalha com proprietários de outros processos para integrar os processos, de modo a atingir as metas da empresa.	Proprietário do processo cria um plano estratégico dinâmico para o processo, participa do planejamento estratégico da empresa como um todo e colabora com colegas do mesmo nível em clientes e fornecedores para promover iniciativas de reengenharia de processos interempresa.				
Proprietário do processo controla os sistemas de TI que sustentam processo; qualquer projeto que altere o processo e exerça alguma influência sobre alocação e avaliação de pessoal; e verba do processo.	Proprietário do processo controla a verba do processo e exerce forte influência sobre alocação e avaliação de pessoal.				
Sistema de TI integrado, concebido com o processo em mente e condizente com os padrões da empresa, sustenta o processo.	Sistema de TI de arquitetura modular, condizente com os padrões da empresa para a comunicação interempresa, sustenta o processo.				
Sistemas de contratação, desenvolvimento, premiação e reconhecimento enfatizam necessidades e resultados do processo e promovem seu equilíbrio à luz de necessidades da empresa.	Sistemas de contratação, desenvolvimento, premiação e reconhecimento reforçam a importância de colaboração, aprendizado pessoal e mudança organizacional na empresa e entre empresas.				
Indicadores do processo e indicadores que abrangem vários processos são derivados de metas estratégicas da empresa.	Indicadores do processo são derivados de metas interempresa.				
Gerentes apresentam indicadores a executores do processo para seu conhecimento e motivação. Usam placar montado a partir dos indicadores para a gestão diária do processo.	Gerentes avaliam e atualizam regularmente indicadores e metas do processo e usam esses dados no planejamento estratégico.				

Avalie a maturidade de sua EMPRESA

		E-1	E-2
LIDERANÇA	**Conscientização**	Alta equipe executiva da empresa reconhece a necessidade de melhorar o desempenho operacional, mas tem compreensão limitada do poder de processos de negócios.	Pelo menos um alto executivo entende a fundo o conceito de processo de negócios, como a empresa pode usá-lo para melhorar o desempenho e o que sua implementação envolve.
	Alinhamento	Liderança do programa de processos reside em escalões intermediários de gerência.	Um alto executivo assumiu a liderança do programa de processos e a responsabilidade por ele.
	Conduta	Um alto executivo endossa o aprimoramento operacional e investe nele.	Um alto executivo estabeleceu publicamente metas de desempenho ousadas (em termos de clientela) e está preparado para alocar recursos, fazer profundas mudanças e remover obstáculos para a consecução dessas metas.
	Estilo	Alta equipe executiva começou a migrar de um estilo autoritário e hierárquico para um estilo aberto e colaborativo.	Alta equipe executiva a cargo do programa de processos está convencida da necessidade de mudanças e vê os processos como instrumento crucial para tal.
CULTURA	**Trabalho em equipe**	Trabalho em equipe é centrado em projetos, ocasional e atípico.	Empresa faz uso regular de equipes transfuncionais para iniciativas de aprimoramento.
	Foco no cliente	É disseminada a noção de que o foco no cliente é importante, mas há limitado entendimento do real significado disso. Há também incerteza e conflito em relação a como atender às necessidades dos clientes.	Funcionários entendem que a finalidade de seu trabalho é gerar um valor extraordinário para o cliente.
	Responsabilidade	Responsabilidade por resultados é de gerentes.	Pessoal de linha de frente começa a assumir responsabilidade por resultados.
	Postura em relação à mudança	Há uma crescente aceitação na empresa da necessidade de se empreenderem mudanças modestas.	Funcionários estão preparados para consideráveis mudanças no modo como o trabalho é executado.
EXPERTISE	**Pessoal**	Pequeno grupo de indivíduos está altamente ciente do poder de processos.	Grupo de especialistas é capacitado em reengenharia e implementação de processos, gestão de projetos, comunicação e gestão de mudanças.
	Metodologia	Empresa adota uma ou mais metodologias para solucionar problemas de execução e promover avanços incrementais em processos.	Equipes de reengenharia de processos têm acesso à metodologia básica de reengenharia de processos.
GOVERNANÇA	**Modelo do processo**	Empresa identificou certos processos de negócios.	Empresa criou um modelo completo de processos organizacionais e a alta equipe executiva já assinou embaixo.
	Responsabilidade	Gerentes funcionais são responsáveis por desempenho e gerentes de projetos, por iniciativas de aprimoramento.	Proprietários de processos respondem por processos sob o seu comando, enquanto o comitê supervisor é responsável pelo progresso geral da empresa com processos.
	Integração	Um ou mais grupos defendem e apoiam técnicas de aprimoramento de processos possivelmente distintas.	Entidade informal de coordenação se encarrega da gestão de programas, enquanto o comitê supervisor aloca recursos para projetos de reengenharia de processos.

E-3	E-4	E-1	E-2	E-3	E-4
Alta equipe executiva encara a empresa sob a ótica de processos e possui uma visão da empresa e de seus processos.	Alta equipe executiva encara o próprio trabalho sob a ótica de processos e vê a gestão de processos não como projeto, mas como um modo de administrar os negócios.				
Há forte alinhamento na alta equipe executiva em relação ao programa de processos. Há também uma rede de indivíduos espalhados pela empresa que ajuda a promover as iniciativas de processos.	Gente de toda a empresa exibe entusiasmo em relação à gestão de processos e desempenha papel de liderança em iniciativas de processos.				
Altos executivos atuam como equipe, conduzem a empresa por meio de seus processos e participam ativamente do programa de processos.	Integrantes da alta equipe executiva executam o próprio trabalho como processos, focam o planejamento estratégico em processos e abrem novas oportunidades de negócios com base em processos de alto desempenho.				
Alta equipe executiva delegou controle e autoridade a proprietários de processos e a executores de processos.	Alta equipe executiva exerce liderança por meio de visão e influência, e não de comando e controle.				
Trabalho em equipe é norma entre executores de processos e prática corriqueira entre gerentes.	Trabalho em equipe com clientes e fornecedores é prática corriqueira.				
Funcionários entendem que clientes exigem excelência uniforme e experiência homogênea.	Funcionários buscam colaboração com parceiros comerciais para atender às necessidades de clientes finais.				
Funcionários se sentem responsáveis pelos resultados da empresa.	Funcionários consideram sua missão atender aos clientes e atingir um desempenho cada vez melhor.				
Funcionários estão prontos para grandes mudanças multidimensionais.	Funcionários encaram mudança como inevitável e a acolhem como um fenômeno regular.				
Grupo de especialistas é capacitado em gestão de mudanças em grande escala e transformação de empresas.	Empresa conta com um número considerável de gente capacitada em reeengenharia e implementação de processos, gestão de projetos, gestão de programas e gestão de mudanças. Há ainda um processo formal para desenvolver e segurar esses quadros.				
Empresa criou e padronizou processo formal de reengenharia de processos e o integrou a um processo-padrão de aprimoramento de processos.	Gestão e reengenharia de processos se tornaram competências básicas e foram integradas a um sistema formal que inclui monitoramento do ambiente, planejamento de mudanças, implementação e inovação centrada em processos.				
Modelo de processos da empresa foi disseminado por toda a organização, é usado para definir prioridades em projetos e está vinculado a tecnologias e arquiteturas de dados comuns a toda a empresa.	Modelo de processos da empresa foi ampliado para a conexão com o de clientes e fornecedores. Empresa também usa modelo em desenvolvimento de estratégias.				
Proprietários de processos partilham da responsabilidade por desempenho da empresa.	Conselho de processos atua como a instância mais elevada da gestão; executores partilham da responsabilidade pelo desempenho da empresa; e a empresa estabeleceu comitês supervisores com clientes e fornecedores para promover mudanças de processos interempresa.				
Central formal de gestão de programas, chefiada por um diretor de processos, coordena e integra todos os projetos de processos, enquanto um conselho de processos cuida de questões de integração interprocessos. Empresa administra e aplica todas as técnicas e ferramentas de aprimoramento de processos de maneira integrada.	Proprietários de processos trabalham com colegas do mesmo nível em clientes e fornecedores para promover a integração de processos interempresa.				

Índice

Este livro foi impresso nas oficinas da
Gráfica Kunst, em Petrópolis/RJ